Schul- und Unterrichtsforschung

Hrsg. von Hans-Ulrich Grunder und Thorsten Bohl

Band 1

Die Projektprüfung und ihre Umsetzung

Eine empirische Studie an den Hauptschulen Baden-Württembergs

Von

Michael Schleske

Schneider Verlag Hohengehren GmbH

Gedruckt auf umweltfreundlichem Papier (chlor- und säurefrei hergestellt).

Bibliografische Information Der Deutschen Bibliothek

Die Deutsche Bibliothek verzeichnet diese Publikation in der Deutschen Nationalbibliografie; detaillierte bibliografische Daten sind im Internet über ›http://dnb.ddb.de‹ abrufbar.

ISBN 3-89676-929-4

Alle Rechte, insbesondere das Recht der Vervielfältigung sowie der Übersetzung, vorbehalten. Kein Teil des Werkes darf in irgendeiner Form (durch Fotokopie, Mikrofilm oder ein anderes Verfahren) ohne schriftliche Genehmigung des Verlages reproduziert werden.
© Schneider Verlag Hohengehren, 73666 Baltmannsweiler 2005.
Printed in Germany – Druck: Digital Print Group, Erlangen

Inhaltsverzeichnis

	Vorwort der Herausgeber...	1
	Vorwort des Autors...	2
1.	**Einleitung**	**3**
2.	**Die Projektprüfung an den Hauptschulen Baden-Württembergs – Hintergründe und Ziele**......................	**7**
2.1	Die Projektmethode und Projektunterricht – Wurzeln, Terminologie und Struktur..	7
2.2	Wie die Einführung der Projektprüfung vom Ministerium für Kultus, Jugend und Sport (MKJS) begründet wird..	16
2.3	Eine kritische Würdigung der ökonomischen Begründung und des Schlüsselqualifikationskonzepts...	19
3.	**Eine Analyse der Vorgaben zur Projektprüfung**......................	**33**
3.1	Die Vorerfahrung der Hauptschulen Baden-Württembergs mit Projektprüfungen...	33
3.2	Das Projektverständnis des MKJS..	35
3.3	Erläuterungen zu den ministeriellen Vorgaben..................................	37
3.4	Die prüfungsrechtlichen Bestimmungen des MKJS............................	40
3.5	Zusammenfassung der ‚offiziellen' Kriterien.....................................	52
3.6	Exkurs: Die Rolle der Lehrkraft im projektartigen Arbeiten...............	53
3.7	Der Stellenwert der Beobachtung innerhalb der Projektprüfung.....	59
3.8	Zusammenfassung...	65
4.	**Innovationen und deren Umsetzung in Organisationen**...........	**67**
4.1	Unterschiedliche Metaphern für ‚Organisation' und Bedingungen für organisatorische Veränderungen..	67
4.2	Zusammenfassung...	73
4.3	Die Schule als Mehrebenensystem..	73
5.	**Wissenschaftstheoretische Grundlegung**...............................	**81**
5.1	Das Verhältnis von ‚qualitativer' und ‚quantitativer' Forschung........	81
5.2	‚Qualitative' und ‚quantitative' Forschung – nicht zu vereinbarende Gegensatzpaare?...	85

5.3	Exkurs: Qualitative Paradigmata im angelsächsischen Sprachraum	90
6.	**Zur Konstruktion der Erhebungsinstrumente**	**97**
6.1	Begründung für die Verwendung von Leitfadeninterviews als Untersuchungsinstrument für die Lehrerinterviews	97
6.2	Die Kategorien der Lehrerinterviews	98
6.3	Zur Voruntersuchung (Pretest)	106
6.4	Erfahrung mit der Voruntersuchung: Die Schüler-Interviews	112
6.5	Zur Auswahl der Schulen	112
6.6	Zur Aufnahme und Transkription der Interviews	115
6.7	Formale Charakteristika der Interviews	116
6.8	Zur Durchführung der Lehrer- und Schülerbefragungen	117
6.9	Lehrerbefragungen	117
6.10	Schülerbefragung	122
7.	**Die Auswertung der mündlichen und schriftlichen Befragungen**	**123**
7.1	Auswertung der Lehrerinterviews: Analyse der gelungenen und misslungenen Projekte	123
7.2	Die Einzelanalyse von gelungenen und misslungenen Projekten	147
7.3	Die Auswertung der Schüler- und Lehrerfragebögen	170
7.4	Die Auswertung der Lehrerinterviews	200
8.	**Zusammenfassung**	**239**
9.	**Literaturverzeichnis**	**245**
10.	**Anhang**	**263**
10.1	Interviewleitfaden für die Lehrerinterviews	263
10.2	Schülerfragebogen	269
10.3	Lehrerfragebogen	270

Vorwort der Herausgeber

Projektunterricht ist seit Jahrzehnten Bestandteil moderner Unterrichtsentwicklung. Zumeist in Anlehnung an reformpädagogische Protagonistinnen und Protagonisten dient er als Legitimation einer – so die Hoffnungen – humanen, demokratischen und effektiven Veränderung schulischen Lernens und Lebens. Mittels Projektunterricht sollten Schülerinnen und Schüler u.a. schul- und gesellschaftskritische Erfahrungen ermöglicht werden. Besonders spannungsgeladen war daher die Zensierung von Projekten.
Seit einigen Jahren wandeln sich Optik und Anspruch. Schulische Projekte dienen vorrangig der Kompetenzvermittlung, insbesondere hinsichtlich überfachlicher Kompetenzen wie Teamfähigkeit, Methoden- oder Kommunikationskompetenz. Zudem werden die vollbrachten Leistungen der Schülerinnen und Schüler inzwischen weitgehend unwidersprochen zensiert und mit den schulischen Selektionsmechanismen verbunden. Der reformpädagogische Impetus, mittels Projekten die schulische Zensurengebung auszuhebeln, ist gescheitert. Der veränderte Blick lässt sich im Begriff der ‚Projektprüfung' fassen, die mittlerweile in mehreren Bundesländern wie Baden-Württemberg, Bremen oder Hessen eingeführt wurde – Tendenz steigend. Dabei ist der Gedanke der Projektprüfung keinesfalls nur auf die Hauptschule begrenzt.
Michael Schleske legt mit diesem Band die erste empirische Studie zur Projektprüfung im deutschsprachigen Raum vor. Auf der Grundlage präziser theoretischer Überlegungen betrachtet er die Einführung der Projektprüfung in Baden-Württemberg als Beispiel einer schulischen Innovation und entwickelt daraus sorgfältig seine Erhebungs- und Analysemethoden.
Die Ergebnisse der Studie beleuchten Stärken und Schwachpunkte der Projektprüfung. Sie sind ausgesprochen geeignet, Anstöße für eine Weiterentwicklung dieser Prüfungsform zu geben. Der Band wendet sich an alle, die sich mit der Projektprüfung befassen: Studierende, Lehrkräfte, Dozierende an Hochschulen und Multiplikatoren schulischer Innovationsprozesse.

Tübingen und Weingarten im Januar 2005.

Prof. Dr. Hans-Ulrich Grunder   Prof. Dr. Thorsten Bohl

Vorwort des Autors

Dieser Text wurde als Dissertationsschrift an der Pädagogischen Hochschule Freiburg eingereicht.

Mein erster Dank gilt meinem Betreuer Herrn Prof. Dr. Roth für die konstruktive und kompetente Begleitung. Einen weiteren Dank möchte ich Herrn Prof. Dr. Schwark aussprechen, der trotz seiner umfangreichen Tätigkeiten als Hochschulrektor sich dazu bereit erklärte, als Zweitkorrektor zu fungieren.

Herzlich gedankt sei auch dem Ministerium für Wissenschaft und Kunst Baden-Württemberg und dem Ministerium für Kultus, Jugend und Sport Baden-Württemberg für das Gewähren meiner dreijährigen Lehrerabordnung in das Forschungs- und Nachwuchskolleg „Brennpunkt Hauptschule".

Zu größtem Dank bin ich den an der Studie beteiligten 29 Schulen verpflichtet. Ohne die aktive Mitarbeit der Schulleiter, Lehrer und Schüler wäre die vorliegende empirische Studie nicht möglich gewesen.

Die methodischen Ratschläge von Frau E. Bauer und Herrn G. Meder waren mir bei der Konstruktion der Erhebungsinstrumente und der Datenauswertung äußerst hilfreich.

Das Korrekturlesen übernommen hat mein Vater Wolfram Schleske, dem ich ebenfalls an dieser Stelle ausdrücklich danken möchte.

Last but not least sei meiner Familie Beate, Cara, Nikolai und Gustav Schleske dafür gedankt, einen zeitweilig zerstreuten Ehemann und Vater ertragen und getragen zu haben.

1. Einleitung

Das als unbefriedigend erachtete Abschneiden der deutschen Schüler und Schülerinnen in internationalen Schulleistungsstudien wie TIMSS (Baumert et al. 1999) und PISA (Baumert et al. 2001) haben zu heftigen öffentlichen Reaktionen und zu Forderungen nach Umgestaltung des deutschen Schulwesens geführt[1]. Eine der zahlreichen Suchbewegungen, um Schule effizienter zu gestalten, ist die Einführung von sogenannten ‚themenorientierten Projekten' an Haupt- und Realschulen Baden-Württembergs. Als ‚themenorientiertes Projekt' wurde die ‚Projektprüfung' bereits ab dem Schuljahr 2001/02 als obligatorischer Bestandteil der Abschlussprüfungen an Hauptschulen Baden-Württembergs eingeführt. Im Zuge der ab 2004 in Kraft tretenden neuen Bildungspläne werden auch an den Realschulen Baden-Württembergs neben dem bereits etablierten „Wirtschaften, Verwalten und Recht" (WVR) weitere themenorientierte Projekte verbindlich (vgl. MKJS 2003). Das Ministerium für Kultus, Jugend und Sport Baden-Württemberg (MKJS) verordnet eine Unterrichtsform als Prüfung, die an Schulen selten praktiziert wird (Bohl 2000: 347; Engelhard 1999: 230-231; Schümer 1996: 144), in die aber pädagogische und ökonomische Vertreter große Hoffnungen setzen.

Damit das System Schule nicht in ineffektivem Aktionismus verfällt, sind begleitende empirische Untersuchungen notwendig, die die Wirksamkeit von Neuerungen evaluieren. In diesem Rahmen findet die vorliegende Arbeit ihren Platz.

Zum Aufbau der Studie
Vorliegende Studie ist eine Querschnittsanalyse darüber, wie das „Mehrebenensystem" Schule (Ditton 2000; Fend 2000) die Maßnahme Projektprüfung umsetzt. Folgende drei forschungsleitende Fragen stehen im Mittelpunkt:

I)   Wie begründet das MKJS die Einführung der Projektprüfung?
II) Welche Wirkungen soll die Projektprüfung auf den einzelnen schulischen Ebenen erzielen?
III) Welche tatsächlichen Wirkungen werden erzielt?

---

[1] Vgl. dazu stellvertretend den Sammelband der Wochenzeitung DIE ZEIT mit dem bezeichnenden Titel: „Schock für die Schule: Die Pisa-Studie und ihre Folgen" (2002).

Die Kapitel 2 bis 4 liefern die theoretische Basis für den empirischen Teil. Neben der Analyse der offiziellen Begründungen für die Einführung der Projektprüfung (Kapitel 2) werden die intendierten Wirkungen auf den einzelnen schulischen Ebenen erhoben (Kapitel 3). Der Schwerpunkt des empirischen Teils besteht darin, die tatsächlichen Wirkungen der Projektprüfung zu ermitteln und mit den intendierten zu kontrastieren. Dabei fließen Erkenntnisse aus der Organisationstheorie und die bei der Einführung von Innovationen an Schulen bekannten förderlichen und hemmenden Faktoren (Kapitel 4) in die Untersuchungsinstrumente ein.

Zu den einzelnen Kapiteln
In Kapitel 2 („Projektartiges Arbeiten und die Projektprüfung – Begriffsklärung und Ziele") werden das ministerielle Projektverständnis und die Begründungen für das Einführen von verpflichtender Projektarbeit ermittelt.
Die in Abschnitt 2.1 diskutierten Projektverständnisse und Phasenverläufe liefern die komparative Basis für die Analyse der ministeriellen Vorgaben (Abschnitt 3.2). Ferner erfolgen terminologische Klärungen und Festlegungen für die Verwendung der in der Literatur uneinheitlich verwandten Begriffe ‚Projektarbeit', ‚projektartiges Arbeiten', ‚Projektunterricht' etc. Darüber hinaus erfolgt eine Analyse der ministeriellen Begründungen für das Einführen von verpflichtender Projektarbeit (Abschnitt 2.2). Das Schlüsselqualifikationskonzept, das in den ministeriellen Begründungen eine zentrale Rolle einnimmt, erfährt eine kritische Würdigung. Lernpsychologische Überlegungen zur ‚Problemlösefähigkeit', derjenigen Schlüsselqualifikation, die durch Projektarbeit angeblich besonders gut gefördert werden kann, erfolgen ebenso in Abschnitt 2.3. Darüber hinaus werden die zwei von der Wirtschaft am häufigsten nachgefragten Qualifikationen ‚Kooperations'- und ‚Kommunikationsfähigkeit' einer genaueren Analyse unterzogen.
In Kapitel 3 („Eine Analyse der Vorgaben zur Projektprüfung") werden die Vorgaben des Ministeriums für Kultus, Jugend und Sport (MKJS) analysiert und die intendierten Wirkungen auf der Schul-, Lehrer- und Schülerebene ermittelt.
Im ministeriellen Verständnis zentral für projektartiges Arbeiten ist ein möglichst hoher Grad an Schüler-Selbständigkeit (vgl. Abschnitt 3.3). Die Anforderungen an die Rolle der Lehrkraft, um selbständiges Arbeiten der Schüler zu ermöglichen, werden in Abschnitt 3.6 aus der Studie „Gruppenunterricht

im Schulalltag" (Dann et al. 1999) auf den Bereich der ‚Projektarbeit' übertragen. In Abschnitt 3.7 werden diejenigen Anforderungen an die Lehrkraft diskutiert, die sich aus der Notwendigkeit der Beobachtung und Bewertung von Projektarbeit ergeben. Befunde aus der pädagogischen Diagnostik werden auf den Bereich der Bewertung von Projektarbeit übertragen.

In Kapitel 4 („Innovationen und deren Umsetzung in Organisationen") werden die antizipierten Hemmnisse bei der Umsetzung von Innovationen erörtert. Zunächst erfolgen organisationstheoretische Überlegungen hinsichtlich der Bedingungen, die bei der Einführungen von Innovationen erfüllt sein müssen. In Abschnitt 4.3 werden dann in der Qualitätsforschung im Bildungsbereich verwandte Mehrebenenmodelle diskutiert und es erfolgen Überlegungen zur Umsetzung von Lehrplänen und den dabei beteiligten Transformationsprozessen.

In Kapitel 5 („Wissenschaftstheoretische Grundlegung") findet sich die Hinführung zum empirischen Teil. Die Kombination von qualitativen und quantitativen Methoden wird wissenschaftstheoretisch fundiert. Die in den Sozialwissenschaften häufig getroffene Unterscheidung zwischen ‚qualitativer' und ‚quantitativer' Forschung wird einer kritischen Analyse unterzogen. Nach der Klärung der häufig unterstellten ontologischen und epistemologischen Unterschiede zwischen ‚qualitativer' und ‚quantitativer' Forschung wird der Postpositivismus *(postpositivism)* als die unsere Arbeit fundierende Richtung vorgestellt.

In Kapitel 6 wird der Vorgang der Konstruktion der Untersuchungsinstrumente dargestellt. Zuerst wird gezeigt, dass sich für diese Studie besonders auch qualitative Interviews anbieten und begründet, weshalb zum Erfassen der Lehrersicht leitfadengestützte Interviews sowie ergänzende schriftliche Befragungen eingesetzt werden. Unter Bezugnahme auf die Erfahrungen der Voruntersuchung wird dargelegt, weshalb zum Erfassen der Schülersicht in der Hauptuntersuchung schriftliche Befragungen zum Einsatz gelangen.

In Kapitel 7 werden die Ergebnisse der Lehrer- und Schülerbefragungen dargestellt und abschließend zusammengefasst.

In Kapitel 8 folgt die Zusammenfassung der gesamten Studie.

2. Die Projektprüfung an den Hauptschulen Baden-Württembergs - Hintergründe und Ziele

„Projektlernen gehört zu den gegenwärtig am höchsten eingeschätzten methodischen Konzepten; oft hat man den Eindruck es handele sich hier gleichsam um eine didaktische Wunderwaffe, mit der man alle Übel in Schule und Unterricht wirksam bekämpfen könne" (Peterßen 1999: 236).

Die höchst unterschiedlichen Auffassungen darüber, wie die „didaktische Wunderwaffe" (Peterßen 1999: 236) beschaffen ist, wo ihre ‚wahren' Ursprünge liegen und wie sie korrekterweise zu bezeichnen ist, sollen im folgenden Kapitel diskutiert werden.

2.1 Die Projektmethode und Projektunterricht – Wurzeln, Terminologie und Struktur

Knolls Ausführungen zu Beginn der 90er-Jahre, in denen er den Ursprung der Projektmethode entgegen der vorherrschenden Meinung nicht in der Reformpädagogik der Vereinigten Staaten des frühen 20. Jahrhundert, sondern deutlich früher in der Architekturausbildung Europas sieht (vgl. Knoll 1991; 1993), führten zu heftigen Kontroversen, die der Zeitschrift PÄDAGOGIK ein eigenes Themenschwerpunktheft mit dem Titel „Streit um den Projektbegriff" (Pädagogik 1993) wert waren. Vor allem Knolls historisch abgeleiteter Projektbegriff, wonach „das Projekt" eine „Methode des praktischen Problemlösens" sei (1993: 63), führte bei Vertretern, die sich auf „die Erziehungsphilosophie" John Deweys als „Bezugsrahmen einer modernen Theorie des Projektunterrichts" beziehen (Bastian/Gudjons 1993: 73), zu heftigen Protesten. Nach Knoll (1993: 58-59) zeichnete sich das Projekt schon immer als Methode des praktischen Problemlösens aus und wies bereits im frühen 18. Jahrhundert drei zentrale Merkmale auf. Diese sind nach Knoll:

- Schülerorientierung,
- Wirklichkeitsorientierung,
- Produktorientierung.

Interessanterweise fanden die erstmals 1596 durchgeführten Projekte der Architekturstudenten als Wettbewerb statt (Knoll 1993: 58). Der Aspekt der Bewertung von Projekten scheint also nichts Wesensfremdes zu sein, sofern man den Ursprung des ‚Projekts' tatsächlich in der Architekturausbildung und nicht in der amerikanischen (Reform)Pädagogik des frühen 20. Jahrhunderts sieht.

Die schul- und gesellschaftskritischen Aspekte von Projektunterricht, die Suin de Boutemard als „Sauerteigkultur" (Suin 1993: 71) bezeichnet, fehlen bei Knoll.

Oelkers (1999) diskutiert verschiedene Ansprüche, die Protagonisten der ‚Projektmethode' oder von Projektunterricht[1] mit diesem verbinden. Ein Lager von Kritikern erachtet die Projektmethode als Frontstellung gegen die herkömmliche Schule:

> „Was die Projektmethode letztlich beschreibt, ist eine Sicht des Lehrens und Lernens, die sich theoretisch wie praktisch von der Lehrplanschule nicht nur unterscheidet, sondern diese radikal in Frage stellt" (Oelkers 1999: 14).

In diesem Verständnis wird die Projektmethode (Projektunterricht) zum „schulsprengenden Prinzip" (Oelkers 1999: 27). Kilpatrick, der bereits 1918 einen Artikel mit dem Titel „The Project Method" veröffentlichte, gilt als einer der renommiertesten Ahnenväter dieses radikal schulkritischen Projektverständnisses. Nach Kilpatrick orientiert sich die Projektmethode ausschließlich an den Absichten des Kindes (Knoll 1993: 61). In Kilpatricks Verständnis wird das Projekt zum „kindorientierte[n] Unterrichtsideal" (Hänsel 1999: 54). Kilpatrick entwirft eine Phasenfolge, die als „Klassiker" erachtet wird (Emer/Lenzen 1997: 220). Die Phasen nach Kilpatrick (zit. n. Emer/Lenzen 1997: 220) sind:

1. „Zielsetzung (purposing)",
2. „Planung (planning)",
3. „Ausführung (executing)",
4. „Beurteilung (judging)".

---

[1] Die terminologische Abgrenzung zwischen den Begriffen ‚Projektunterricht' und ‚Projektmethode' erfolgt unten.

Die ausschließliche Orientierung an den Interessen des Kindes, die in Kilpatricks radikalem Verständnis die Aufhebung der Verantwortlichkeit des Lehrers[2] für die Unterrichtsgestaltung bedeutet, entfachte in den USA teilweise heftige Kritik, an der sich auch John Dewey (s.u.) beteiligte (vgl. Knoll 1993: 62; Hänsel 1999: 71).

Ein weiterer Vertreter neben Kilpatrick und Knoll, der explizit den Begriff ‚Projektmethode' (und nicht ‚Projektunterricht') verwendet, ist Frey. Für ihn ist die „Projektmethode" im Gegensatz zu Knoll der „Weg, den Lehrende und Lernende gehen, wenn sie sich bilden wollen" (1998: 15). Die Unterüberschrift der 8. Auflage seines Klassikers „Die Projektmethode" (Frey 1998) lautet typischerweise „Der Weg zum bildenden Tun". Frey beschränkt die Projektmethode nicht auf die Schule, sondern bezieht sie auf alle Bereiche, in denen Menschen sich bilden. Frey vertritt ein formales Bildungsverständnis, in dem weder „Gegenstände" noch „vorgefaßte Ziele bildenden Tuns" feststehen (1998: 26). Die Projektmethode ist für Frey die ideale Methode, um Bildungsprozesse in Gang zu setzen. Frey (1998: 15) unterscheidet zwischen der „Projektmethode", und „projektartigem Lernen", das dann vorliegt, wenn nicht alle sieben Komponenten seiner Projektmethode vorliegen. Freys sieben Komponenten haben den Charakter eines Phasenmodells, das sich seit den 80er Jahren großer Beliebtheit erfreut (Hahne/Schäfer 1997: 100).

Die Komponenten der Projektmethode nach Frey (1998: 86f.):

- Projektinitiative,
- Auseinandersetzung der Projektinitiative in einem vorher vereinbarten Rahmen,
- Gemeinsame Entwicklung des Betätigungsgebietes,
- (Verstärkte) Aktivitäten im Betätigungsgebiet/Projektdurchführung,
- Abschluss des Projekts,
- Fixpunkte,
- Metainteraktion/Zwischengespräche.

Hänsel, eine vehemente Vertreterin von John Deweys Erziehungsphilosophie, unternimmt den „Versuch einer neuen Begriffsbestimmung" (1999: 73).

---

[2] Bei maskulinen Endungen sind sowohl männliche als auch weibliche Personen gemeint. Auf die vor allem den taz-LeserInnen bekannte Verwendung der Binnenmajuskel wird aus Gründen der besseren Lesbarkeit verzichtet.

Den Begriff ‚Projektmethode' verwendet sie in einer im Vergleich zu Knoll und Frey höchst unterschiedlichen Art. „Projektmethode" ist in Deweys Verständnis, auf das Hänsel (1999) sich beruft, nicht nur auf die Unterrichtsebene beschränkt. Der Begriff „Projektmethode" umfasst bei Dewey „drei Bedeutungsmomente" (Hänsel 1999: 62):

1. „Das Ziel menschlicher Entwicklung, das als pädagogisches und als politisches bestimmt wird,
2. die Methode zur Verwirklichung dieses Ziels und
3. die Konkretisierung dieses Ziel-Methoden-Zusammenhangs im Unterricht der Schule".

Wie 1. verdeutlicht, ist der Anspruch von Deweys Methode kein geringerer als die pädagogische und politische Höherentwicklung der Menschheit. Inhaltlich fasst Hänsel (1999: 72) die drei Bedeutungsmomente der Projektmethode folgendermaßen zusammen:

„Die Projektmethode wird von Dewey nicht als abstraktes Ideal [im Gegensatz zu Kilpatrick, M.S.] begriffen, das der konkreten Tätigkeiten des Lehrers äußerlich bleibt. Aus dem abstrakten Ideal wird bei Dewey ein konkretes Ziel und Moment der Tätigkeit von Lehrern und Schülern in der Unterrichtspraxis. Das Ziel der Projektmethode wird nach dieser Vorstellung in der Tätigkeit von Lehrern und Schülern selbst verwirklicht, und es reicht zugleich über dies hinaus, weil diese Tätigkeit als Mittel zur sozialen Höherentwicklung, zur Veränderung von Schule und Gesellschaft, begriffen wird. Das Ziel der Projektmethode ist deshalb nicht nur ein pädagogisches, sondern immer auch ein politisches zugleich".

Wie obiges Zitat veranschaulicht, ist die Projektmethode nach Dewey als Weg und Ziel der Höherentwicklung höchst politisch, da durch die gemeinsame Tätigkeit von Schülern und Lehrern eine Veränderung von Schule und Gesellschaft angestrebt wird. Projektunterricht ist in diesem Verständnis lediglich die Unterrichtsform, „in der die Projektmethode ihren didaktisch konsequentesten Ausdruck findet" (Hänsel 1999: 73). Der Projektmethode dienlich sein können prinzipiell alle Unterrichtsformen. Jeder Unterricht, der „nach den Prinzipien der Projektmethode gestaltet ist", wird als „projektorientierter Unterricht" bezeichnet (Hänsel 1999: 73). Projektorientierter Unterricht ist in Hänsels Verständnis demnach ein Überbegriff, der Projektunterricht einschließt. In Freys Verständnis (s.o.) ist projektorientierter Unterricht dagegen ein Unterricht, der nicht alle Kriterien seiner Projektmethode erfüllt.

Mit folgenden inhaltlichen Kriterien bestimmt Hänsel Projektunterricht (1999: 75): Ein gemeinsames „echtes" Problem wird von Lehrern und Schülern gemeinsam in „handelnder Auseinandersetzung mit der Wirklichkeit" zu lösen versucht, „und zwar besser als dies in Schule und Gesellschaft üblicherweise geschieht". „Methodisch"[3] bestimmt sie Projektunterricht als das

„pädagogische Experiment, das von Lehrern und Schülern in Form von Unterricht unternommen wird, und das zugleich die Grenzen von Unterricht überschreitet, indem es Schule und Gesellschaft durch praktisches pädagogisches Handeln erziehlich zu gestalten sucht" (Hänsel 1999: 76).

Hänsel entwirft einen Phasenverlauf für Projektunterricht, den sie als „Handlungsfahrplan für den Projektprozeß" bezeichnet. Er soll den Lehrern verdeutlichen, welche Aufgaben sie in welcher Reihenfolge zu absolvieren haben „wenn sie mit den Schülern Projektunterricht machen sollen" (1999: 82). Analog obiger Ausdifferenzierung nach inhaltlicher und „methodischer Seite" (vgl. Fußnote) ist der Phasenverlauf zweigeteilt:

a) „Inhaltsbezogene Aufgaben (Projektunterricht als Unterricht von bestimmter Form):

- Eine wirkliche Sachlage auswählen, die für die Schüler ein echtes Problem darstellt,
- Einen gemeinsamen Plan zur Problemlösung entwickeln,
- Eine handlungsbezogene Auseinandersetzung mit dem Problem herstellen,
- Die gefundene Problemlösung an der Wirklichkeit überprüfen" (Hänsel 1999: 82; Hervorhebungen im Original).

b) „Methodenbezogene Aufgaben (Projektunterricht als pädagogisches Experiment):

- Die Voraussetzungen des Experiments klären,
- Das Ziel des Experiments bestimmen,
- Versuchsbedingungen herstellen,
- Das Ergebnis des Experiments überprüfen" (Hänsel 1999: 82; Hervorhebungen im Original).

---

[3] „Methodisch" versteht Hänsel im Sinne von Deweys Projektmethode als Höherentwicklung von Gesellschaft durch Schule (s.o.).

Projektunterricht als didaktisch konsequenteste Anwendung von Deweys Projektmethode ist also immer auch ein Experiment in Punkto Verbesserung der Gesellschaft durch Schule.

Ein weit verbreiteter Merkmalskatalog von Projektunterricht, dessen Autoren sich ebenso wie Hänsel auf John Deweys Erziehungsphilosophie berufen, ist der von Bastian/Gudjons (1990; Gudjons 2001). Gudjons verwendet Deweys vier „Stufen des Denkvorgangs" (Gudjons 2001: 79; vgl. Hänsel oben) als Grobstrukturierung von „Projektunterricht" (S. 79) und weist diesen vier Schritten 10 Merkmale zu. Die vier Stufen des Denkvorgangs nach Dewey sind wie im Original fett gedruckt.

Die Schritte und Merkmale eines Projekts sind nach Gudjons (2001: 81f.):

„Projektschritt 1: Eine für den Erwerb von Erfahrungen geeignete, problemhaltige Sachlage auswählen" (S. 81; Hervorhebungen im Original)

- Merkmal: „Situationsbezug" (S. 81).
- „Orientierung an den Interessen der Beteiligten" (S. 82).
- „Gesellschaftliche Praxisrelevanz" (S. 83).

„Projektschritt 2: Gemeinsam einen Plan zur Problemlösung entwickeln" (S. 84; Hervorhebung im Original)

- „Zielgerichtete Projektplanung" (S. 85).
- „Selbstorganisation und Selbstverantwortung" (S. 85).

„Projektschritt 3: Sich mit dem Problem handlungsorientiert auseinandersetzen" (S. 86; Hervorhebung im Original)

- „Einbeziehung vieler Sinne" (S. 86).
- „Soziales Lernen" (S. 87).

„Projektschritt 4: Die erarbeitete Problemlösung an der Wirklichkeit überprüfen" (S. 88)

- „Produktorientierung" (S. 88).
- „Interdisziplinarität" (S. 91).
- „Grenzen" (S. 92).

Gudjons (2001) wehrt sich ebenso wie Hänsel gegen Knolls Verständnis, die Projektmethode als bloße Methode „vorwiegend handwerklichen Tuns" zu erachten (S. 73) und verweist mehrfach auf die potentielle „*Sprengkraft* des Projektunterrichts gegenüber verkrusteten Formen des Lernens und der erstarrten Organisation der Schule" (S. 76; Hervorhebung im Original). Ähnlich wie Hänsel (s.o.) betont Gudjons (2001) den Anspruch von Projektunterricht, einen Beitrag zur „Demokratisierung" von Schule und Gesellschaft zu leisten (S. 75). Er kritisiert an der „Geschichte der Diskussion" um Projektunterricht, dass die methodischen Aspekte im Vordergrund standen und weniger „die Implikationen einer Demokratisierung der Schule" (Gudjons 2001: 75). Einen Unterricht, der projektartiges Arbeiten lediglich als eine Methode neben anderen verwendet und die Implikationen der Demokratisierung außer Acht lässt, weist Gudjons als „projektartige[n] Unterricht" aus (ibid.). Gudjons verwendet den Begriff ‚projektorientierter Unterricht' in einem ähnlichen Sinn wie Frey, nämlich als Form, die nicht alle Kriterien eines Optimums erfüllt.

Hänsel, die sich, wie oben gezeigt, auf die gleiche bildungsphilosophische Grundlage wie Gudjons bezieht, kritisiert an Gudjons Kriterienliste, dass sie „für Lernen und Lehren in Schule überhaupt wünschenswert erscheinen" (1999: 59). Wöll (1988), ein weiterer Gralshüter des Projektbegriffs, kritisiert an Gudjons' Verständnis die Verwässerung des Projektbegriffs und der damit einhergehenden Tatsache, „dass die Projektidee verstümmelt dahinvegetiert" (Wöll 1998: 217; zit. n. Gudjons 2001: 79).

Peterßen (1990: 236f.) verwendet einen weiteren Begriff und zwar „Projektlernen". Seiner Auffassung nach soll für „die Dauer von Projekten" ein Lernen verwirklicht werden, das sich durch folgende Kriterien auszeichnet (Peterßen 1999: 237; Hervorhebungen im Original):

- Im Gegensatz zum herkömmlichen Unterricht, soll ein „verweilende[s] und konzentriert-intensive[s] Befassen mit einem Thema, einer Sache" ermöglicht werden.

- Die „fachspezifische Abschottung" soll zugunsten einer „ganzheitlichen Sichtweise" aufgehoben werden. „Ganzheit" bezieht sich dabei sowohl a) auf die „Sache in ihrer Ganzheit und (Originalität)", sowie b) auf „die Lernenden in ihrer persönlichen Ganzheit – mit Kopf, Herz und Hand (Pestalozzi)".

- Die sonst in den „Schulfächern übliche distanzierte Problemlosigkeit der Auseinandersetzung mit der Wirklichkeit" soll zugunsten einer „von den Lernenden selbst ausgehenden – problemhaltigen Begegnung" ersetzt werden.

- Im Gegensatz zu den sonst „in ihren Lernprozessen stark gelenkten Schülern" soll ein „möglichst über den gesamten Prozess hin selbständiges Lernen gewährleistet [werden]".
- Die sonst „in der Regel vorherrschende Konkurrenz zwischen den Lernenden" soll „zugunsten gemeinsamer Lernarbeit" überwunden werden.

Peterßen (1999: 237f.) entwickelt eine Phasenfolge für Projektlernen:

1. Initiativphase,
2. Informationsphase,
3. Planungsphase,
4. Produktionsphase,
5. Verifikationsphase,
6. Präsentationsphase,
7. Aktionsphase.

Die ersten fünf Phasen erachtet Peterßen als die Hauptphasen des Projekts, die durchlaufen werden müssen, um „von einem Projekt sprechen zu können" (Peterßen 1999: 238). Er weist explizit darauf hin, dass er erst dann von „Projektlernen" spricht, wenn tatsächlich alle fünf Hauptphasen durchlaufen werden: „Hierin unterscheide ich mich von manchen anderen Auffassungen, die auch bei verkürzter Phasenfolge ein Lernen schon als Projektlernen anerkennen" (Peterßen 1999: 238). Die „Ergebnispräsentation" dagegen, erachtet er nicht als elementaren Bestandteil von „Projektlernen" (ibid.). Peterßens detaillierte Vorgaben, welche Phasen ein Projekt zu durchlaufen habe, um tatsächlich als Projekt bezeichnet werden zu können, stehen im Widerspruch zu seinen ‚liberalen' Auffassungen bezüglich der möglichen Verlaufsformen von Projektlernen:

„Es ist nicht wichtig, an welche Formen man sich anhängt, sondern nur, dass die je gewählte Form auch tatsächlich die angezielten Lernaktivitäten [siehe obigen Merkmalskatalog; M.S.] gestattet" (Peterßen 1999: 237).

Der Projektverlauf von Emer/Lenzen (1997) wird in Abschnitt 3.2 ausführlicher analysiert und mit dem des MKJS[4] verglichen.

---

[4] Die Abkürzung MKJS steht für Ministerium für Kultus, Jugend und Sport Baden-Württemberg.

Neuere Entwicklungen seit den 70er-Jahren

Hahne/Schäfer (1997) konstatieren in ihrer „Geschichte des Projektunterrichts in Deutschlands nach 1945", dass bereits in den 70er-Jahren alles, was mit einem progressiven Anstrich versehen werden sollte, als „Projekt" bezeichnet wurde (S. 95). Den Begriff „projektorientierter Unterricht" versuchte man als „Reduktionsform[5]" einer Form zu etablieren, auf die „je nach Autor bestimmte Formen nicht zutreffen". Genau dies haben Frey und Gudjons (s.o.) versucht. Die Unterscheidung zwischen Projektunterricht respektive Projektmethode und projektartigem Unterricht muss aufgrund der fehlenden Übereinstimmung von Kriterien und Merkmale als wenig erfolgreich angesehen werden (vgl. Hahne/Schäfer 1997: 95).

Auf den Versuch, projektorientierten Unterricht als ‚Projektunterricht-light' oder ‚Projektmethode-light' zu klassifizieren, wird auch in dieser Arbeit verzichtet.

Auf den Aspekt, alles vermeintlich Progressive mit dem Attribut ‚Projekt' zu versehen, weist auch Oelkers (1999) hin. Er stellt fest, dass ‚die Projektmethode' zunehmend auch als Reflex auf einen steigenden „Reformdruck" von den Schulen gewählt wird, da der Begriff ‚Projektmethode' frei verwendbar ist, „auch außerhalb der radikalen Anfänge" (Oelkers 1999: 22). Zunehmend erachten auch Vertreter der Wirtschaft projektartiges Arbeiten als progressive und Erfolg versprechende Methode (vgl. Tillmann 1994; 1997), mit deren Hilfe sogenannte Schlüsselqualifikationen gefördert und damit eine verbesserte Ausbildungsfähigkeit von Schülern herbeigeführt werden soll (vgl. Engemann 2000). Die qualifikatorischen Begründungen des MKJS für die Einführung der Projektprüfung werden in Abschnitt 2.2 analysiert. Die kritische Auseinandersetzung mit dem Schlüsselqualifikationskonzept erfolgt in Abschnitt 2.3.

Begriffliche Festlegung

Die Ausführungen in diesem Kapitel haben ergeben, dass der Gebrauch der Begriffe ‚Projektmethode', ‚Projektunterricht', ‚projektorientierter Unterricht' sowie ‚Projektlernen' höchst uneinheitlich ist. Dies gilt vor allem für den Begriff ‚projektartiger Unterricht', dessen Bedeutung bei Hänsel und Gudjons

---

[5] Hänsel (1999: 73) spricht in diesem Zusammenhang von „Kümmerform".

trotz der gleichen erziehungsphilosophischen Fundierung divergiert. Da unterschiedliche Autoren unterschiedliche Projektverständnisse zugrunde legen, diese aber teilweise mit den gleichen Namen versehen, sind terminologische Abgrenzungen jeweils nur innerhalb ihrer eigenen Bezugsrahmen möglich. Das gleiche gilt für die von den Autoren ausgewiesenen Phasenverläufe. Um einen weiteren Beitrag zur begrifflichen Vielfalt zu leisten, wird in dieser Dissertation ‚projektartiges Arbeiten' benutzt, um ein nicht schul- und gesellschaftskritisches Verständnis von ‚Projektarbeit' zu beschreiben. Der Begriff ‚Projektarbeit' wird als Oberbegriff für ‚Projektunterricht', ‚Projektmethode', ‚Projektlernen' und ‚projektartigen Unterricht' verwandt. Die Begriffe ‚Projektunterricht', ‚Projektmethode', ‚Projektlernen' und ‚projektartiger Unterricht' werden nur unter Kenntlichmachung der Autoren und ihres jeweiligen Verständnisses verwandt.

Als Gemeinsamkeit aller Konzepte von Projektarbeit lassen sich (im Vergleich zum herkömmlichen Unterricht) veränderte Lehrer-Schüler / Schüler-Lehrer-Rollen ausweisen. Diese veränderten Rollen sollen sich in einer vergleichsweise höheren Schüler-Selbständigkeit äußern. Diese Schüler-Selbständigkeit wird jedoch je nach ‚Lager' anders bewertet. Fungiert Projektarbeit im radikal schulkritischen Verständnis als ‚Übungsfeld' für eine ‚bessere' demokratischere Gesellschaft, wird Selbständigkeit von ökonomischen Vertretern als zu erwerbende Schlüsselqualifikation für das zukünftige (Berufs)Leben gefordert. In diesem ökonomischen Verständnis fungieren Schlüsselqualifikationen wie ‚Selbständigkeit' oder auch ‚Teamfähigkeit' ‚lediglich' als Mittel zum Zweck.

2.2 Wie die Einführung der Projektprüfung vom Ministerium für Kultus, Jugend und Sport (MKJS) begründet wird

Die Projektprüfung an den Hauptschulen Baden-Württembergs ist Teil des Reformkonzepts „Impulse Hauptschule" (MKJS 2000b). Ein Ziel des Reformkonzepts ist die Förderung der „Ausbildungsfähigkeit" der Schüler (Engemann 2000: 18). Die dafür von den Arbeitgebern geforderten „Qualifikationen[6]" sollen u.a. mit Hilfe der Projektprüfung überprüfbar gemacht werden (Schavan/Rau 2001: 4).

Die angeblich veränderten Anforderungen der Wirtschaft erfordern nach Dafürhalten des MKJS spezifische Qualifikationen von den Hauptschülern, die sich in einem veränderten „Anforderungsprofil" der Hauptschüler niederschlagen (MKJS 2000a: 8):

> „Die Notwendigkeit für eine Veränderung des Anforderungsprofils für Hauptschülerinnen und Hauptschüler und damit der gesamten pädagogischen Arbeit ergibt sich aus dem gesellschaftlichen und wirtschaftlichen Wandel und den veränderten Bedingungen der Ausbildungs- und Arbeitswelt" (ibid.).

Mit anderen Worten: ein verändertes Anforderungsprofil für Hauptschülerinnen, das die Wirtschaft und die Gesellschaft vorgibt, wird als so gravierend notwenig erachtet, dass es die gesamte pädagogische Arbeit bestimmen soll.

Der häufige Bezug auf die Erfordernisse der „Ausbildungs- und Arbeitswelt" lässt sich teilweise ableiten aus dem Entstehungsprozess des Reformkonzepts „Impulse Hauptschule", dessen Teilbereich die Projektprüfung ist (MKJS 2000b). In einem Vorlaufprozess des Reformkonzepts, dem sogenannten „Runde[n] Tisch Hauptschule" (MKJS 1998a), waren neben Vertretern der Schulverwaltung, der Pädagogischen Hochschulen, der Elternverbände und Gewerkschaften auch Vertreter der Wirtschaft maßgeblich beteiligt (vgl. MKJS 2000b: 29).

Der Beitrag der Wirtschaft wird laut Bundesvereinigung der Deutschen Arbeitgeberverbände (BDA) als besonders hoch erachtet. In einer „[g]emeinsame[n] Erklärung zur Hauptschulbildung" der Bundesvereinigung der Deutschen Arbeitgeberverbände (BDA) und des MKJS wird stolz darauf hingewiesen, dass in dem Konzept „Impulse Hauptschule"

> „das Zusammenwirken mit der Landesarbeitsgemeinschaft SCHULE / WIRTSCHAFT, dem Baden-Württembergischen Handwerkstag, dem Ba-

---

[6] Bohl (2001: 14) erachtet „Kompetenzen" als die Fähigkeiten des *einzelnen* Schülers und grenzt sie von dem Konzept der „Qualifikationen" ab, als die von außen gestellten Anforderungen an den Schüler. Im englischsprachigen Raum werden die Konzepte deckungsgleich verwandt und als „cross-curricular competencies" bezeichnet (OECD 1997). In diesem Beitrag werden die Begriffe „fächerübergreifende Kompetenzen" und „Schlüsselqualifikationen" dem international üblichen Gebrauch (vgl. Baumert et al. 2002: 2) entsprechend synonym verwandt.

den-Württembergischen Industrie- und Handelskammertag und der Landesvereinigung der Baden-Württembergischen Arbeitgeberverbände in besonderer Weise zum Tragen kommt" (MKJS/BDA 2000: 93-94).

Von der Durchschlagskraft des Konzepts überzeugt, wird das Konzept vom MKJS und von der BDA als „beispielhaft dafür angesehen, wie Hauptschulbildung in der Bundesrepublik Deutschland zeitgemäß zu gestalten ist" (MKJS/BDA 2000: 93-94).

Der Beitrag der Projektprüfung innerhalb des Konzepts ‚Impulse Hauptschule' ist das Überprüfbarmachen von sogenannten ‚Schlüsselqualifikationen'. Die Schüler sollen neben den herkömmlichen fachlichen auch andere für die Arbeitswelt erforderlichen Kompetenzen nachweisen können (vgl. Scherer/Strotkamp[7] 2000: 28).

Von der Effektivität von projektartigem Arbeiten ist man von offizieller Seite überzeugt: „Projektunterricht ist effektiver und anwendungsorientierter Unterricht" (Schavan/Köberle 2000: 4).

Die Einführung der Projektprüfung wird als Fortsetzung eines bereits eingeschlagenen Weges erachtet. Das MKJS verweist auf den fortgeschriebenen Bildungsplan von 1994, in dem „projektorientierter Unterricht" vorgeschrieben wurde (MKJS 2000a: 5).

Aus den Ausführungen in diesem Abschnitt ergibt sich als ‚offizielles' Ziel von projektartigem Arbeiten:

> Verpflichtendes projektartiges Arbeiten wird als Teil einer veränderten pädagogischen Arbeit erachtet. Diese veränderte pädagogische Arbeit wird mit dem gesellschaftlichen und wirtschaftlichen Wandel begründet. Die verstärkte Berücksichtigung von projektartigem Arbeiten soll zu einer verbesserten Ausbildungsfähigkeit der Schüler führen, in dem verstärkt sogenannte ‚Schlüsselqualifikationen' gefördert werden.

Die von Oelkers und Hahne/Schäfer (vgl. Abschnitt 2.1) geäußerte These, wonach der Begriff ‚Projekt' zunehmend nicht ausschließlich in einem radikal schulkritischen, sondern auch in einem ‚modernen' Impetus verwandt wird, um die Reformfähigkeit von Schule unter Beweis zu stellen, scheint sich mit

---

[7] Die zwei Autorinnen Scherer und Strotkamp sind Co-Autorinnen der Broschüren MKJS (2000a) und MKJS (2001a).

der Einführung der Projektprüfung in Baden-Württemberg zu bestätigen. Begründet wird die Einführung von verpflichtender projektartiger Arbeit in Baden-Württemberg nicht primär durch die Kritik an der bisherigen Praxis, sondern infolge des Rufs der Arbeitswelt nach verwertbaren ‚Schlüsselqualifikationen' (vgl. Abschnitt s.o.).

2.3 Eine kritische Würdigung der ökonomischen Begründung und des Schlüsselqualifikationskonzepts

Die Diskussion im obigen Abschnitt hat ergeben, dass die Berücksichtigung von projektartigem Arbeiten in der Abschlussprüfung überwiegend ökonomisch begründet wird. Tillmann zeigt in seinem Artikel „Gibt es eine ökonomische Begründung für den Projektunterricht?" (1997), dass die bekannten pädagogisch orientierten Begründungen für den Projektunterricht die Entwicklung des einzelnen Schülers zum „demokratisch handlungsfähigen Subjekt" in den Mittelpunkt rücken (S. 151; vgl. auch 2.1). Im Zentrum steht das lernende Subjekt, dessen „Kompetenz" optimal zur Entfaltung kommen soll. In diesem Verständnis ist Projektunterricht ein „Übungsfeld", das „tendenziell egalitäre, ... demokratische Kommunikationsformen bietet" (Tillmann 1997: 151). Diese pädagogisch-emanzipatorische Begründung befindet sich nur ansatzweise in den Vorgaben des MKJS. Das MKJS erwähnt neben den ökonomischen Argumenten für projektartiges Lernen (veränderte Anforderungen der Arbeitswelt, s.o.) zwar die „Potentiale der Schülerinnen und Schülern" die, einer „ganzheitliche[n] Förderung" bedürfen (MKJS 2000a: 5), scheint jedoch die demokratisch-emanzipatorischen Implikationen, die vor allem von Vertretern einer deweyschen Erziehungsphilosophie (s.o.) als zentral erachtet werden, nicht als relevant zu erachten (vgl. Abschnitt 3.2). Der pädagogischen Begründung für Projektunterricht stellt Tillmann (1997: 152) eine neue gegenüber, die die „Qualifikationen" in den Mittelpunkt rückt, „die später auf dem Arbeitsmarkt nachgefragt werden". Diese „bildungsökonomische" Begründung erachtet Tillmann im Jahr 1997 als neu. Die Vermutung Tillmanns (1997: 159), dass sich die von der Wirtschaft gewünschten Anforderungen nach Kooperation und Kreativität nur auf „besonders qualifizierte gewerbliche Ausbildungsberufe" beziehen, wird durch die Einführung der Projektprüfung an Hauptschulen Baden-Württembergs nicht bestätigt. Ein Kritikpunkt Tillmanns an der ökonomischen Begründung von Projektunterricht, nämlich dass es sich bei Schlüsselqualifikationen um „völlig formale, inhaltliche [sic.] beliebig füllbare Kategorien handelt" (1997: 159), wird unten aufgegriffen.

Das Schlüsselqualifikationskonzept

Das Schlüsselqualifikationskonzept erfährt in neueren Publikationen der erziehungswissenschaftlichen Forschung zunehmend Kritik. Weinert (1998) moniert, dass der Begriff in einer unspezifischen Art und Weise verwandt wird. Er bezeichnet ihn als „bunte[n] Katalog geistiger, persönlicher und sozialer Wünschbarkeit" und nicht als „einheitliches Konzept" (1998: 24). Folgende fünf unterschiedliche Bedeutungszuschreibungen des „Omnibusbegriff[s]" Schlüsselqualifikation weist Weinert (1998: 25) aus:

1. „intellektuelle Fähigkeiten mit relativ stabilen interindividuellen Unterschieden (z.B. analytisches, logisches und abstraktes Denken, Urteilsfähigkeit, Problemlösefähigkeit, Kreativität)",
2. „generell erlernbare Kenntnisse (Fremdsprachen)",
3. „strukturelle Persönlichkeitsmerkmale (Flexibilität, Entscheidungsfähigkeit, Verantwortungsgefühl)",
4. „Arbeitstugenden (Leistungsbereitschaft, Ausdauer, Konzentrationsfähigkeit, Zuverlässigkeit, Genauigkeit)", sowie
5. „soziale Kompetenzen (Kommunikationsfähigkeit, Kooperationsfähigkeit, Durchsetzungsvermögen).

Mit Ausnahme von 2. (generell erlernbare Kenntnisse) wird der Begriff ‚Schlüsselqualifikation' oder „Qualifikation" (Schavan/Rau 2001: 4) auch von den Autoren der Schriften des MKJS in den von Weinert kritisierten ausufernden Bedeutungszuschreibungen benutzt:

1. intellektuelle Fähigkeiten [„Problemlösefähigkeit" (MJKS 2000a: 6)],
2. Arbeitstugenden [„Einsatzbereitschaft und Durchhaltevermögen" (Scherer/Strotkamp 2000: 28), „Leistungsbereitschaft" (Schavan/ Rau 2000: 4)],
3. soziale Kompetenzen [„Teamfähigkeit" (Scherer / Strotkamp 2000: 28; Schavan/Rau 2001: 4), „Kooperationsfähigkeit", „Kommunikationsfähigkeit" (MJKS 2000a: 6)], sowie

4. strukturelle Persönlichkeitsmerkmale [„Verantwortungsübernahme", „Selbständigkeit" (Schavan/Rau 2001: 4), Verantwortungsfähigkeit (MJKS 2000: 6)].

5. Darüber hinaus wird auch „Methodik[8]" als „überfachliche Kompetenz" erachtet (MKJS 2000: 6).

Das PISA-Konsortium weist auch auf die Gefahr hin, dass Konstrukte wie Schlüsselqualifikationen aufgrund der hohen sozialen Erwünschtheit „unter der Hand" als „wissenschaftliche Konstrukte eingeführt und behandelt werden" (Baumert et al. 2002: 2). Betont wird ferner die äußerst schwierige Operationalisierbarkeit des Konstrukts (Baumert et al. 2002: 2). Als mögliche Ausnahme[9] weisen Baumert et al. (2002: 3) das Konstrukt „Problemlösefähigkeit" aus, da

„bei seiner Präzisierung und Operationalisierung auf breite Forschungserfahrungen der allgemeinen und pädagogischen Psychologie zurückgegriffen werden kann".

Für die Projektprüfung relevante Erkenntnisse der Lernpsychologie im Bereich „Problemlösen" werden in Abschnitt 2.3 diskutiert; die Definition von ‚sozialen Kompetenzen' wie z.B. ‚Teamfähigkeit', ‚Kooperationsfähigkeit' und ‚Kommunikationsfähigkeit' erfolgt ebenfalls in Abschnitt 2.3.
Die Problematik der Definition von Schlüsselqualifikationen ist für die Projektprüfung höchst relevant, da die einzelnen Schulen selbst definieren müssen, welche „fachlichen und überfachlichen Qualifikationen" bei der Bewertung der Projektprüfung berücksichtigt werden sollen (MKJS 2001a: 11).
Den Schulen wird also das zugemutet, was der erziehungswissenschaftlichen Forschung nach eigenen Angaben nur ansatzweise gelingt, nämlich die Definition von ‚Schlüsselqualifikationen" und ‚sozialen Kompetenzen' (als Oberbegriff für verschiedene ‚Schlüsselqualifikationen'; vgl. Abschnitt 2.3). Diesbezüglich aufschlussreich ist das Fazit, das Spinath in ihrem Artikel

---

[8] „Methodik" oder „methodische Kompetenzen" (MKJS 2000a: 6) als Schlüsselqualifikation auszuweisen, erscheint äußerst unglücklich. Es ist davon auszugehen, dass ‚Methodik' als bereichsübergreifende Kompetenz nicht existiert (vgl. Abschnitt 2.3).

[9] Zwei weitere fächerübergreifende Kompetenzen wurden in der PISA-Studie gemessen und zwar „Selbstreguliertes Lernen" (Artelt/Demmrich/Baumert 2001) sowie „Kooperation und Kommunikation" (Stanat/Kunter 2001).

„Soziale Kompetenzen: Entschlüsselung einer Schlüsselkompetenz aus psychologischer Sicht" (Spinath 2002) zieht:

> „Aus der Sicht der Psychologie ist das Konstrukt der sozialen Kompetenzen bis heute ein Rätsel, das seiner Entschlüsselung harrt. Die Notwendigkeit zu weiteren Bemühungen diesbezüglich ergibt sich aus der hohen Wichtigkeit, die sozialen Kompetenzen im Sinne einer Schlüsselqualifikation aus alltagspsychologischer Sicht zukommt. Daher sollte sich die wissenschaftliche Psychologie dieser Herausforderung stellen" (Spinath 2002: 26).

‚Problemlösen' als fächerübergreifende Kompetenz

An die Organisation Schule wird neben dem Vermitteln von spezifischen Fertigkeiten auch herangetragen, „allgemeine Fähigkeiten, Einstellungen und Strategien" zu vermitteln, die „bei der Lösung von Problemen und beim Erwerb neuer Kompetenzen in möglichst vielen Inhaltsbereichen von Nutzen sind" (Seel 2000: 306). Mithilfe dieser ‚Kompetenzen' oder ‚Schlüsselqualifikationen' (Abschnitt 2.3) erhofft man sich, Fähigkeiten, Einstellungen und Kompetenzen vermitteln zu können. Die stillschweigende Annahme lautet, dass diese Fähigkeiten, Einstellungen und Kompetenzen tatsächlich auf andere Bereiche transferierbar sind. Mit projektartigem Arbeiten wird der Wunsch verknüpft, ‚Schlüsselqualifikationen' im besonderen Maß fördern zu können (Abschnitt 2.3). Die Projektprüfung soll u.a. dazu beitragen, *die* „Problemlösefähigkeit" der Schüler abzuprüfen (MJKS 2000a: 6). Alle in Abschnitt 2.1 erörterten Projektverständnisse diskutieren projektartiges Arbeiten im Zusammenhang mit ‚Problemlösen'. Die enge Verknüpfung zwischen projektartigem Arbeiten und Problemlösen kommt vor allem bei Knolls Definition zum Vorschein. Knoll erachtet das Projekt als „Methode des praktischen Problemlösens" (1993: 63; vgl. Abschnitt 2.1).

Die hohen Erwartungen, die mit dem Vermitteln sogenannter ‚Schlüsselqualifikationen' verbunden und maßgebliche Argumentationsgrundlage für die Einführung der Projektprüfung sind (Abschnitt 2.2), werden von der erziehungswissenschaftlichen Forschung jedoch gedämpft, wie im folgenden Abschnitt gezeigt wird.

Problemlösen als fächerübergreifende Kompetenz in der PISA-Studie

Dem Wunsch folgend, neben schriftlichen und naturwissenschaftlichen auch fächerübergreifende und außerschulische Kompetenzen zu erfassen, wurden im ersten Zyklus der nationalen Erhebung von PISA-Deutschland auch unterschiedliche Aufgaben eingesetzt, mit deren Hilfe das „mehrdimensionale" Konstrukt „Problemlösekompetenz" abgebildet werden soll (Klieme et al. 2001: 179). Unter anderem wurden „Projektaufgaben" und „Kooperatives Bearbeiten von Projekten[10]" verwandt (Baumert et al. 2002: 12). Im Jahr 2003 sollen im zweiten Zyklus von PISA dann auch in der internationalen Erhebung „fächerübergreifende Problemlösefähigkeiten" erfasst werden (MPIB 2003). In der nationalen Erhebung kamen beim PISA-Feldtest „drei computergestützte und drei schriftliche Problemlöseverfahren" zum Einsatz (Klieme et al. 2001: 190). Im Gegensatz zu älteren Forschungen, die Problemlösen ausschließlich als Lösung von analogen Problemen erachteten, sollen in der PISA-Studie auch komplexe Problemlöseleistungen ermittelt werden.

Im Folgenden werden die für unsere Arbeit relevanten Ausführungen des Bereichs ‚Problemlösen' diskutiert und auf unsere Untersuchung bezogen.

Die Definition von ‚Problemlösen'

Das PISA-Konsortium (Baumert et al. 2002; vgl. Klieme et al. 2001: 185) definiert „Problemlösen" in Anlehnung an Mayer/Wittrock (1996) sehr breit als

> „zielorientiertes Denken und Handeln in Situationen, für deren Bewältigung keine Routinen verfügbar sind. Der Problemlöser hat ein mehr oder weniger gut definiertes Ziel, weiß aber nicht unmittelbar, wie es zu erreichen ist. Die Inkongruenz von Zielen und verfügbaren Mitteln ist konstitutiv für ein Problem. Das Verstehen der Problemsituation und deren schrittweise Veränderung, gestützt auf planendes und schlussfolgerndes Denken, sind konstitutiv für den Prozeß des Problemlösens" (Baumert et al. 2002: 3).

---

[10] Von den Ergebnissen des „kooperative[n] Bearbeiten[s] von Projekten", das laut Baumert et al. (2002: 11) beim Feldtest eingesetzt wurde und mit dessen Hilfe eine „Kombination von Problemlösefähigkeiten und Kooperationsfähigkeiten" ermittelt werden sollte (Baumert et al. 2002: 11), wird bei Klieme et al. (2001) nicht berichtet.

Neben dem Vorhandensein eines Ausgangszustands und eines angestrebten Endzustands, ist ein Problem also durch das Vorhandensein eines Hindernisses charakterisiert, das dem Erreichen des Endzustands im Wege steht (vgl. Seel 2000: 322). Verfügt der Problemlöser über die „erforderlichen Fakten- und Regelkenntnisse", die er ‚lediglich' auf das vorhandene Problem anwenden muss, spricht man von analytischem Problemlösen; verfügt der Problemlöser nicht über das Lösungsprinzip, ist „produktives (oder synonym: kreatives) problemlösendes Denken" erforderlich (Seel 2000: 322).

Von der Existenz *einer* bereichs- und wissens-unabhängigen Problemlösekompetenz wird in der erziehungswissenschaftlichen Forschung *nicht* ausgegangen. Der in pädagogischen Kreisen häufig vertretenen Auffassung, dass es im Vergleich zum ‚bloßen' Wissenserwerb wichtiger sei, „denken zu lernen", hält Seel (2000: 329) entgegen, dass Problemlösen „wissensabhängig" erfolgt; „Umfang und Qualität des abrufbaren deklarativen und prozeduralen[11] Wissens bestimmt die Qualität und Reichweite des analogen Transfers".

Die Bereichsspezifität von Problemlösen

Das PISA-Konsortium widmet sich ebenso wie Seel (s.o.) ausführlich der „Bereichsspezifizität von Problemlöseleistungen" (Baumert et al. 2002: 7). Baumert et al. (2002: 7) erachten es als eine der „wichtigsten Erkenntnisse der kognitionspsychologischen Forschungen der letzten Jahre", dass „anspruchsvolle Problemlöseleistungen nicht ohne ein Fundus von Wissen in der jeweiligen Domäne erbracht werden können". Demzufolge konstatieren Klieme et al. (2001: 189):

> „Die Idee einer messbaren universellen, bereichsübergreifenden Problemlösekompetenz ist nicht haltbar. Ziel der Erfassung von Problemlösekompetenz in PISA ist vielmehr ein Profil von Maßen, die verschiedene Arten des Problemlösens in unterschiedlicher inhaltlichen Bereichen ansprechen".

---

[11] Als „deklaratives Wissen" bezeichnet man das Faktenwissen („Wissen was") (Seel: 2000: 370); als „prozedurales Wissen" („Wissen wie") die „verfügbaren Operationen, die den Menschen in die Lage versetzen, komplexe kognitive Prozesse durchzuführen, ohne dabei einzelne Komponenten bewußt zu beeinflussen" (Seel 2000: 378; Hervorhebungen im Original). Baumert et al. definieren deklaratives Wissen als „Konzepte und Sachverhalte", das prozedurale Wissen als „Wissen über Regeln und Strategien" (Baumert et al. 2002: 7).

Das PISA-Konsortium verwendet aus diesem Grunde im Gegensatz zu früheren Forschungen zum problemlösenden Lernen nicht nur analoge Transferaufgaben, sondern Problemtypen mit unterschiedlicher Reichweite, Aufgaben in unterschiedlichen Kontexten und in unterschiedlichen Domänen, sowie Aufgaben, die sich durch einen unterschiedlichen Grad an Offenheit der Aufgabenstellung (u.a. auch sogenannte schriftliche Projektaufgaben) und durch unterschiedliche Rahmenbedingungen unterscheiden (vgl. Klieme et al. 2001: 187).

Die Phasen des Problemlösens und die dabei beteiligten kognitiven und metakognitiven Prozesse

Die Phasen des Problemlösens beschreiben Baumert et al. (2002: 4) in Anlehnung an die ‚klassische' Phasenfolge von Pólya[12] folgendermaßen:

„1. Bestimmung des Ziels,
2. Analyse der Ausgangssituation und Aufbau einer mentalen Repräsentation eines Situationsmodells,
3. Bestimmung der Lösungsstrategie und Planung von Lösungsschritten,
4. Ausführen des Lösungsplans, begleitende Kontrolle und ggfs. Modifizieren der Lösung
5. Evaluation der Lösung".

Die Nähe zu den Phasenfolgen des ‚Projekts' (vgl. 2.1) ist evident. Kilpatricks Projekt-Phasen (Zielsetzung, Planung, Ausführung und Beurteilung) sind identisch mit obiger Phasenfolge mit Ausnahme der bei Kilpatrick fehlenden Phase 2 (Analyse der Ausgangssituation und Aufbau einer mentalen Repräsentation eines Situationsmodells).
Um eine Lösungsstrategie zu entwickeln, Schritte zu planen und diese gemäß des Plans ausführen zu können, benötigt der Problemlöser u.a. die Fähigkeit, sein Wissen einzuschätzen und seine kognitiven Prozesse bei der Problemlösung zu überwachen. Diese Strategien, die sich auf das Beobachten der eigenen kognitiven Prozesse beziehen, bezeichnet man als ‚metakognitive Strategien' (vgl. Mayer/Wittrock 1996: 50). Zu den metakognitiven Strategien zählen

---

[12] Auch Seel (2000) und Mayer/Wittrock (1996) beziehen sich auf das Modell von Pólya.

- „Planung (z.B. des Lernziels und der Mittel, die zur Zielerreichung notwendig sind)", die
- „Überwachung (z.B. des Lernfortschritts)",
- „Steuerung (z.B. durch Veränderung der Mittel)" und
- „Evaluation (Bewertung der Zielerreichung)" (Artelt et al. 2001: 272).

Um ein Problem zu lösen, benötigt der Problemlöser neben den erforderlichen kognitiven Strategien um „in der Erreichung eines Ziels fortzuschreiten" also ferner „die oben beschriebenen metakognitiven Strategien, „um kontinuierlich den jeweils erzielten Fortschritt bei der Bearbeitung der kognitiven Aufgaben zu beobachten und zu kontrollieren" (Seel 2000: 223).

Dem Beobachten der eigenen kognitiven Prozesse kommt demnach bei der Bearbeitung von Problemen neben dem erforderlichen bereichsspezifischen Wissen eine zentrale Bedeutung zu.

Was zeichnet die Qualität des Problemlösens aus?

Die Qualität des Problemlösens ist nach Klieme et al. (2001: 185) durch folgende Komponenten bestimmt:

- Verständnis der Problemsituation,
- Denkprozesse bei der Problembearbeitung,
- Angemessenheit der erreichten Lösung.

Darüber hinaus ist die Systematik der Vorgehensweise, das Ausprobieren alternativer Lösungsschritte, sowie das Aufsuchen und Nutzen von Feedback ein wichtiges Kriterium für das erfolgreiche Bearbeiten von Problemen (vgl. Klieme et al. 2001: 185).

Für das Verstehen einer Situation und der schrittweisen Veränderung ist planendes und schlussfolgerndes Denken erforderlich (vgl. Baumert et al. 2002: 3). Aufgaben zum ‚schlussfolgernden Denken' (auch als „Reasoning"-Aufgaben bezeichnet) werden zum Ermitteln der allgemeinen „fluiden" Intelligenz verwandt (Klieme et al. 2001: 186). Es überrascht demnach nicht, dass der Zusammenhang zwischen ‚allgemeiner Intelligenz' und ‚Problemlösekompetenz' beträchtlich ist:

„Problemlösekompetenz" wie auch immer sie operationalisiert wird, hängt ... sicherlich mit Maßen der Intelligenz im Sinne des „Reasoning" zusammen. Wie stark dieser Zusammenhang bei so genannten komplexen Problemlöseleistungen ... ausfällt, inwieweit also „Problemlösekompetenz" von „Intelligenz" abgegrenzt werden kann, ist in der psychologischen Forschung umstritten" (Klieme et al. 2001: 186; Hervorhebungen im Original).

Die Ergebnisse der Konstruktvalidierungsstudie zum Bereich „Problemlösen als fächerübergreifende Kompetenz" bei PISA-Deutschland (Klieme et al. 2001) weisen darauf hin, dass „Problemlösen", getestet durch mehrere schriftliche Verfahren in den Bereichen analoges Problemlösen, technisches Problemlösen und Planungsaufgaben zu „Projekten", nicht von den „kognitiven Grundvoraussetzungen („reasoning")" abzugrenzen sind (Klieme 2001: 198). Das Ergebnis der Konstruktvalidierungs-Studie fällt relativ ernüchternd aus:

„Unsere durchaus komplexen, realitätsnahen, in außerfachlichen Kontexte eingebundenen Testaufgaben messen – jedenfalls in der deutschen Stichprobe – offenbar nahezu dasselbe wie klassische psychometrische Instrumente zum „schlussfolgernden Denken"" (Klieme et al. 2001: 198; Hervorhebungen im Original).

Schlussfolgerndes Denken in Abhängigkeit von der Aufgabenschwierigkeit

Baumert et al. (2002: 7) weisen darauf hin, dass die Fähigkeit zum schlussfolgernden Denken vor allem dann beim Problemlösen zum Tragen kommt, wenn die gestellte Aufgabe für den Problemlöser durch ein, bezogen auf das verfügbare bereichsspezifische Vorwissen, mittleres Niveau gekennzeichnet ist:

„Die zentrale kognitive Kompetenz, die Problemlöseleistungen in unterschiedlichen Inhaltsbereichen gemeinsam zugrunde liegt, ist vermutlich gerade die Fähigkeit zum schlussfolgernden Denken. Der Erfolg einzelner Problemlöseprozesse ist dann (sofern die Adaptation an das Vorwissen der Schüler auf einem adäquaten, mittleren Niveau gelungen ist) durch das Zusammenspiel von bereichsspezifischen Wissem und *Reasoning* erklärbar" (Baumert et al. 2002: 8; Hervorhebungen im Original).

Verfügt der Problemlöser über kein ausreichendes bereichspezifisches Vorwissen, so ist er, unabhängig von seiner Fähigkeit des schlussfolgernden Denkens, auf Versuch und Irrtum angewiesen (vgl. Baumert et al. 1999: 7; Klieme et al. 2001: 189).

Das Modell des komplexen Problemlösens von Frensch/Funke (1995: 22) fasst grafisch die in diesem Kapitel getroffenen Aussagen zusammen und wird in dieser Arbeit als Strukturierungshilfe zugrunde gelegt:

Abbildung 1: Die Situation des komplexen Problemlösens nach Frensch/Funke[13] (1995: 22)

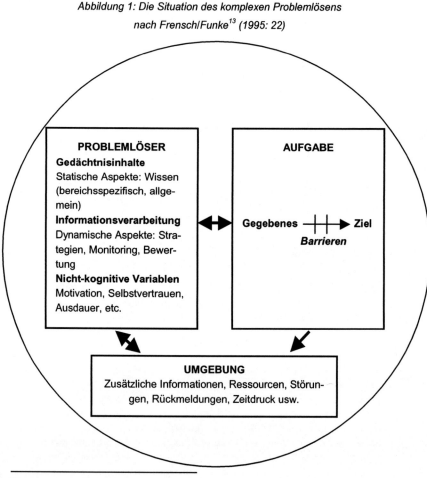

---

[13] Vgl. Seel (2000: 353).

Die für die Situation des kooperativen Bearbeitens von Projekten höchst relevanten Aspekte der Kooperation und des „peer pressure", sind in dem Verständnis von Frensch/Funke (1995: 22) unter der Komponente ‚Umgebung' („environment") subsumiert. Das Modell weist im Gegensatz zu anderen Definitionen von komplexem Problemlösen auf die Interaktion der Komponenten ‚Problemlöser', ‚Umgebung' und ‚Aufgabe hin.

Soziale Kompetenzen und ‚Schlüsselqualifikationen'

Dem Bereich der ‚Kooperation' und ‚Kommunikation' kommt in der Debatte um ‚Schlüsselqualifikationen' eine zentrale Bedeutung zu. Eine Analyse der berufspädagogischen Literatur von Didi et al. (1993) ergibt, dass Schlüsselqualifikationen „am häufigsten im Sinne von Kommunikationsfähigkeit und am zweithäufigsten im Sinne von Kooperationsfähigkeit" verwendet werden (Stanat/Kunter[14] 2001: 299). Eine andere Analyse belegt ebenfalls die Popularität von ‚Kommunikations- und Kooperationsfähigkeit'. 3420 Stellenanzeigen in deutschsprachigen Zeitungen wurden hinsichtlich der von den Arbeitgebern verlangten ‚Schlüsselqualifikationen' ausgewertet. „Kommunikations- und Kooperationsfähigkeit" sind die am häufigsten nachgefragten Schlüsselqualifikationen (Belz/Siegrist 2000: 8). ‚Schlüsselqualifikationen' sind zwar in aller Munde, wie u.a. auch die Liste der Schlüsselqualifikationen des MKJS (vgl. Abschnitt 2.3) illustriert, die Definition dessen, was darunter zu verstehen ist, bereitet jedoch erhebliche Probleme (vgl. Spinath 2002: 18). ‚Soziale Kompetenz' wird häufig als Oberbegriff für Eigenschaften (oder ‚Schlüsselqualifikationen') wie ‚Teamfähigkeit', ‚Kommunikationsfähigkeit', ‚Kooperationsfähigkeit', ‚Führungsfertigkeiten' etc. verwandt (vgl. Spinath 2002: 18). Diese Eigenschaften sind jedoch genauso unklar wie das Phänomen, das sie beschreiben sollen.

Stanat/Kunter weisen darauf hin, dass in Aussagen über Kooperations- und Kommunikationsfähigkeit häufig implizit die Annahme mitschwingt,

> „es handle sich dabei um ein einheitliches, isolierbares Persönlichkeitsmerkmal, das man entweder „hat" oder „nicht hat". Soziales Verhalten ist je-

---

[14] Stanat/Kunter (2001) sind für den Bereich „Kooperation und Kommunikation" von PISA-Deutschland (Baumert et al. 2001) verantwortlich.

doch im hohem Maße situationsabhängig" (Stanat/Kunter 2001: 299; Hervorhebungen im Original).

Die Autorinnen betonen, dass es sich als „wenig fruchtbar" erwiesen hat, „Fähigkeiten im sozialen Bereich auf einer globalen Ebene definieren und erfassen zu wollen" (Stanat/Kunter 2001: 299). Versuche, Konstrukte wie „soziale Intelligenz" oder „emotionale Intelligenz" beschreiben und messen zu wollen, haben sich als wenig gewinnbringend erwiesen (Stanat/Kunter[15] 2001: 299). Die Situationsabhängigkeit von sozialem Verhalten ist für die Bewertung der Projektprüfung höchst bedeutsam. Verfügt der bewertende Lehrer über die implizite Vorstellung, bei ‚Teamfähigkeit' oder ‚Kooperationsfähigkeit' handle es sich um ein stabiles Persönlichkeitsmerkmal, so kann das Beobachten von Schülerverhalten zu einem weitreichenden Urteilen wie z.b. ‚Teamfähigkeit nicht/schwach/stark ausgeprägt' führen, obwohl das als günstig/ungünstig erachtete Schülerverhalten in einer konkreten Situation durch externe Faktoren wie z.b. einer ungünstigen Gruppenzusammensetzung oder einer unpassenden Aufgabe (mit)beeinflusst wird.

Ein vergleichsweise erfolgversprechenderer Ansatz, das Konstrukt ‚soziale Kompetenz' zu dechiffrieren als der oben beschriebene Versuch, Teilkompetenzen auszuweisen, bilden „analytische Beschreibungen, die ohne die Nennung von konkreten Eigenschaften oder Verhaltensweisen auskommen" (Spinath 2002: 18). Diese analytischen Beschreibungen betonen das Spannungsfeld zwischen der Durchsetzung eigener Interessen und der Kooperation mit Anderen und sind alltagssprachlich verankert in Umschreibungen wie „seine Ziele erreichen, ohne andere zu übergehen" (Spinath 2002: 18). Die Schwierigkeit dieses Ansatzes besteht jedoch darin, dass nicht eindeutig bestimmt werden kann, „welche Verhaltensweisen wann als sozial kompetent zu bewerten sind" (Spinath 2002: 19). Die Beurteilung sozialer Kompe-

---

[15] In der PISA-Studie wird demnach ein „breiter Kranz von zentralen Aspekten von Kooperation und Kommunikation untersucht" (Stanat/Kunter 2001: 301). Zugrunde liegt ein Modell der „Handlungskompetenz", das durch umfangreiche Voraussetzungen bestimmt wird. Das in PISA zugrunde gelegte Modell der Handlungskompetenz umfasst kognitive Aspekte (Perspektivenübernahme, soziale Selbstwirksamkeitsüberzeugungen), emotionale und motivationale Aspekte (Empathie, soziale Orientierungen und soziale Ziele bezogen auf das Verhalten in der Schule und gegenüber Gleichaltrigen), sowie Werthaltungen (Verantwortungsübernahme und Verantwortungsabwehr) (vgl. Stanat/Kunter 2001: 301). Es sollte an dieser Stelle nicht unerwähnt bleiben, dass die methodische Vorgehensweise, soziale Kompetenzen mittels Selbsteinschätzungen zu erfassen, nicht unumstritten ist (vgl. Spinath 2002: 23).

tenzen ist demnach immer abhängig vom Beurteiler und den jeweiligen Rahmenbedingungen. Verabschiedet man sich von der Annahme *einer* bereichsunabhängigen und kontextfreien sozialen Kompetenz, hat dies weitreichende Konsequenzen für die Beurteilung der Projektprüfung. Der/die Beurteilende kann sich demnach kaum anmaßen, z.b. ‚Teamfähigkeit' oder ‚Kooperationsfähigkeit' zu bewerten, da diese vermeintliche ‚Schlüsselqualifikation' stets von der jeweiligen Umgebung[16] und den subjektiven Überzeugungen des Beurteilers, was in der konkreten Situation als sozial kompetentes Verhalten erachtet wird, abhängig ist.

Transparent ist eine Beurteilung von ‚sozialem' Verhalten ansatzweise nur dann, wenn vorab die Schüler darüber informiert werden, welches Verhalten in konkreten Situationen als ‚sozial kompetent' erachtet wird. Im Idealfall werden diese Kriterien mit den Schülern gemeinsam erarbeitet (vgl. Walzik 2002: 13). Eingeschätzt werden dann keine Kompetenzen oder ‚Schlüsselqualifikationen', sondern ‚lediglich' Indikatoren vgl. Abschnitt 3.7).

In wieweit die Lehrkräfte den Forderung des MJKS nachkommen, überfachliche Kompetenzen zu definieren, zu operationalisieren und zu diagnostizieren (vgl. Abschnitt 3.3), wird Gegenstand der Lehrerinterviews (Abschnitt 7.4) sein. Eine kritische Würdigung der ministeriellen Vorgaben unter Berücksichtigung der Kriterien der diagnostischen Beobachtung erfolgt in Abschnitt 3.7.

---

[16] ‚Umgebung' wird an dieser Stelle im gleichen Sinne wie bei Funke/Frensch (1995, s.o.) verwandt.

3. Eine Analyse der Vorgaben zur Projektprüfung

Um überprüfen zu können, in wieweit die beabsichtigten und tatsächlichen Wirkungen der Projektprüfung übereinstimmen, werden in diesem Kapitel Kriterien erarbeitet. Die beabsichtigten Wirkungen der Projektprüfung werden mittels Dokumentenanalyse ermittelt und im empirischen Teil (Kapitel 7) mit den tatsächlichen kontrastiert. Zunächst (Abschnitt 3.1) wird der Vorlaufprozess der Projektprüfung dargestellt. Es soll analysiert werden, in wieweit anzunehmen ist, ob die Hauptschulen Baden-Württembergs für die Projektprüfung förderliche Arbeitsweisen vorab praktiziert haben.

3.1 Die Vorerfahrung der Hauptschulen Baden-Württembergs mit Projektprüfungen

Unter der Überschrift „Welche Maßnahmen zur Verbesserung der Ausbildungsfähigkeit sind nötig?" (*Sekretariat der Ständigen Konferenz der Kultusminister der Länder in der Bundesrepublik Deutschland* zit. n. Engemann 2000: 24) befinden sich in einem längeren Maßnahmekatalog auch „[N]eue Unterrichtsformen wie Projektarbeit, fächerverbindendes und fächerübergreifendes Arbeiten". Interessanterweise werden „Projektarbeit, fächerverbindendes und fächerübergreifendes Arbeiten" (Engemann 2000: 24) mit dem Adjektiv *neu* versehen. Der Maßnahmekatalog der Kultusministerkonferenz stammt aus dem Jahr 1997. Den Eindruck, dass es sich bei der Einführung der Projektprüfung um etwas entscheidend Neues handelt, versucht das MKJS jedoch zu vermeiden. An verschiedenen Stellen wird darauf hingewiesen, dass es sich bei der Einführung der Projektprüfung nur um einen weiteren Schritt in eine bereits eingeschlagene Richtung handelt:

> „Zunehmend kommt es zu einer veränderten Unterrichtskultur, in der neben Wissenserwerb auch Methodenlernen und personale Kompetenzen gefördert werden. Damit ist eine stärkere Orientierung an den Potentialen der Schülerinnen und Schüler und ihre ganzheitliche Förderung verbunden ... Um diese Leistungsstandards zu erfassen, bedarf es einer Ergänzung der bisherigen Prüfungsdidaktik in Form von Projektprüfungen" (MKJS 2000a: 5).

An anderer Stelle (MKJS 1999b) wird ebenfalls betont, dass Projekte bereits mit einer „Selbstverständlichkeit" durchgeführt werden und dass sich der „Hauptschulunterricht" durch seinen „prozessorientierten Ansatz" auszeichnet.

Vor der obligatorischen Einführung der Projektprüfung im Schuljahr 2001/02 wurden ab Schuljahr 1997/98 von einer jährlich steigenden Anzahl von Schulen Projektprüfungen erprobt. Ein Jahr vor der landesweiten Einführung nahmen 469[1] Hauptschulen Baden-Württembergs am Schulversuch „Projektprüfung" teil, dies entspricht einem Anteil von 38,1 %; davon erprobten lediglich 16 % eine fächerübergreifende Projektprüfung, dem ab Schuljahr 2001/02 obligatorischen Modell (für eine detaillierte Analyse der Vorgaben und Richtlinien zur Projektprüfung, siehe Abschnitt 3.3).

Empirische Studien zum Einsatz von Unterrichtsmethoden belegen, dass kooperative Lernformen wie Gruppenarbeit und projektartiges Arbeiten im Schulalltag wenig verankert sind. Kooperative Lernformen fristen selbst bei unterrichtsmethodisch engagierten Lehrkräften an Realschulen Baden-Württembergs im Vergleich zu Frontalunterricht ein Schattendasein (vgl. Bohl 2000: 347). Ähnlich eindeutige Präferenzen zugunsten des Frontalunterrichts ergeben Befunde zum Einsatz von Unterrichtsmethoden an Hauptschulen Bayerns (vgl. Engelhardt 1999: 230-231).

Eine detaillierte Analyse über den Gebrauch von Unterrichtsmethoden an Hauptschulen Baden-Württembergs liegt nicht vor.

Die Befunde in diesem Abschnitt ergeben, dass mit sehr hoher Wahrscheinlichkeit davon auszugehen ist, dass der überwiegende Anteil der Lehrkräfte im Schuljahr 2001/02 zum ersten Mal bewertetes projektartiges Arbeiten durchgeführt hat.

In diesem Abschnitt werden die Vorgaben und Empfehlungen des MKJS analysiert. Sie liefern gemeinsam mit den Experteninterviews und den Befragungen der Voruntersuchung die Basis für das Erstellen der Interviewleitfäden und der Fragebögen (vgl. Kapitel 6).

Ab Schuljahr 2001/02 werden die drei zentralen Abschlussprüfungen in den Fächern Deutsch, Mathematik und Englisch um eine ‚Projektprüfung' er-

---

[1] Eigene Berechnungen auf Basis von MKJS 2001b. Es wurden lediglich die *Schulen* berücksichtigt, die im Schuljahr 2000/01 Projektprüfungen durchführten. Das MKJS (2001b) weist die Anzahl der *Projekte* (teilweise mehrere an einer Schule) und nicht die Anzahl der an der Projektprüfung teilnehmenden *Schulen* aus.

gänzt. Vor Schuljahr 2001/02 wurden anstelle der Projektprüfung zwei praktische und eine mündliche Prüfung abgenommen[2] (vgl. MKJS 2000a). Im folgenden Abschnitt werden die ministeriellen Vorgaben und Empfehlungen analysiert. Als Grundlage dienen die Broschüren MKJS (2000a) und MKJS (2001a), sowie die „Verordnung des Kultusministeriums zur Änderung hauptschulabschlussrechtlicher Vorschriften[3]" (abgedruckt im K.u.U. vom 11. Juni 2001). Frühere Veröffentlichungen des Ministeriums (MKJS 1998b; MKJS 1999a) werden nicht berücksichtigt, da sie auf einer für die Fragestellung dieser Studie *nicht* relevanten Grundlage erstellt wurden. In der Handreichung zur Projektprüfung aus dem Jahre 1998 (MKJS 1998b) war noch von „Projektprüfungen" die Rede, die anstelle einer mündlichen und/oder praktischen Prüfung durchgeführt werden" (S. 5). Auch in den Handreichungen aus dem Jahre 1999 (MKJS 1999a: ohne Seitenangaben) ist von „Projektprüfungen" die Rede. Bis 1999 war offensichtlich noch nicht geplant, nur eine fächerübergreifende Projektprüfung anstelle der beiden praktischen und der mündlichen Prüfung durchzuführen. Interessanterweise ist man im Jahre 1999 noch davon ausgegangen, „Projektprüfungen ... *ab dem Jahr 2003*" einzuführen (MKJS 1999: ohne Seitenangaben; Hervorhebungen durch M.S.). Wie oben erwähnt, ist eine themenorientierte Projektprüfung bereits ab Schuljahr 2001/02 obligatorisch eingeführt worden. Begründet wird die vorgezogene „landesweite Einführung" durch die „positive Resonanz" der Schulen, der Eltern und der Wirtschaft (Schavan/Rau 2001: 4).

3.2 Das Projektverständnis des MKJS

Die Ausführungen zum Projektbegriff in der Broschüre „Projekt Prüfung Hauptschule: Info-Update 2000" (MKJS 2000a) setzen sich im wesentlichen aus zwei Quellen zusammen[4]. Der erste Teil ist weitestgehend wortwörtlich aus Goetsch (1990: 257) übernommen:

„Wir sprechen dann von Projekten, wenn ein Thema von den Schülerinnen und Schülern über einen vereinbarten Zeitraum so gestaltet wird, dass der

---

[2] Für diejenigen Schulen, die vor dem Schuljahr 2001/02 am Schulversuch „Projektprüfung" teilnahmen, gab es Sonderregelungen bezüglich der Anzahl der Prüfungen, die durch die Projektprüfung ersetzt werden konnten (vgl. MKJS 2000a: 9).
[3] Die für die PP relevanten Passagen der Verordnung befinden sich auch in der Broschüre „Projektprüfung: Leistungsmessung in der Hauptschule" (MKJS 2001a: 17-18).
[4] In der Broschüre MKJS (2000a) wird auf Zitate und Quellenangaben komplett verzichtet.

Arbeitsprozess *soweit wie möglich* selbständig geplant, selbständig durchgeführt und selbständig in ein vorweisbares Ergebnis überführt wird. Das Ergebnis der Arbeit ist offen und maßgeblich von der Kreativität und Leistungsfähigkeit der Gruppenmitglieder bestimmt" (MKJS 2000a: 7; Hervorhebung durch M.S.).

Der Arbeitsprozess muss *soweit wie möglich* den folgenden Kriterien genügen:

- selbständiges Planen des Arbeitsprozesses,
- selbständiges Durchführen des Arbeitsprozesses, sowie
- selbständiges Überführen in ein vorweisbares Ergebnis.

‚Selbständigkeit' wird ohne die Einschränkung ‚so weit wie möglich' explizit nur für die Präsentationsphase gefordert: „In der Präsentationsphase stellt die Schülergruppe selbständig die Projektergebnisse vor" (MKJS 2001a: 7). Legt man den Projektbegriff des MKJS (2000: 7) für die Projektprüfung zugrunde, so ergeben sich folgende Anforderungen an ein Projekt:

Die Schüler sollen ihr Projekt möglichst selbständig planen, möglichst selbständig durchführen und ein vorweisbares Ergebnis präsentieren.

Der Text, der die Grafik „Kriterien der Projektarbeit" (MKJS 2000a: 7) erläutert, liest sich weitestgehend identisch bei Emer/Lenzen (1997: 216-7). In der Grafik werden sieben Kriterien der Projektarbeit genannt:

- Gesellschaftsbezug,
- Interessen aller Beteiligten,
- fächerübergreifendes Arbeiten,
- Präsentation,
- Ergebnisorientierung,
- selbstbestimmtes Lernen, sowie
- ganzheitliches Arbeiten.

Die Kriterien „Gesellschaftsbezug, Selbstbestimmtes Lernen, Ganzheitliches Arbeiten, Fächerübergreifendes Arbeiten" sind identisch bei Emer/Lenzen (1997: 216-7); aus „Produktorientierung" (Emer/Lenzen 1997: 217) macht

das MKJS (2000a: 7) „Ergebnisorientierung"; „Kommunikative Vermittlung" (Emer/Lenzen 1997: 217) wird beim MKJS (2000a: 7) zu „Präsentation"; „Interessen aller Beteiligten" (MKJS 2000a: 7) entspricht „Lebenspraxisbezug" (Emer/Lenzen 1997: 216).
Fasst man den Begriff „Kriterium" als „Kennzeichen, Unterscheidungsmerkmal" auf (Der Neue Brockhaus 1984), so zeichnet sich Projektarbeit folgendermaßen aus:

> Projektarbeit kann dann als solche bezeichnet werden, wenn ein Ergebnis erarbeitet und präsentiert wird, das durch selbstbestimmtes Lernen, fächerübergreifendes und ganzheitliches Arbeiten unter Berücksichtigung der Interessen aller Beteiligten gekennzeichnet ist und einen Gesellschaftsbezug aufweist.

3.3 Erläuterungen zu den ministeriellen Vorgaben

Wie die Ergebnisse der Projektprüfung geartet sein können, bestimmt § 7 „Themenorientierte Projektprüfung": „Die themenorientierte Projektprüfung kann schriftliche, mündliche und praktische Leistungen enthalten" (K.u.U. 2001a: 239).
Unter „Gesellschaftsbezug" wird folgendes verstanden: „Projekte knüpfen an reale, gesellschaftlich relevante Probleme und Bedürfnisse an" (MKJS 2000a: 7; Emer/Lenzen 1997: 216). Auf die Kennzeichnung dessen, was als ‚gesellschaftlich relevantes Problem' erachtet wird, verzichtet das MKJS. Klarer wird das Kriterium „Gesellschaftsbezug" dann, wenn man die bildungsphilosophische Fundierung der (nicht kenntlich gemachten) Originalquelle (Emer/Lenzen 1997) berücksichtigt. Emer/Lenzen (1997) erachten wie Bastian, Gudjons und Hänsel die Bildungsphilosophie von John Dewey als die für sie grundlegende. Ebenso wie Hänsel (Abschnitt 2.1) betrachten Emer/Lenzen (1997) es als Ziel von ‚Projektunterricht' „zumindest [eine] partielle ... Veränderung der schulischen und außerschulischen Lebenswelt" (S. 228) zu erreichen und betonen den deweyschen Aspekt der „Demokratisierung von Schule und Gesellschaft" (S. 213).
Unklar sind die Ausführungen über den Begriff des „selbstbestimmten Lernens" (MKJS 2000a: 7; Emer/Lenzen 1997: 216):

„Zentrale Ziele des selbstbestimmten Lernens sind Mitbestimmung bei der Planung und Durchführung des Projekts sowie soziales Lernen durch die Veränderung der Lehrer-Schüler-Rollen".

„Mitbestimmung bei der Planung und Durchführung des Projekts" und „soziales Lernen", so erwünscht sie auch erscheinen mögen, als „zentrale *Ziele* des selbstbestimmten Lernens" (ibid., Hervorhebung durch M.S.) festzuschreiben, erscheint klärungsbedürftig. Möglicherweise zielt die Formulierung in MKJS (2000a: 7) und in Emer/Lenzen (1997: 216) darauf ab, indirekt soziales Lernen als weiteres Kriterium für „Projektarbeit" auszuweisen, wie dies Gudjons explizit und alle anderen in Abschnitt 2.1 erwähnten Autoren implizit in ihren Merkmalskatalogen und Kriterienliste tun. Die Formulierung „soziales Lernen *durch* die Veränderung der Lehrer-Schüler-Rollen", ein weiteres Ziel selbstbestimmten Lernens (MKJS 2000: 7; Emer/Lenzen 1997: 216; Hervorhebung durch M.S.), impliziert, dass die ‚normale', vor der Veränderung vorherrschende Lehrerrolle, soziales Lernen nicht ermöglicht. Ohne Definition dessen, was unter ‚Lehrerrolle' vor und nach der „Veränderung" (ibid.) zu verstehen ist, bleibt diese Aussage unklar. Das für die Projektarbeit veränderte Rollenverständnis der Lehrenden und Lernenden, das von allen Protagonisten der Projektarbeit eingefordert wird, kann man im Gegensatz zu ‚sozialem Lernen' (s.o.) als ‚Ziel selbstbestimmten Lernens' auffassen. Konkretisierend heißt es: „Lehrerinnen und Lehrer sind nicht mehr ausschließlich Experten, diese Rolle kann auch Lernenden zufallen" (ibid.).
Aus diesen Ausführungen ergibt sich ein weiteres Kriterium des MKJS:

> Projektartiges Arbeiten soll ‚soziales Lernen' und nach Möglichkeit die Veränderung der Lehrer-Schüler-Rollen dahingehend bewirken, dass Schüler zu Experten werden.

Eine veränderte Lehrerrolle wird von allen Verfechtern von Projektarbeit gefordert. Z.B. Bastian/Combe (1997: 245) erachten „Schülerbeteiligung" als „Herzstück der Projektidee" und fordern von einer „Theorie des Projektunterrichts ... eine am Begriff der Schülerbeteiligung orientierte Differenzierung der Handlungsformen von Lehrer(inne)n und Schüler(inne)n". Das „Planungsmonopol, das Informationsmonopol und das Kontrollmonopol des Lehrenden" halten sie „idealtypisch" im „Projektunterricht" für ersetzbar, zugunsten von „Strukturen reziproker Verantwortung" (Bastian/Combe 1997: 246).

Das in der Grafik des MKJS in der Mitte angesiedelte Kriterium „Ganzheitliches Lernen" (2000a: 7) wird folgendermaßen erläutert: „Lernen mit möglichst vielen Sinnen ist ein wichtiges Kriterium für die Projektarbeit". Der weitere Verlauf des Texts ist wiederum identisch mit Emer/Lenzen (1997: 217): „Kreatives, rezeptives, produktives und affektives Handeln werden miteinander verbunden". Auch dieser Satz ist nicht frei von unklaren Aussagen. Die Klärung dessen, was unter „rezeptivem Handeln" zu verstehen ist, bleibt aus.

Trotz dieser unklaren Aussage ergibt sich als weiteres Erfolgskriterium:

> Projektartiges Lernen soll mit möglichst vielen Sinnen erfolgen.

‚Ganzheitlichkeit' wird von allen Vertretern[5] als zentrales Kriterium von Projektarbeit erachtet (Abschnitt 2.1; s.o.).

Zum Kriterium „Präsentation" führt das MKJS (2000a: 7) aus: „Zu einem Projekt gehört die Präsentation und Vermittlung des Ergebnisses nach außen". Diese Formulierung ist wiederum identisch mit dem, was Emer/Lenzen (1997: 217) unter „Kommunikative Vermittlung" ausführen, mit Ausnahme des Wortes ‚Ergebnis', das das MKJS (2000a: 7) anstelle von ‚Produkt' verwendet wird. Das MKJS führt weiter aus: „Diese Vorstellung vor einer Öffentlichkeit bringt das Ergebnis erst wirklich zur Geltung" (ibid.). Auch diese Formulierung findet man sinngemäß bei Emer/Lenzen (1997: 217). Welcher Personenkreis dem Begriff „Öffentlichkeit" zuzuordnen ist, bleibt in den Ausführungen über „Den Projektbegriff" (MKJS 2000a: 7) unklar. An anderer Stelle der Broschüre, den „Planungshilfen" (MKJS 2000a: 11), erscheint zwar eine Unterüberschrift „Öffentlichkeit", aber auch diese Passage beantwortet nicht die Frage, welcher Personenkreis der ‚Öffentlichkeit'[6] zuzuordnen ist:

---

[5] Mit Ausnahme von Knoll, der die ‚Projektmethode' lediglich auf ‚praktisches Problemlösen' beschränkt.

[6] Der Hinweis „Schülerinnen und Schülern, Lehrerinnen und Lehrern, Eltern, Betrieben usw." erscheint als Beschreibung dessen, was unter ‚Öffentlichkeit' zu verstehen ist, wenig hilfreich.

„Öffentlichkeit

- Transparenz gegenüber Schülerinnen und Schülern, Lehrerinnen und Lehrern, Eltern, Betrieben usw. hinsichtlich der Durchführung und Bewertung von Projektarbeit: Was wird erwartet? Was wird beobachtet? Was wird bewertet? ... Für die Präsentation kann ein Forum bzw. eine entsprechende Öffentlichkeit von Nutzen sein. Bei der Bewertung darf keine Öffentlichkeit hergestellt werden".

Neben den Kriterien der Notengebung, die ohnehin generell gegenüber den Lernenden und Eltern erläuterungspflichtig sind, soll einem nicht näher umschriebenen Adressatenkreis neben den Kriterien der Notengebung auch die Art und Weise der Durchführung transparent gemacht werden. Der folgende Satz: „[f]ür die Präsentation kann ein Forum bzw. eine entsprechende Öffentlichkeit von Nutzen sein" (MKJS 2000a: 11), ist wenig spezifisch. Das MKJS offenbart jedoch indirekt eine Präferenz zugunsten einer öffentlichen Präsentation. Als weiteres Kriterium des MKJS ergibt sich demnach:

> Die Präsentation vor einer nicht näher spezifizierten Öffentlichkeit ist erwünscht, die Notenfeststellung erfolgt jedoch unter Ausschluss der Öffentlichkeit.

3.4 Die prüfungsrechtlichen Bestimmungen des MKJS

Neben den bisher diskutierten Kriterien, die mit Ausnahme des Punkts ‚Öffentlichkeit' ausschließlich projektartiges Arbeiten und nicht explizit die Projekt*prüfung* betreffen, gibt es Kriterien, die sich auf die Durchführung der *Prüfung* beziehen. Diese Aspekte betreffen neben der Unterrichts- auch die Schulebene und stellen somit Anforderungen an die organisatorische Kompetenz der Schulleitung. Unter „Planungshilfen" heißt es: „Eine zweite Lehrkraft macht sich während des gesamten Projektes kundig. Bei der Präsentation und der Bewertung *muss* sie ständig anwesend sein" (MKJS 2000a: 11; Hervorhebung durch M.S.). Diese Aussage hat den Charakter einer Vorgabe und weniger einer Hilfe und kann deshalb auch als weiteres ‚offizielles' Kriterium erachtet werden:

> Die Durchführung der Prüfung erfolgt unter Beteiligung einer zweiten Lehrkraft.

In der Broschüre des MKJS (2001a: 13; Hervorhebung im Original) heißt es aber wieder relativierend:

> „Für die **Vorbereitungs- und Durchführungsphase** ist mindestens eine Lehrerin bzw. ein Lehrer als Beobachterin (Prüferin) bzw. Beobachter (Prüfer) vorzusehen. In der **Präsentationsphase** tritt eine zweite Lehrkraft hinzu, die sich über den Verlauf des Projekts kundig gemacht hat. Besser ist der Einsatz von zwei Beobachterinnen bzw. Beobachtern während des gesamten Projekts".

Eine zweite Lehrkraft wird direkt nur für die Dauer der Präsentation und Bewertung verpflichtet, wenngleich zwei beobachtende Lehrkräfte als „besser" empfunden werden (ibid.). Unklar bleibt jedoch das Ausmaß des Engagements der zweiten Lehrkraft während der Durchführung.
Spezifiziert wird nicht, ob pro Projekt*gruppe* oder pro Klasse mehr als eine Lehrkraft beteiligt sein muss.
Eine „Selbstbeobachtung der Schülerinnen und Schüler" als Teil der „Leistungsmessung" ist nach offiziellem Dafürhalten erwünscht, nicht aber obligatorisch: „Selbstbeobachtungen der Schülerinnen und Schüler können bei der Leistungsmessung in die Bewertung mit einfließen" (MKJS 2001a: 8); und weiter:

> „Selbstbeobachtungen der Schülerinnen und Schüler können eine gewichtige Erkenntnisquelle für eine Leistungsbeurteilung sein. Die Selbstbeobachtung kann durch einen entsprechenden Selbstbeobachtungsbogen unterstützt werden" (MKJS 2001a: 13).

Als weiteres Kriterium ergibt sich also:

> Selbstbeobachtungen der Schüler und Schülerinnen können in die Bewertung mit einfließen.

Neben der Selbstbeobachtung, die fakultativ in die Leistungsmessung einfließen kann, werden die folgenden „Grundlagen" des Themenkomplexes „Vom Beobachten zum Bewerten" (MKJS 2001a: 8; Hervorhebungen im Original) festgelegt:

1. Die Projektprüfungen sind „Gruppenprüfungen, bei denen jede einzelne Schülerin und jeder einzelne Schüler eine **individuelle Leistungsbewertung** erhält".

2. „[Ü]berfachliche Kompetenzen" müssen neben „[f]achlichen Kompetenzen" in der Leistungsmessung berücksichtigt werden.

3. Alle „Phasen des Projektes" (Vorbereitung, Durchführung und Präsentation) bilden die Grundlage für die Bewertung".

4. „Beobachten und Bewerten" sind „[g]rundsätzlich" bei der „Leistungsmessung" zu „trennen" (vgl. Abschnitt 3.5).

5. Als „[w]esentliche[n] Bestandteil und wichtige Erkenntnisquelle" für die Bewertung ist „das Gespräch zwischen Lehrerinnen bzw. Lehrern und Schülerinnen bzw. Schülern während des gesamten Projektablaufes"; in der Präsentationsphase „treten die am Projekt beteiligten Personen in ein Gespräch, um den Verlauf des Projektes und das Ergebnis zu reflektieren".

6. Die „Kriterien der Bewertung sind den Schülerinnen und Schülern im Sinne der Transparenz jeder Notengebung vor dem Projekt darzulegen".

7. Neben einer „eigenständige[n] Projektnote" muss eine „Verbalbeurteilung als Zeugnisanlage" erstellt werden.

Zu 1.: Gruppenprüfung

Die Vorgabe, dass die Projektprüfung als Gruppenprüfung (Größe: circa 3-5, s.o.) mit ‚individueller Leistungsbewertung' zu erfolgen hat, wird in Paragraph 7 Absatz 4 der „Verordnung über die Abschlussprüfung an Hauptschulen (abgedruckt im K.u.U. vom 11. Juni 2001) wieder relativiert:

„In begründeten Ausnahmefällen kann mit Genehmigung des Schulleiters die themenorientierte Projektprüfung auch als Einzelprüfung abgenommen werden".

Zu 2.: Überfachliche – fachliche Kompetenzen

Es erfolgen zwar Betrachtungen zu „überfachliche[n]" Kompetenzen" derart, dass der „rasche Wissenszuwachs, der Einsatz moderner Kommunikationstechniken und der Wandel von gesellschaftlichen Werten" vermehrt „personale, soziale und methodische Kompetenzen" erfordern (MKJS 2001a: 9), die Definition der „überfachliche[n] Kompetenzen" obliegt jedoch den einzelnen Schulen.

„Je nach dem, was von einer Schule festgelegt wurde, wird auf einem Bewertungsbogen die Gesamtheit der fachlichen und überfachlichen Qualifikationen mit unterschiedlichen Begrifflichkeiten beziehungsweise mit einer unterschiedlichen Anzahl von Begriffen erfasst. Dasselbe gilt für die Gewichtung der einzelnen Kompetenzen und das Anbringen einer für die Lehrerinnen und Lehrern praktikablen Form" (MKJS 2001a: 11).

Dass die Definition von überfachlichen (oder synonym fächerübergreifenden) Kompetenzen für die Erziehungswissenschaft ein kaum zu bewerkstelligendes Problem darstellt, wurde bereits in Abschnitt 2.3 diskutiert.
An anderer Stelle (MKJS 2001a: 13; Hervorhebungen im Original) wird die Freiheit der Definition aber wieder eingeschränkt: „Alle am Projekt beteiligten Lehrerinnen bzw. Lehrer und Schülerinnen bzw. Schüler **müssen** klären:

- „Was ist unter den einzelnen **fachlichen und überfachlichen Kompetenzen** inhaltlich zu verstehen? Was heißt fachliche, Kompetenz, methodische Kompetenz und personale Kompetenz?" (MKJS 2001a: 13).
- „Welche Gewichtung kommt den einzelnen fachlichen und überfachlichen Kompetenzen bei der Leistungsmessung zu? Sind alle Kompetenzen gleichwertig oder kommt bestimmten Kompetenzen eine besondere Gewichtung zu?" (ibid.).

Es erscheint als unglücklich, zuerst alle am Projekt beteiligten Lehrenden und Lernenden zu verpflichten „fachliche und überfachliche Kompetenzen" inhaltlich zu klären, später dann aber festzulegen, dass überfachliche Kompetenzen „fachliche ..., methodische ..., soziale und personale Kompetenz[en] umfassen (ibid.)".
Die Aufforderung an „[a]lle am Projekt beteiligten Lehrerinnen bzw. Lehrer und Schülerinnen bzw. Schüler" inhaltlich zu klären, was unter „den einzelnen **fachlichen und überfachlichen Kompetenzen**" zu verstehen ist (MKJS 2001a: 13), deutet auf einen gemeinsamen Diskussionsprozess zwischen Lehrenden und Lernenden hin. Eine andere Stelle (MKJS 2001a: 11) legt jedoch eine andere Interpretation nahe, nämlich die, dass den Lehrenden lediglich die Aufgabe zukommt, den Lernenden die einzelnen Kriterien und deren Gewichtung zu erläutern:

„Ein Bewertungsbogen spiegelt die vor dem Projekt vereinbarten und den Schülerinnen und Schülern im Sinne der Transparenz mitgeteilten Kriterien der Bewertung und ihrer Gewichtung wieder".

Aus beiden Lesarten (1. Lehrende und Lernende diskutieren gemeinsam über fachliche und überfachliche Kompetenzen und deren Gewichtung und 2. Lehrende teilen den Lernenden die Kriterien und deren Gewichtung mit) lässt sich unzweifelhaft eine weitere Vorgabe extrahieren:

> Die am Projekt beteiligten Lehrer und Lehrerinnen müssen sich vor der Prüfung über fachliche und überfachliche Kompetenzen sowie über deren Gewichtung Gedanken machen, diese den Schülern und Schülerinnen transparent machen und einen Bewertungsbogen erstellen.

Daraus leitet sich folgendes weiteres Kriterium ab:

> Die Projektprüfung erfordert während der Vorbereitung und Durchführung teamartiges Arbeiten von den beteiligten Lehrkräften.

Dieses ‚indirekte' Kriterium erfordert von den Lehrkräften kollegiale Kooperation, die im Schulalltag äußerst selten anzutreffen ist (Bauer et al. 1999: 246; Ulich 1996: 150f.). Bauer et al. (1999: 246) erachten es als Grundvoraussetzung für einen ‚professionelleren Arbeitsplatz Schule', eine „Kultur der professionellen Zusammenarbeit" zu errichten. Eine „künstlich induzierte Kollegialität", die in „Fortbildungsveranstaltungen, kollegiumsinterner Fortbildung und Schulentwicklung" anzutreffen ist, erachten Bauer et al. (1999: 246) als einen möglichen Weg in Richtung „gelebte[r] und bejahte[r] Zusammenarbeit". Zu genau dieser ‚induzierten Kollegialität' werden die Lehrer durch die Projektprüfung verpflichtet. Ulich (1996: 153), dagegen, erachtet Zwangskooperation als wenig Erfolg versprechend:

> „Selbstverständlich kann eine konstruktive Zusammenarbeit innerhalb eines Kollegiums für die Lehrer/innen und auch die Schüler/innen positive Auswirkungen haben, wenn sie einem echten Bedürfnis entspricht und nicht bloß der Erfüllung einer formalen Regel dient" (Ulich 1996: 153).

Es wird im empirischen Teil (Kapitel 7) der Frage nachgegangen, in welchem Ausmaß die befragten Lehrkräfte den Kooperationsanforderungen nachkommen, die durch die Projektprüfung an sie herangetragen werden, und ob diese als „gelebte und bejahte Zusammenarbeit" (Bauer et al. 1999:

246) oder eher als „Erfüllung einer formalen Regel" (Ulich 1996: 143) empfunden wird.
Kooperatives Verhalten wird nicht nur von den Schülern und Lehrern, sondern indirekt auch von der Schulleitung verlangt. Die Projektprüfung wird als gemeinschaftliche Aufgabe der gesamten Schule festgelegt (MKJS 2000a: 11):

- „Aufgrund der Gegebenheiten unser Schule haben *wir* uns für eine der Möglichkeiten der Projektprüfung entschieden".

Und weiter:

- Den Raumbedarf für die Projektprüfung haben wir ermittelt.
- Einen für uns günstigen Zeitraum zur Durchführung der Projektprüfung konnten wir finden" (MKJS 2000: 11; Hervorhebungen durch M.S.).

Als weiteres Kriterium ergibt sich also:

Die Planung, Durchführung und Präsentation wird als Aufgabe der gesamten Schule festgelegt.

Zu 3.: Phasenverlauf
Nach MKJS (2000a: 8; 2001a: 6) haben Projekte einen Phasenverlauf, der in der Projektprüfung einen „verbindlichen Charakter" hat:
Die Phasen eine Projekts[7] sind gemäß des MKJS (2001a: 6):

1. Vorbereitung:
    a) Themenfindung / Gruppenbildung,
    b) Material (beschaffen / erkunden),
    c) Projektbeschreibung erstellen.

2. Durchführung:
    d) Material auswerten / bearbeiten,
    e) Realisierung,

---

[7] Die Überschrift in MKJS (2000: 8) lautet: „Phasen der Projektarbeit und der Projektprüfung".

f) Präsentation vorbereiten.

3. Präsentation
g) Ergebnis präsentieren,
h) Ergebnis reflektieren,
i) Prozess reflektieren.

Dem vom MKJS vorgegebenen Phasenverlauf kommt in sofern eine wichtige Bedeutung zu, als die Lehrenden verpflichtet sind, alle Phasen des Projekts bei der Bewertung zu berücksichtigen (MKJS 2001a: 7).

> Der vorgegebene Phasenverlauf (Vorbereitung, Durchführung, Präsentation) hat verbindlichen Charakter.

Die Phasen des MKJS sind terminologisch am Phasenverlauf von Emer/Lenzen (1997: 227) orientiert. Tabelle 1 zeigt die Phasen und die dazugehörigen methodischen Schritte nach Emer/Lenzen (1997: 227). Zusätzlich zu den Phasen des Projekts und den methodischen Schritten weisen Emer/Lenzen (ibid.) „methodische Kompetenzen" wie z.B. „kreative Kompetenz" oder „Informationskompetenz" aus und ordnen diese den methodischen Schritten zu. Da aber auf eine Definition dessen verzichtet wird, was unter den teilweise höchst unklaren ‚methodischen Kompetenzen' zu verstehen ist, werden diese methodischen Kompetenzen in Tabelle 1 weggelassen.

Tabelle 1: Methoden und methodische Schritte nach Emer/Lenzen
(1997: 227)

Phase	methodische Schritte
1. Initiierungsphase:	a) Thema finden, b) Rollen reflektieren, c) Initiatoren finden, d) Initialimpulse finden,

2. Einstiegsphase:	a) die Einzelnen kennen lernen, b) die Gruppe konstituieren, c) das Thema vorstellen,
3. Planungsphase:	a) Themenstellung und –aspekte präzisieren, b) Produkte und Adressaten festlegen, c) Arbeitsmethoden und –orte bestimmen, d) Rollen bestimmen und übernehmen, e) Zeit- und Materialplan anlegen, f) Projektplan erstellen,
4. Durchführungsphase:	a) Material beschaffen und erkunden, b) auswerten und bearbeiten, c) das Produkt erstellen, d) koordinieren und reflektieren,
5. Präsentationsphase	a) das Produkt präsentieren, b) für das Produkt werben, c) das Produkt kommunikativ vermitteln,
6. Auswertungsphase	a) das Produkt bewerten, b) die Wirkung beurteilen, c) den Prozess bewerten,
7. Weiterführungsphase	a) das Projekt dokumentieren, b) das Projekt festsetzen.

1. Initiierungsphase und 7. Weiterführungsphase gehören nach Emer/Lenzen (1997: 220) nicht zwingend zu einem Projekt und werden lediglich als mögliche „sinnvolle Ergänzungen" erachtet.

Vergleich zwischen der Phasenfolge bei Emer/Lenzen und der des MKJS

Die Begriffe „Durchführungs- und Präsentationsphase" (MKJS 2001a: 6; MKJS 2000: 8) sind identisch bei Emer/Lenzen[8] (1997: 227). Anstelle von sieben Phasen (Emer/Lenzen) weist das MKJS lediglich drei aus. Das MKJS weist ebenso wie Emer/Lenzen „methodischen Schritte" den Phasen zu. „Initiierungsphase und Einstiegsphase" (Emer/Lenzen) sind in den Vorgaben des MKJS lediglich eine Phase, und zwar „Vorbereitung". Der methodische Schritt „Thema finden" während der „Initiierungsphase" (Emer/Lenzen) wird gemäß des MKJS als „Themenfindung" der „Vorbereitungsphase" zugeordnet. Die anderen methodischen Schritte während der „Initiierungsphase" (Emer/Lenzen) fehlen beim MKJS. Den methodischen Schritt „das Thema vorstellen" (Emer/Lenzen), der bei MKJS fehlt, bezeichnet Frey als ‚Fixpunkt'. Fixpunkte sind im freyschen Projektverständnis (Abschnitt 2.1) eine von sieben ein Projekt konstituierenden Komponenten. „Fixpunkte" können während des Projekts eingeschoben werden und dienen u.a. als Mittel gegen „blinde Betriebsamkeit" (Frey 1998: 185). Unter anderem fungieren sie dazu, die „Teilgruppen" über den Stand der Arbeiten zu informieren (Frey 1998: 85). Die Wortwahl „Teilgruppen" (Frey, ibid.) lässt darauf schließen, dass von einem Projekt innerhalb der gesamten Lerngruppe ausgegangen wird. Dies ist ein gewichtiger Unterschied zu den ministeriellen Vorgaben (MKJS 2000a; 2001a), in denen an keiner Stelle von einem gemeinsamen Projektthema die Rede ist.

Die drei methodischen Schritte der „Einstiegsphase" bei Emer/Lenzen fehlen in den Ausführungen des MKJS mit Ausnahme von „Gruppenbildung", die der „Vorbereitung" zugeordnet wird. Emer/Lenzen gehen davon aus, dass die Themenfindung zeitlich vor der Gruppenbildung erfolgt. Dies geht aus der Grafik bei MKJS nicht zwingend hervor.

Die Phase „3. Planungsphase" (Emer/Lenzen) fehlt komplett in der ministeriellen Phasenfolge. Lediglich „f) Projektplan erstellen" (Emer/Lenzen) befindet sich sinngemäß in den Ausführungen des MKJS und zwar als „Projektbeschreibung erstellen" und fällt bei MKJS in die Phase „Vorbereitung". Das Fehlen der Planungsphase in den ministeriellen Vorgaben ist aufgrund der

---

[8] Die Angabe Emer/Lenzen bezieht sich in diesem Abschnitt auf die Abbildung „Methoden im idealtypischen Projektverlauf" (Emer/Lenzen 1997: 227), MKJS auf die Grafik „Phasen des Projekts" (MKJS 2001a: 6).

Relevanz, die Emer/Lenzen (1997: 222) und auch Peterßen (1999: 240) dieser Phase beimessen, überraschend. Emer/Lenzen (1997: 222) erachten die „Planungsphase" als „die wichtigste methodische Schaltstelle im Projektprozeß"; laut Peterßen ist die „Planungsphase" die „didaktisch wohl bedeutsamste" (1999: 240). Der einzige methodische Schritt der Planungsphase aus Emer/Lenzen (1997: 227), der sinngemäß als „Projektbeschreibung" im ministeriellen Phasenverlauf enthalten ist (MKJS 2001a: 6), nämlich die „Projektbeschreibung erstellen", erscheint weniger als didaktisch relevante schriftliche Ergebnisfixierung der Planungsphase, sondern vielmehr als Kontrollinstrument der Schulleitung. Die Schüler werden laut „Verordnung über die Abschlussprüfung an Hauptschulen" (MKJS 2001a: 17) verpflichtet, ein Thema zu wählen, eine „Projektbeschreibung" anzufertigen, die dann vom Schulleiter im „Benehmen mit den beteiligten Lehrkräften genehmigt [wird]".

Unter 4. Durchführungsphase weisen Emer/Lenzen (ibid.) „d) koordinieren und reflektieren" als methodischen Schritt aus. Dieser Schritt fehlt in der Phasenfolge des MKJS. Da das MKJS jedoch Gespräche während allen Phasen des Projekts zwischen Lehrern und Schülern als wichtige Informationsquelle erachtet (Abschnitte 3.1-3.2), ist indirekt der Schritt „koordinieren und reflektieren" (Emer/Lenzen) auch im ministeriellen Projektverständnis enthalten. Der Teilschritt „c) das Produkt kommunikativ vermitteln" während Emer/Lenzens „5. Präsentationsphase" wird zwar in den Vorgaben des MKJS nicht separat ausgewiesen, ist aber indirekt unter „3. Präsentation c) Ergebnis präsentieren" enthalten. Was Emer/Lenzen als methodische Schritte während der „Auswertungsphase" separat ausweisen, nämlich „a) das Produkt bewerten" und „b) die Wirkung beurteilen" und „c) den Prozeß bewerten" subsumiert das MKJS unter ‚Präsentation' (Ergebnis und Prozess reflektieren).

- In der Phasenfolge des MKJS fehlt die didaktisch höchst relevante Planungsphase. Der einzige methodische Schritt des MKJS, der sinngemäß in Emer/Lenzens Planungsphase vorkommt, nämlich „Projektbeschreibung erstellen" (MKJS), fungiert laut Verordnung über die Abschlussprüfung als Kontrollinstrument der Schulleitung. Ob die Projektbeschreibung darüber hinaus von den Lehrern und Schülern als didaktisch relevante Strukturierung des Projekts erachtet wird, ist fraglich und wird Gegenstand des empirischen Teils (Kapitel 7) sein.

- Die Vorgaben des MKJS legen die Interpretation nahe, dass jede Gruppe sich ein separates Thema auswählen kann und damit kein gemeinsames Klassenprojekt mit Teilgruppen entsteht, sondern Einzelprojekte.

Zu 4. Trennen von Beobachten und Bewerten

Laut MKJS sind die Bereiche Beobachtung und Bewertung strikt zu trennen.

„Grundsätzlich gilt bei der Leistungsmessung die **Trennung von Beobachten und Bewerten**. Während des Projektablaufes werden die Schülerinnen bzw. Schüler und ihre Leistungen beobachtet. Nach Abschluss des Projektes werden die Beobachtungen in eine Bewertung überführt" (MKJS 2001a: 8; Hervorhebung im Original).

Die Beobachtung liefert also gemäß den Richtlinien die Grundlage für die spätere Bewertung. Neben der zu erfolgenden Trennung von der Bewertung werden an die Lehrer-Beobachtungen weitere Anforderungen gestellt:

> Alle Phasen des Projekts werden (im Idealfall) von mindestens zwei Lehrkräften durchgeführt, zumindest jedoch macht sich eine zweite Lehrkraft während allen Phasen des Projekts „kundig" (MKJS 2000a: 11).

Die Beobachtungen werden auf einem vorab zu erstellenden Beobachtungsbogen notiert (MKJS 2000a: 12).

Ebenso wie bei den Bewertungsbögen gibt es auch für die Beobachtungsbögen keine verbindlichen Vorgaben. Das MKJS (2001a: 11) lässt aber klare Präferenzen zugunsten eines Modells erkennen, dass auf ein „vorgegebenes Raster" verzichtet. Die Implikationen, die sich aus den ministeriellen Vorgaben zur Beobachtung der Schülerleistungen ergeben, werden in Abschnitt 7.4 einer ausführlicheren Analyse unterzogen.

Zusammenfassend ergeben sich für den Unterpunkt ‚Beobachten und Bewerten' die folgenden Kriterien:

> Für jede Schülerin und jeden Schüler ist für alle Phasen des Projekts ein Beobachtungsbogen zu erstellen, der als Grundlage für die Bewertung dient. Die Bereiche Beobachtung und Bewertung sind strikt zu trennen. Auf die Vorgabe eines normierten Beobachtungsbogens wird verzichtet.

Zu 5. Gespräche zwischen Schülern und Lehrern während des gesamten Projektablaufs
„Gespräche zwischen Schülerinnen bzw. Schülern und Lehrerinnen bzw. Lehrern" haben die Funktion „den Projektverlauf zu reflektieren" (MKJS 2001a: 13) und sind „wichtige Erkenntnisquelle" für die Bewertung (MKJS 2000a: 7). Sie sind obligatorischer Bestandteil des Projekts.

In den Ausführungen des „Info-Updates" (MKJS 2000a) wurde den „Projektteilnehmerinnen und Projektteilnehmern" noch das Recht eingeräumt, sich beraten zu lassen (MKJS 2000a: 12). Das „Einfordern von Beratung, das Erkennen von Fehlern, das Benennen von Schwierigkeiten, das gemeinsame Lösen von Problemen" werden als „Leistungen" erachtet und deshalb auch dem Themengebiet ‚Beobachten zum Bewerten' zugeordnet. Eine ‚Beratung' durch die Lehrkraft, in der aktuelleren Broschüre (MKJS 2000a) neutraler als ‚Gespräch' bezeichnet, birgt die Gefahr, dass Schüler, Schülerinnen und Lehrkräfte wieder in ihre gewohnten Rollen verfallen und dem Kriterium ‚möglichst große Selbständigkeit' (Abschnitte 3.4-3.5) zuwider handeln. Ein Gespräch während des Projekts sinnvoll einzusetzen bedarf der Fähigkeit der Lehrkräfte, sich zurücknehmen zu können und eine veränderte, für projektartiges Arbeiten erforderliche Lehrerrolle einzunehmen (zur Lehrerrolle während der Phasen des Projekts, siehe Abschnitt 3.6). Unter welchen Umständen Eingriffe der Lehrenden in Gruppenarbeitsprozesse kontraproduktiv sein können, wird ebenfalls in Abschnitt 3.6 erörtert.

Als weiteres Kriterium ergibt sich:

> Gespräche zwischen Schülern und Lehrern sollen während allen Phasen des Projekts durchgeführt und als Grundlage für die Benotung verwandt werden.

Zu 6.: Transparenz der Notengebung
Dieser Punkt wurde oben unter ‚überfachliche – fachliche Kompetenzen' erörtert. Die Lehrkräfte müssen sich vor der Prüfung Gedanken darüber machen, was sie unter fachlichen und überfachlichen Kompetenzen verstehen und die Gewichtung der einzelnen Kompetenzen festlegen.

Zu 7.: Verbalbeurteilung
Als Zeugnisanlage muss eine Verbalbeurteilung erstellt werden, die die „Note ... näher erläutert" (MKJS 2001a: 13).

3.5 Zusammenfassung der ‚offiziellen' Kriterien

Der Vorgaben sind teilweise so vage gehalten, dass es schwer ist, sie *nicht* zu erfüllen:

- Arbeitsprozesse müssen nur „*soweit wie möglich* selbständig geplant, selbständig durchgeführt und selbständig" in eine präsentierbare Form „überführt" werden (MKJS 2000a: 7; Hervorhebung d. M.S.).
- Lediglich in der „Präsentationsphase stellt die Schülergruppe *selbständig* die Projektergebnisse vor" (MKJS 2001a: 7; Hervorhebung d. M.S.).
- Relevante Aspekte projektartigen Arbeitens wie soziales Lernen und eine Neudefinition der Lehrer-Schüler-Rollen werden zwar aufgeführt, erscheinen aber nur verklausuliert und wenig sachlogisch als Ziele „selbstbestimmten Lernens" (MKJS 2000a: 7).
- Die Gruppengröße wird vage auf „circa 3 bis 5 Schülerinnen und Schüler" (MKJS 2001a: 7) festgelegt.
- Zwei Lehrkräfte, nicht nur für die Präsentation, sondern als Beobachter für die gesamte Dauer des Projekts, sind zwar erwünscht (MKJS 2001a: 13), aber nicht erforderlich. Eine zweite Lehrkraft macht sich lediglich in einer nicht näher spezifizierten Art und Weise „kundig" (ibid.).
- Ebenso verhält es sich mit der Selbstbeobachtung der Schüler. Selbstbeobachtungen „können" zwar „eine gewichtige Erkenntnisquelle für eine Leistungsbeurteilung" sein, sind aber nicht konstitutiver Bestandteil der Notengebung (MKJS 2001a: 13).
- ‚Soweit wie möglich' die Arbeitsprozesse selbständig zu gestalten, lässt darauf schließen, dass ein möglichst hoher Grad an Schüler-Selbständigkeit erwünscht ist.
- Eine veränderte Schüler-Lehrer-Rolle soll nach Möglichkeit dazu führen, dass Schüler(innen) zu Experten werden.
- Kooperatives Betreuen durch mehrere Lehrkräfte während aller Phasen der Prüfung wird im Vergleich zum Minimalstandard (ein weiterer Lehrer macht sich während aller Phasen des Projekts ‚kundig') als ‚besser' erachtet.
- Leistungsbeurteilungen, die Selbstbeobachtungen der Schüler enthalten, werden gegenüber reinen Lehrerbeurteilungen präferiert.
- Die Präsentation vor einer Öffentlichkeit ist erwünscht.

Diese Formulierungen kann man im Sinn von ‚Effektivitätskriterien' verstehen. „Effektivität" wird im Sinne von Helmke/Hornstein/Terhart (2000: 9) als „tatsächliche Wirkung" im Verhältnis zu der „angestrebten" verstanden. Angestrebt im Sinn eines Optimalzustand werden eine ‚möglichst' hohe Selbständigkeit der Schüler, eine neue Schüler-Rolle, kooperatives Beobachten und Bewerten durch die Lehrer sowie Leistungsbeurteilungen, die Schülerbeobachtungen enthalten. Im empirischen Teil der Arbeit (Kapitel 7) werden sowohl die Minimalstandards (im Bereich der Notengebung) evaluiert, als auch die unterschiedlichen Ausprägungen in den Bereichen Selbständigkeit der Schüler und kooperatives Beobachten und Bewerten durch die Lehrer ermittelt.

Diejenigen Teile, die sich konkret auf die Notengebung beziehen, haben dagegen eher den Charakter von Minimalstandards, die erfüllt werden müssen:

- Ohne Einschränkungen verpflichtet werden die Lehrkräfte, vor der Prüfung das für sie gültige Verständnis von fachlichen und überfachlichen Kompetenzen zu bestimmen, in einen Bewertungsbogen zu überführen und den Schülern[9] die Kriterien der Notengebung transparent zu machen.

- Die Lehrenden müssen außerdem für alle Schüler während aller Phasen des Projekts einen Beobachtungsbogen erstellen. Die Vorgänge Beobachtung und Bewertung sind strikt zu trennen.

3.6 Exkurs: Die Rolle der Lehrkraft im projektartigen Arbeiten

Die Rolle des Lehrers während der Projektprüfung ist gemäß der offiziellen Vorgaben nicht nur die des Beobachters und Beurteilers, sondern auch die des Beraters. Das „Einfordern von Beratung, das Erkennen von Fehlern, das Benennen von Schwierigkeiten", sowie das „gemeinsame Lösen von Problemen", erachtet das MKJS als „Leistungen", die „in die Bewertung der Projektarbeit ein[fließen]" (MKJS 2000a: 12).

Während der Projektprüfung hat die Lehrkraft demnach die folgenden Rollen zu erfüllen:

1. Sie soll ‚möglichst selbständiges' Handeln der Schüler ermöglichen, gleichzeitig
2. beratend und gemeinsam mit den Schülern problemlösend agieren,

---

[9] Und einer nicht näher spezifizierten Öffentlichkeit, s.o.

3. den Prozess der Projektarbeit beobachten und dokumentieren und
4. die Beobachtungen in eine Verbal- und Ziffernbeurteilung überführen.

Zu 1.: Neben eher global formulierten Empfehlungen zum Verhalten der Lehrkraft in kooperativen Lernformen wie:

„[d]ie Lehrerin, die Gruppenunterricht machen will, muß wagen, ihre Schülerinnen ein Stück weit allein zu lassen" (H. Meyer 1991: 249)

existieren empirische Studien, die belegen, dass das aus dem Frontalunterricht gewohnte Lehrerverhalten in kooperativen Lernformen wie Gruppenunterricht und Projektarbeit leistungsmindernd oder gar –verhindernd wirken kann. Im folgenden Abschnitt werden die für vorliegende Arbeit relevanten empirischen Befunde des Projekts „Gruppenunterricht im Schulalltag: Realität und Chancen" (Dann, Diegritz/Rosenbusch 1999) kurz diskutiert. Aufgabenstellung des Projekts (Dann 1999: 7) war es:

1. verbale und nonverbale Kommunikationsprozesse während des Gruppenunterrichts zwischen

    a) Lehrkraft und Schülern sowie
    b) zwischen den Schülern untereinander zu analysieren.

    1. wird als *Außenperspektive* des interaktiven Handelns im Gruppenunterricht bezeichnet.

2. Ferner sollen die Wissensbestände der Lehrkräfte im Zusammenhang mit der Durchführung von Gruppenunterricht analysiert werden. [Ermitteln sowohl der „subjektiven Logik" des Unterrichtshandelns der Lehrkräfte, als auch die „sozialen Anteile ihres Herstellungswissens" (Dann 1999: 7-8)].
    2. wird als *Innenperspektive* der handelnden Lehrkräfte im Gruppenunterricht bezeichnet.

3. Außerdem sollten die Zusammenhänge und der Vergleich zwischen Innen- und Außenperspektive (z.B. „Welche Rolle spielen Konsistenzen und Inkonsistenzen zwischen Denken und Handeln im Handlungsprozess der Lehrkräfte?") ermittelt werden (Dann 1999: 8).

Eine Woche lang wurde der Unterricht von sechszehn Lehrkräften an bayerischen Hauptschulen aufgezeichnet. Im Anschluss an den Unterricht fanden Interviews statt, mit deren Hilfe die Lehrkräfte gemeinsam mit den Forschern ihre Subjektiven Theorien über Gruppenunterricht rekonstruierten (Lehmann-Grube/Dann 1999). Aus Sicht außenstehender Beobachter wurde die Rolle der Lehrkraft im Gruppenunterricht beobachtet (Fürst 1999). Ferner wurde „die innere Logik des Lehrerhandelns im Gruppenunterricht und ihre sozialen Ursprünge" (Lehmann-Grube 1999: 177) analysiert. Die ausgewählten sechszehn Lehrkräfte hatten sich freiwillig dazu bereit erklärt, an der Untersuchung teilzunehmen. Es handelt sich also um keine Zufallsstichprobe, sondern um unterrichtsmethodisch engagierte Lehrkräfte, die regelmäßig Gruppenarbeit praktizieren. Die Forschungsgruppe war zur Rekrutierung der Lehrkräfte auf Hinweise aus Schulkreisen (Lehrkräfte, Rektoren und Schulräte) angewiesen. Laut Dann (1999: 18) stellte es ein Problem dar, Lehrkräfte zu finden, die relativ regelmäßig Gruppenunterricht praktizieren. Fürst (1999) stellt selbst bei den unterrichtsmethodisch engagierten Lehrkräften die Tendenz fest, ‚die Fäden nicht aus der Hand' geben zu können oder zu wollen:

„Betrachtet man die Handlungsschwerpunkte der invasiven[10] Lehrerinterventionen, so fällt insbesondere ein **hohes Kontroll- und Lenkungsbedürfnis der Lehrkräfte** auf" (Fürst 1999: 145; Hervorhebungen im Original).

Die Anzahl der Interventionen in laufende Gruppenarbeitsprozesse ist beachtlich: Die von Fürst untersuchten Lehrkräfte intervenieren äußerst häufig:

„Insgesamt sind in 40 Gruppenarbeiten 111 Interventionen bei den Zielgruppen zu beobachten, was einem Durchschnitt von rund 2,8 Lehrerinterventionen pro Gruppenarbeit entspricht" (Fürst 1999: 132).

Die Anzahl an Lehrerinterventionen ist beträchtlich, da die Gruppenarbeiten mehrheitlich nur wenige Minuten dauern. Die längste Gruppenarbeit dauert 18,4 Minuten, die kürzeste 8,9; die durchschnittliche Dauer der Gruppenarbeit betrug 12,2 Minuten (vgl. Fürst 1999: 135). Offensichtlich können Lehrkräfte

---

[10] Fürst (1999: 122) definiert eine Lehrerintervention als „Unterbrechung der Intragruppenkommunikation durch die Lehrkraft". Invasive Interventionen sind Eingriffe, die ohne Aufforderung (z.B. Frage nach Aufgabenstellung) der Lernenden erfolgen.

"ihre Rolle aus dem überwiegend stattfindenden Frontalunterricht auch im GU nicht ablegen, d.h. sie wollen auch im GU ständig partizipieren, kontrollieren und lenken" (Fürst 1999: 144).

Bei der Beobachtung der Lehrkräfte in obiger Studie wurde festgestellt, dass "mit hervorragender GU-Praxis auch eine formal komplexe und inhaltlich hohe Qualität des Lehrerwissens über GU einhergeht, während bei problematischer GU-Praxis eben diese Wissensqualitäten fehlen" (Diegritz u.a. 1999: 333-334).

Drei Typen Sozialer Repräsentationen von Gruppenunterricht ergab die Analyse von Lehmann-Grube (1999b). Soziale Repräsentationen sind nach Diegritz et al. (1999: 334):

"überindividuelle Wissenssysteme, die in unterschiedlicher Weise in die Subjektiven Theorien einfließen ... Diese Typen charakterisieren den von der Lehrkraft gesetzten Rahmen und das Interaktionsverhältnis zwischen Lehrkraft und SchülerInnen für viele Situationen und Schritte im Ablauf des GU".

Diese drei Wissenstypen sind (Diegritz et al. 1999: 335):

Wissenstyp 1:
Die Lehrkraft

- "legt Ziele fest",
- "kontrolliert laufend die Arbeit",
- "lenkt inhaltlich",
- "greift bei Störungen ein" und
- "bewertet v.a. Leistung"[11].

---

[11] Diese Aussage ist irritierend und offenbart einen verkürzten Leistungsbegriff. Jeglicher ernst gemeinte Unterricht verlangt den Schülern Leistungen ab. Wissenstyp 3, derjenige Typ, der nach Diegritz et al. (1999) am ehesten dazu prädestiniert ist, erfolgreichen Gruppenunterricht anzuleiten, erwartet ebenfalls Leistungen derart, dass Gruppenprozesse zusammen mit der Gruppe reflektiert werden sollen. Die Fähigkeit der Schüler zu reflektieren ist innerhalb eines erweiterten Lernbegriffs eine Leistung, die unter den persönlichen Lernbereich fällt (vgl. Bohl 2001a: 12). Bohl (2001a: 12) weist als Komponenten des erweiterten Lernbegriffs einen inhaltlich-fachlichen, methodisch-strategischen, sozial-kommunikativen und einen persönlichen Lernbereich aus. Diese vier Lernbereiche sind "unauflöslich miteinander verbundene Lernbereiche" und zielen "auf den Erwerb von Handlungskompetenz" ab (Bohl, ibid.).

Wissenstyp 2:
Die Lehrkraft
- „legt Rahmen für Ziele fest",
- „zieht sich teilweise zurück",
- „hilft bei Sachproblemen und Fragen",
- „greift bei Unruhe ein" und
- „bewertet Gruppenprozesse im Hinblick auf Leistungsziele".

Wissenstyp 3:
Die Lehrkraft
- „verändert u.U. den gesteckten Rahmen im Ablauf",
- „zieht sich so weit wie möglich zurück",
- „verweigert Hilfen, wenn Schüler Fragen selber lösen können",
- „beobachtet Unruhe und Konflikte",
- greift erst ein, wenn keine Lösung erfolgt und
- „reflektiert Gruppenprozesse zusammen mit den Gruppe auch unabhängig von Leistungszielen".

Der Erfolg des Gruppenunterrichts steht in engem Zusammenhang mit der Art des Wissenstyps:

> „Bei der Qualitätsbestimmung von GU zeigt sich nun, daß die erfolgreiche ... Gruppe von Lehrkräften ihre GU-Praxis auf der Basis von Subjektiven Theorien durchführt, die jeweils im Typ 2, mit Tendenz in Richtung Typ 3 der Sozialen Repräsentationen angesiedelt sind, während die weniger erfolgreiche Gruppe von Lehrkräften zur einen Hälfte zum Sozialen Repräsentationstyp 1 gehört und die andere Hälfte der weniger erfolgreichen Gruppe eine sehr heterogene Verteilung von Elementen aller drei Typen zeigt" (Diegritz u.a. 1999: 334).

Hervorragender Gruppenunterricht ist v.a. möglich,

- „wenn die Lehrkraft den Grundkonflikt Eingreifen vs. Nicht-Eingreifen tendenziell in Richtung auf „Nicht-Eingreifen" entscheidet,
- wenn sie GU als Erweiterung des Rahmens von Lehrplan und strukturellen Bedingungen von Schule (Typ 2) oder als Aufhebung dieses Rahmens (Typ 3) anstrebt,

- wenn die Lehrkraft über ein reichhaltiges didaktisches Wissenssystem verfügt" (Diegritz et al. 1999: 334).

Gruppenunterricht ist dann problematisch und wenig effizient,

„wenn die Lehrkraft den Grundkonflikt tendenziell (in der Regel) zugunsten von Eingreifen entscheidet und z.B. die Ziele von Gruppenarbeit allein festlegt, laufend die Arbeit der Gruppen kontrolliert und inhaltlich lenkt, bei Störungen sofort interveniert und überwiegend nur die Leistung [vgl. Fußnote 11, M.S.] der SchülerInnen bewertet" (Diegritz u.a. 1999: 334-335; Hervorhebungen im Original).

Die Qualität des Arbeitsergebnisses ist neben der Art des Wissenstyps ferner von der Qualität des Arbeitsauftrags abhängig. Fürsts Studie „Die Rolle der Lehrkraft im Gruppenunterricht" (Fürst 1999) belegt die Notwendigkeit eines klaren Arbeitsauftrags für das Gelingen von Gruppenunterricht[12]: Ein klar strukturierter Arbeitsauftrag ermöglicht zielorientiertes und selbständiges Arbeiten der Schüler während der Gruppenarbeitsphase; ein schlecht formulierter Arbeitsauftrag hingegen führt zu häufigen Lehrerinterventionen, die sich, vor allem wenn die Lehrkräfte sich ohne Aufforderung der Gruppen in die Gruppenarbeit einschalten, negativ auf die Qualität der gezeigten Gruppenleistungen auswirken (vgl. Fürst 1999: 145). Präzise und verständliche Arbeitsaufträge, am besten in mündlicher und schriftlicher Form, führen dazu, dass Desorientierung und häufige Lehrerinterventionen erst gar nicht auftreten (vgl. Fürst 1999: 118).
Die Arbeitsaufträge, die Fürst in seiner Studie analysiert, sind überwiegend geschlossen und lassen den Schülern nur wenig Handlungsspielräume (vgl. Fürst 1999: 120). Begründet wird dies von den Lehrern durch die Unerfahrenheit der Schüler mit Gruppenarbeit und dem damit einhergehenden Mangel an ‚Methodenkompetenzen'. Fürst erklärt den geringen Handlungsspielraum der Schüler ferner durch das bereits oben diskutierte „hohe Planungs- und Lenkungsbedürfnis der Lehrkräfte" (1999: 120).

---

[12] Dann/Diegritz/Rosenbusch teilen Gruppenunterricht in die Phasen: „Arbeitsauftrag", „Verständnissicherung", „Gruppenarbeitsphase" und „Auswertungsphase" ein (1999: 19).

Übertragung auf die Projektprüfung

Sofern man den Schülern in der Projektprüfung zugesteht, sich selbständig ein Thema zu wählen, kann man projektartiges Arbeiten mit Gruppenarbeit mit offenem ‚Arbeitsauftrag' vergleichen. Das Spezielle beim projektartigen Arbeiten liegt darin, dass die Schüler sich ihren Arbeitsauftrag ‚möglichst selbständig' stellen können/sollen. Um Desorientierung in der Gruppe zu verhindern, ist ein verständlicher und präziser Arbeitsauftrag erforderlich. Dieser Arbeitsauftrag korrespondiert mit der Projektbeschreibung in der Projektprüfung. Der Qualität der Projektbeschreibung, die am Ende des Planungs- und Strukturierungsprozesses steht, kommt also für das Gelingen der Projektprüfung entscheidende Bedeutung zu.

Um während der Durchführung der Projektprüfung die Schüler möglichst selbständig arbeiten lassen zu können, sollte die Lehrkraft gemäß der Typologie von Diegritz et al. (1999) über Wissenstyp 2 oder gar Typ 3 verfügen. Die Lehrkraft muss sich zurücknehmen können, um selbständiges Arbeiten der Schüler zuzulassen. Es ist davon auszugehen, dass in der Projektprüfung, vor allem unter den projektunerfahrenen Lehrkräften, der Typus I häufig vorzufinden ist. Lehrkräfte mit Wissenstyp I fällt es aufgrund ihres hohen Kontroll- und Lenkungsbedürfnisses schwer, die Fäden aus der Hand zu geben. Häufige Lehrerinterventionen sind bei diesem Lehrertyp zu erwarten.

3.7 Der Stellenwert der Beobachtung innerhalb der Projektprüfung

Die Beobachtung der Schülerleistungen liefert die Grundlage für die Bewertung der Projektprüfung. Laut MKJS sind die Bereiche ‚Beobachtung' und ‚Bewertung' strikt zu trennen.

> „Grundsätzlich gilt bei der Leistungsmessung die **Trennung von Beobachten und Bewerten**. Während des Projektablaufes werden die Schülerinnen bzw. Schüler und ihre Leistungen beobachtet. Nach Abschluss des Projektes werden die Beobachtungen in eine Bewertung überführt" (MKJS 2001a: 8; Hervorhebung im Original).

Neben der zu erfolgenden Trennung von der Bewertung werden an die Lehrer-Beobachtungen weitere Anforderungen gestellt:

- Alle Phasen des Projekts werden (im Idealfall) von mindestens zwei Lehrkräften durchgeführt, zumindest jedoch macht sich eine zweite Lehrkraft während aller Phasen des Projekts „kundig" (MKJS 2000a: 11).
- Die Beobachtungen werden auf einem vorab zu erstellenden Beobachtungsbogen notiert (MKJS 2000a: 12).

Ebenso wie bei den Bewertungsbögen gibt es auch für die Beobachtungsbögen keine verbindlichen Vorgaben. Das MKJS (2001a: 11) lässt aber klare Präferenzen zugunsten eines Modells erkennen, das auf ein „vorgegebenes Raster" verzichtet:

> „Wesentliches Ergebnis der Schulversuche ist die Erkenntnis, dass eine adäquate und pädagogisch sinnvolle Beobachtung nicht durch einen Beobachtungsbogen mit vorgegebenem Raster erreicht werden kann. Eine ganzheitliche und schülergerechte Form der Beobachtung und Bewertung wird vielmehr dadurch ermöglicht, dass auf der Grundlage der Kriterien für die Bewertung (fachliche und überfachliche Kompetenzen) nur die tatsächlich gemachten Beobachtungen festgehalten werden".

Offensichtlich sind die Autoren des Hefts „Leistungsmessung in der Hauptschule" (MKJS 2001a) der Auffassung, dass „ganzheitliche" und „schülergemäße" Beobachtungen auf Grundlage von „tatsächlich gemachten Beobachtungen" zu erfolgen haben (MKJS 2001a: 11). Es stellt sich die Frage, auf Grundlage welcher Beobachtungen die Bewertung erfolgen soll, wenn *nicht* auf Grundlage der *tatsächlich* gemachten. Die Aussage, dass „ganzheitliche und schülergerechte" Beobachtungen auf Grundlage „der Kriterien für die Bewertung" erfolgen, soll möglicherweise andeuten, dass die von den einzelnen Schulen erarbeiteten Bewertungskriterien beobachtungsleitend sein sollen. Der vom MKJS vorgeschlagene Beobachtungsbogen (MKJS 2001a: 10) enthält neben dem „Logo der Schule", dem Namen des Schülers und dessen Geburtsdatum zwei Spalten mit „Datum" und „Beobachtungen". Das am größten gedruckte Wort („KOMPETENZ") befindet sich am unteren Ende des Bogens. Auf dem Wort „Kompetenz" sind vier Wörter gedruckt und zwar „Methodische", „Fachliche", „Soziale" und „Personale" (MKJS 2001b: 10). Offensichtlich sollen die Beobachter daran erinnert werden, dass ihre Aufgabe das Diagnostizieren von Kompetenzen ist.
Arnold/Jürgens (2000: 78-79) weisen darauf hin, dass es einer extrem hohen diagnostischen Kompetenz bedarf, um von Schülerhandlungen auf „Kompe-

tenzen" zu schließen. Ferner weisen sie auf die bedenkliche Tendenz hin, dass „in der Schülerbeurteilung weniger das Verhalten der Schüler" beschrieben wird, als vielmehr „deren Persönlichkeitsmerkmale" eingeschätzt werden (Arnold/Jürgens 2001: 78-79). Um eine Erfassung von Kompetenzen „sachkompetent vornehmen zu können, absolvieren Psychologen ein Fachstudium. In einer Lehrerausbildung ist diese diagnostische Qualifikation nicht zu erreichen" (Arnold/Jürgens 2001: 79).
Von gezeigten Schülerhandlungen während eines Projekts auf Kompetenzen schließen zu wollen, ist aus mehreren Gründen problematisch. Beobachtet werden kann immer nur das Leistungshandeln, das ein Schüler in einer konkreten Situation zeigt. Dies wird auch als Performanz, als „konkrete Realisierung, also Anwendung und Ausführung von Kompetenzen" bezeichnet (v. Saldern 1999: 34). Von dem, was jemand *„zeigt"* (Performanz) kann nicht direkt auf das geschlossen werden, was jemand *„kann"* (Kompetenz) (v. Saldern 1999: 34; Hervorhebungen im Original).

Eine kritische Würdigung der ministeriellen Vorgaben unter Berücksichtigung der Kriterien der diagnostischen Beobachtung

Innerhalb der pädagogischen Diagnostik wird zwischen ‚naiver' und systematischer' (wissenschaftlicher) Beobachtung unterschieden. ‚Naiv' ist eine Beobachtung dann, wenn sie „ohne bestimmte Beobachtungsabsicht" erfolgt (Ingenkamp 1997: 52)[13]. Eine ‚systematische' (wissenschaftliche) Beobachtung zeichnet sich dagegen dadurch aus, dass „mit bestimmten Fragestellungen oder Zielsetzungen beobachtet wird" (Ingenkamp 1997: 53). Die Kriterien der wissenschaftlichen Beobachtung überträgt Ingenkamp auf die „diagnostische Beobachtung" (1997: 53). Diagnostisch ist eine Beobachtung dann, wenn sie

    a)   einem diagnostischen Zweck dient und wenn sie „zweckgerichtet und zusammenhängend durchgeführt" wird;
    b)   „systematisch geplant und nicht dem Zufall überlassen" wird;
    c)   „systematisch aufgezeichnet" wird;

---

[13] Greve/Wentura (1997: 26) nehmen eine ähnliche Unterscheidung vor und differenzieren zwischen „unsystematischer" und „systematischer" (heuristischer) Beobachtung.

d) „grundsätzlich wiederholten Prüfungen und Kontrollen hinsichtlich der Gültigkeit und Genauigkeit unterworfen werden kann (Ingenkamp 1997: 53)".

Die obigen vier Kriterien werden im folgenden Abschnitt auf die Beobachtung während der Projektprüfung übertragen:

Zu a): Der diagnostische Zweck der Beobachtung während der Projektprüfung ist das Beobachten der Schülerleistungen, die wiederum über die fachlichen und ‚überfachlichen' Kompetenzen der Schüler Auskunft geben sollen (zur Problematik der Definition und Operationalisierung von ‚überfachlichen' Kompetenzen vgl. Abschnitt 2.3). Zusammenhängend können die Lehrer nur dann beobachten, wenn sie ausreichend Zeit für die Beobachtung der einzelnen Gruppen erhalten. Da die Schüler einer Klasse in mehreren Gruppen arbeiten, ist eine zusammenhängende Beobachtung nur dann möglich, wenn, bezogen auf eine Abschlussklasse, gleichzeitig mehrere Lehrkräfte eingesetzt werden. Dies macht einen vergleichsweise höheren Lehrereinsatz notwendig. Zusammenhängend ist die Beobachtung ferner nur dann, wenn die Lehrkräfte alle Phasen der Projektprüfung beobachten können, d.h. ab der Vorbereitungsphase eingesetzt werden.

Zu b): Dieser Punkt hängt unmittelbar mit den unter a) diskutierten Aspekten zusammen. Systematisch geplante, nicht dem Zufall überlassene, Beobachtungen der Schüler erfordern zusammenhängende Beobachtungszeiten. Dies macht wiederum schulorganisatorische Modelle erforderlich, die das längere Verweilen der Lehrer bei einer Gruppe ermöglichen und den Lehrer nicht zum permanenten ‚Pendeln' zwischen den Gruppen zwingen.

Zu c): In Abschnitt 3.4 wurde gezeigt, dass das MKJS einen Beobachtungsbogen ohne ‚Raster' empfiehlt. Eine systematische Aufzeichnung der gemachten Beobachtungen auf einem Beobachtungsbogen ohne Kategorien ist nur dann möglich, wenn der Beobachter eine sehr genau Vorstellung bezüglich dessen hat, was er überhaupt beobachten möchte. Da - wie bereits gezeigt (Abschnitt 2.3) - das Definieren und Operationalisieren der zu beobachtenden ‚fächerübergreifenden' Kompetenzen ein kaum zu meisterndes Unterfangen darstellt, birgt die Aufforderung des MKJS, nur die „tatsächlich gemachten Beobachtungen" festzuhalten ohne vorab Indikatoren für die Beobachtungen festzuhalten, die hohe Gefahr der unsystematischen und willkürlichen Beobachtung. Je undifferenzierter die Bewertungskriterien gewählt werden, desto größer ist die Gefahr der Willkür. Ingenkamp plädiert generell dafür, vor der Beobachtung „Indikatoren" für die Beobachtung zu bestimmen:

„Der Beobachter muß ... vorher im Rahmen seiner Fragestellung festlegen, welche „Indikatoren" er beobachten will und wie er sie werten will. Er muß *Merkmale* und *Kategorien* für seine Beobachtung bestimmen" (Ingenkamp 1997: 60; Hervorhebungen im Original).

Nur dank der Festlegung von Merkmalen und Kategorien der Beobachtungen können ‚gültige' (valide) Beobachtungen vorgenommen werden (vgl. Ingenkamp 1997: 60).
Andererseits wirft Ingenkamp die Frage der „Praktikabilität" der Kategorien auf (1997: 57). Auf das Kriterium der Praktikabilität weist indirekt auch das MKJS hin. Angeblich haben Schulversuche gezeigt, dass „offene" Beobachtungsbögen, d.h. solche Bögen, die auf eine Kategorisierung verzichten, eher eine „ganzheitliche" Beobachtung ermöglichen (MKJS 2001: 11; s.o.). Eine Erklärung dessen, was unter ‚Ganzheitlichkeit' zu verstehen ist, bleibt aus. Es ist zu vermuten, dass die Schulversuche gezeigt haben, dass ‚offene' Beobachtungen von wie auch immer gearteten Kompetenzen, die dann in Punkte oder Teilnoten überführt werden, für die Lehrkräfte *praktikabler* erscheinen[14]. Das Beobachten und Bewerten von Schülerhandlungen, die Kompetenzen abbilden sollen, bedarf im hohen Maß schlussfolgernder Urteile. Urteile, die eine „größere Anzahl von schlußfolgernden Schritten beim Beobachter voraussetzen", sind wenig verlässliche Urteile (Ingenkamp 1997: 62). Diese Urteile bezeichnet man als ‚inferente Urteile'. Als „Inferenz" werden die „Wertungs- und Interpretationsprozesse" bezeichnet, „die sich an die Wahrnehmung des Phänomens anschließen können" (Ingenkamp 1997: 62).

---

[14] Diesbezüglich höchst aufschlussreich ist ein Gespräch mit einem pädagogischen Berater eines Schulamts. Der Berater war sehr daran interessiert, die Beobachtungs- und Bewertungsbögen aus Grunder/Bohl (2001) zu kopieren und bei Weiterbildungen an Lehrkräfte zu verteilen. Auf den Hinweis, dass die Bögen das Ergebnis eines Schulversuchs sind, in dem die Beteiligten die Kategorien selbst erstellt und die Bögen getestet haben und ohne aktive Auseinandersetzung die Bögen nicht zu übernehmen sind, erwiderte der Berater: „Dafür haben die Lehrer keine Zeit". Im empirischen Teil der Arbeit wird geprüft, ob/wie die Lehrkräfte mit dem diagnostischen Instrument „Beobachtungsbogen" umgehen.

Zu d): Dieser Sachverhalt weist darauf hin, dass die diagnostische Beobachtung auf den testtheoretischen Gütekriterien ‚Gültigkeit (Validität)', ‚Genauigkeit (Reliabilität)' und ‚Objektivität' fußt. „Objektiv" ist ein Test nach Luckesch dann, wenn verschiedene Beobachter unabhängig von einander zu den gleichen Resultaten gelangen (1998: 39). Es ist darauf hinzuweisen, dass der Prozess der Projektprüfung nicht mit dem eines Tests vergleichbar ist. Komponenten der Objektivität wie z.B. die „Durchführungsobjektivität" sind bei der Projektprüfung nicht gegeben, da nicht für alle teilnehmenden Schüler „gleiche Bedingungen" herrschen (Luckesch 1998: 40). Aufgrund der unterschiedlichen Themenwahl und der unterschiedlichen Gruppenzusammensetzung befinden sich die einzelnen Beobachteten nicht in einer im strengen Sinn vergleichbaren Situation. Auch die Methoden der „Überprüfungsmöglichkeiten der Meßgenauigkeit eines diagnostischen Verfahrens" (Luckesch 1998: 45) sind kaum auf die Projektprüfung übertragbar; das Prinzip, möglichst genau das zu erfassen, was man erfassen möchte, jedoch schon.

Im folgenden Abschnitt sollen die Folgerungen aus den testtheoretischen Gütekriterien auf die Projektprüfung übertragen werden:

- Die Essenz der Objektivität, nämlich dass verschiedene Beobachter zu gleichen Ergebnissen kommen, ist eher dann zu erreichen, wenn gleichzeitig mehrere Beobachter eingesetzt werden.

- Ansatzweise gültig sind Beobachtungen in der Projektprüfung nur dann, wenn die Beobachter sich vorab darüber im Klaren sind, was sie beobachten möchten. Dies setzt die Kenntnis über Kompetenzen und deren Situationsabhängigkeit voraus (vgl. Abschnitt 2.3).

- Zuverlässig sind Beobachtungen dann, wenn dasselbe Verhalten jeweils gleich kategorisiert wird. Dies ist im strengen Sinne nur durch Video-Aufnahmen überprüfbar: Der Beobachter sollte Schülerverhalten zu unterschiedlichen Beobachtungszeitpunkten gleich kategorisieren. Dieses Verfahren ist für die Projektprüfung jedoch kaum praktikabel bzw. zumutbar[15]. Annäherungsweise gleiche Kategorisierungen für (zumindest ähnliche in einer Projektprüfung wiederkehrende) Verhaltensweisen sind eher dann erreichbar, wenn mehrere Lehrkräfte gleiche Kategorien der Beobachtungen verwenden, unabhängig voneinander ihre Beobachtungen vornehmen, anschließend vergleichen und etwaige Unterschiede diskutieren. Dies setzt die

---

[15] Luckesch (1998: 38) erachtet „Ökonomie" und „Zumutbarkeit" als Nebengütekriterien diagnostischer Verfahren.

Notwendigkeit der Teamarbeit von Lehrenden bereits im Vorfeld der Projektprüfung voraus.

Probleme, die sich aus der Doppelrolle der Lehrkräfte als Beobachter und Berater ergeben

Die Situation der Lehrkraft während der Projektprüfung ist vergleichbar mit der des wissenschaftlichen Beobachters in der teilnehmenden Beobachtung. Teilnehmende Beobachter sind deshalb unzuverlässiger als nichtteilnehmende Beobachter, da die ihnen zugewiesene „Doppelrolle" sie zu widersprüchlichen oder nicht zu vereinbarenden Handlungen zwingen kann (Greve/Wentura 1997: 29). Das zugunsten der teilnehmenden Beobachtung häufig vorgebrachte Argument, dass die „Reaktionen der Beobachteten auf die Tatsache, daß sie beobachtet werden" (die sogenannten „Reaktivitätseffekte") bei nicht-teilnehmenden Beobachtungen höher wären, erachten Greve/Wentura (1997: 29) als unzutreffend.
Lukesch (1998: 122) weist ferner auf „Gedächtniseffekte" hin, da der teilnehmende Beobachter erst „später protokollieren kann".

3.8 Zusammenfassung

Die ‚klassischen' Gütekriterien ‚Objektivität', ‚Reliabilität' und ‚Validität' finden bei ‚klassischen' Verfahren der Leistungsmessung bereits nicht ausreichend Berücksichtigung (vgl. Ingenkamp 1997 passim; Bohl 2001a: 39). Beim Erfassen von komplexeren ‚überfachlichen' Kompetenzen sind die Chancen einer nicht-willkürlichen Bewertung vergleichsweise noch geringer. Um den Grad der Willkür zu reduzieren, sind die ‚Kompetenzen', über die das beobachtete Schülerverhalten Aufschluss gegen soll,

- klar zu definieren,
- Indikatoren fest zu legen, sowie
- diese Indikatoren auf einem schuleinheitlichen Bogen in Form eines Zeichen- oder Kategoriensystems zu vermerken.
- Die Genauigkeit der Beobachtungen steigt, wenn vor der Projektprüfung die Beobachtungsbögen getestet werden.

4. Innovationen und deren Umsetzung in Organisationen

Die Diskussion in den Abschnitten 3.4-3.5 hat ergeben, dass die Umsetzung der Projektprüfung Anpassungen auf mehreren Ebenen der Organisation Schule (u.a. Schulleitung, Lehrer, Schüler) erforderlich macht. Im folgenden Kapitel werden zunächst unterschiedliche Organisationsverständnisse diskutiert (4.1). Anschließend werden die sich daraus ergebenden Implikationen für die Einführung von Innovationen diskutiert und in einem weiteren Schritt auf die Organisation ‚Schule' übertragen (4.3).

4.1 Unterschiedliche Metaphern für ‚Organisation' und Bedingungen für organisatorische Veränderungen

In der Organisationstheorie findet man Metaphern, die das Gebilde ‚Organisation' beschreiben (Dalin 2000; Schreyögg 1999; Vahs 2001; v. Rosenstiel 2000c). Die laut v. Rosenstiel häufigste ist die der Maschine (2000c: 334). Funktioniert ein Teil der Maschine nicht, wird es ausgetauscht. Das langsame Drehen eines großen Rads bewirkt das schnellere Drehen eines kleinen. Die Mitarbeiter werden in diesem Verständnis zu „Rädchen im Getriebe" (v. Rosenstiel 2000c: 334). Veraltet die Maschine, ist unter Umständen eine völlige Neukonstruktion „Business reengineering" erforderlich (v. Rosenstiel 2000a: 226). Eine solche Betrachtungsweise gründet sich auf strengen Kausalitätsannahmen. Es wird unterstellt, dass das Ziel der Organisation durch das Anwenden der richtigen Maßnahmen zu erreichen ist. Die Organisation fungiert in diesem Verständnis als Mittel der Zielerreichung. „Die Umsetzung der neuen Lösung in die Praxis wird lediglich als eine Frage der korrekten Anweisung gesehen" (Schreyögg 1999: 483). Theorieleitend ist in diesem Verständnis der Blickwinkel des „Organisators, also des „Architekten" der Organisationsstruktur" (Schreyögg 1999: 5; Hervorhebungen im Original). Organisation wird mit „Vollzug" gleichgesetzt (Schreyögg 1999: 6). Die in der Organisation Beschäftigten werden zu Objekten der Zielerreichung, deren persönliche Ziele und Emotionen als tendenziell hinderlich erachtet werden. Mögliche Neuerungen werden lediglich als „planerisches Problem" erachtet (Schreyögg 1999: 483).

Dieses Verständnis lässt sich mit dem Slogan: das „Unternehmen *hat* eine Organisation" beschreiben (Vahs 2001: 13; Hervorhebung im Original; vgl. Reichwald/Möslein 1999: 30). Die Maschinen-Metapher ist Ausdruck eines „instrumentale[1][n] Organisationsbegriff[s]" (Vahs 2001: 13). Ein Verständnis, das ‚Organisation' mit ‚Maschine' gleichsetzt, misst den subjektiven Sinnsetzungen des Einzelnen bei der Einführung von Wandlungsprozessen zwangsläufig weniger Bedeutung bei als eine Sichtweise, in der die/der Einzelne beispielsweise Teil einer ‚Kultur' *ist*.

Hinsichtlich der Verbreitung des instrumentellen (synonym: instrumentalen) Organisationsverständnisses existieren unterschiedliche Auffassungen. V. Rosenstiel erachtet die Maschinen-Metapher, die mit dem instrumentellen Organisationsbegriff korrespondiert, als die häufigste (2000c: 334). Auch Reichwald/Möslein glauben, dass der instrumentelle Organisationsbegriff „insbesondere in der betriebswirtschaftlichen Organisationslehre des deutschen Sprachraums vorherrschend" ist (1999: 30). Vahs dagegen vermutet, dass die „institutionelle Sichtweise", die im Gegensatz zur instrumentellen Sichtweise unter Organisation „ein **zielgerichtetes soziales System**, in dem Menschen mit eigenen Wertvorstellungen und Zielen tätig sind", sich zunehmend auch in der „deutschsprachigen Betriebswirtschaftlehre" durchsetzt (2001: 15; Hervorhebung im Original). Schreyögg (1999: 11) ist ähnlicher Auffassung und erachtet den instrumentellen Organisationsbegriff im Vergleich zum institutionellen als zunehmend zurück gedrängt:

> „Die Einsicht in diese für das Verständnis der Organisationsprobleme fragwürdige Begrenzung der Untersuchungsperspektive hat den instrumentellen Organisationsbegriff in seiner Bedeutung zurückgedrängt und immer mehr den institutionellen Begriff zu dem gebräuchlicheren gemacht".

Eines der im obigen Zitat angesprochenen ‚Organisationsprobleme' ist die Art und Weise, wie Veränderungen durchgesetzt werden können. Im instrumentellen Verständnis wird jegliche Art der Abweichung vom verordneten Plan als zu beseitigende Störung erachtet. Es wird angenommen, dass Veränderungen gemäß des Plans linear umsetzbar sind. Unerwünschte Abweichungen ergeben sich entweder daraus, dass der Plan fehlerhaft bzw. nicht

---

[1] Schreyögg (1999: 5) sowie Reichwald/Möslein (1999: 30) verwenden im Gegensatz zu Vahs (2001: 13) den Begriff „instrumentelle[r] Organisationsbegriff" und kontrastieren diesen mit dem „institutionellen Organisationsbegriff".

detailliert genug war, oder dass die an der Ausführung beteiligten ‚Teile' nicht plangemäß gearbeitet haben und gegebenenfalls auszutauschen sind (s.o.).
Zunehmend scheint sich jedoch das Verständnis durchzusetzen, dass „generelle Regelungen in der Praxis nur dann funktionieren, wenn sie von den Organisationsmitgliedern auch angenommen und mitgetragen werden" (Vahs 2001: 15). Dieses Organisationsverständnis ist dem ‚institutionellen Organisationsbegriff' zuzuordnen (Möslein 1999: 30; Vahs 2001: 15; Schreyögg 1999: 9). In diesem Verständnis *ist* die Unternehmung eine Organisation (vgl. Reichwald/Möslein 1999: 30). Die möglicherweise unterschiedlichen Ziele und Wertvorstellungen der Beteiligten werden zum Gegenstand der Analyse und nicht als Störgrößen bei der Realisierung des verordneten Organisationsziels erachtet.
Alternative, nicht mechanistische Metaphern, sind die der „Familie", „Garten" und „Pflanze" (v. Rosenstiel 2000a: 226-7), oder „Organismus", „Gehirn", „Kultur", „politisches System" oder „etwas in steter Veränderung Begriffenes" (Dalin 1999: 36-37). Mit obigen Metaphern sind jeweils unterschiedliche Varianten des institutionellen Organisationsverständnisses beschriebens.
Ausgehend von Beobachtungen, dass Produktivitätssteigerungen durch Veränderungen der Mitarbeiter im „sozio-emotionalen" Bereich wie z. B. Partizipation und Anerkennung zustande kommen, rücken alternative Betrachtungsweisen über die Organisation und die in ihr tätigen Menschen in den Mittelpunkt (Schreyögg 1999: 45). Neben humanistischen Überlegungen, die dem Menschen ein Streben nach Reifung auch in ihrer Rolle als Angestellter (Arbeiter) zubilligen[2], gelangen Organisationsplaner zunehmend zu der Überzeugung, dass Effektivitätssteigerungen durch bessere Kommunikation zwischen den Mitarbeitern und anregendere Arbeitstätigkeiten möglich ist. Eine Befragung von mehr als 1800 Führungskräften in großen und mittelgroßen Unternehmen in sechs OECD-Staaten belegt die zentrale Bedeutung von sogenannten „soft facts" (Vahs 2001: 2). Die befragten Führungskräfte nannten auf die Frage „welche Maßnahmen als besonders wichtig für die Steigerung der Produktivität" erachtet werden:

---

[2] Das in diesen Ansätzen der „Human-Ressourcen-Ansatz" zugrunde liegende Menschenbild ist der Humanistischen Psychologie entnommen (vgl. Schreyögg 1999: 53).

1. „Verbesserte Kommunikation zwischen Management und Mitarbeitern (93%),
2.-3. Investition in Produktionsanlagen und Technologien (91%),
2.-3. Reengineering von Geschäftsprozessen (91%),
4. Forschung/Produktentwicklung (84%),
5. Beteiligung von Mitarbeitern an Entscheidungsprozessen (80%),
6. leistungsorientierte Vergütung (78%)" (Vahs 2001: 2).

Lediglich ‚Investition in Produktionsanlagen und Technologien' und ‚Forschung/Produktentwicklung' sind *keine* ‚soft facts'. Die „Führungskräfteentwicklung" sowie die „Erneuerung der Organisation" werden als diejenigen Bereiche mit dem „größten Handlungsbedarf" erachtet (Vahs 2001: 2-3). Die ‚Erneuerung der Organisation' u.a. durch eine verbesserte Kommunikation zwischen Führung und Mitarbeitern, sowie Beteiligung der Mitarbeiter an Entscheidungsprozessen, wird demnach als eine noch nicht erschöpfte Ressource zur Steigerung der Effektivität gesehen. Dieser Gedankengang wäre innerhalb eines instrumentellen Organisationsverständnisses kaum denkbar, da Erneuerung des Unternehmens ausschließlich als planerisches Problem der Unternehmensleitung gesehen wird und die Mitarbeiter überwiegend als Befehlsempfänger erachtet werden.

Ein weiteres Argument gegen den instrumentellen Organisationsbegriff liefern vergleichende Studien, die sich mit den unterschiedlichen Bedingungen von Organisationen und den sich daraus ergebenden Strukturen befassen. Je stabiler die Umwelt einer Organisation ist, desto zentralisierter sind ihre Strukturen. Je unsicherer die Umwelt ist, desto flexibler und anpassungsfähiger muss die Organisation gestaltet sein (Schreyögg 1999: 60). Diese sogenannte „Kontingenztheorie" besagt, dass es „die eine optimale Organisationsgestaltung nicht gibt", sondern dass „je nach situative[m] Erfordernis ganz unterschiedliche Organisationsformen erfolgreich sein können" (Schreyögg 1999: 60). Organisationen, die sich einer wandelnden Umwelt stellen müssen (z.B. in Form von sich rasch wandelnden Absatzmärkten), benötigen flexiblere Strukturen und flexiblere Mitarbeiter. Stabile und überschaubare Umwelten ziehen nach Schreyögg (1999: 60) „eine stark formalisierte und zentralisierte (mechanistisch-bürokratische) Organisationsstruktur nach sich", wohingegen „turbulente, komplexe Umwelten ein flexibles und anpassungsfähiges (organisches) Strukturgefüge bewirken".

Auf dieser Folie könnte man möglicherweise die Forderung nach zunehmender Autonomie der einzelnen Schule als Bestätigung der ‚Kontingenzthese' interpretieren. Aufgrund der zunehmend unsicherer werdenden Umwelt, mit der sich auch die Organisation ‚Schule' konfrontiert sieht[3], werden Forderungen nach flexibleren Organisationsstrukturen (‚Autonomie von Schule') laut, mit deren Hilfe man sich eine höhere Leistungsfähigkeit der Organisation Schule verspricht.

Die Bedeutung der institutionellen Betrachtungsweise für die Umsetzung von Innovationen

Legt man die instrumentelle Betrachtungsweise für Organisationen zugrunde, so entspricht ‚Veränderung' weitestgehend ‚Anordnung'. Der gesamte Wandelprozess, „das Finden der Lösungen als auch ihre Realisierung", wird als „reines Planungsproblem definiert" (Schreyögg 1999: 483). Dieses Modell erachtet Schreyögg als illusorisch (1999: 483).

In Abschnitt 4.3 wird gezeigt, dass Lehrplanmacher implizit davon ausgehen, dass ‚treue Staatsdiener' den Lehrplan gemäß den Vorgaben umsetzen. Dieser Glaube fußt ebenfalls auf einem instrumentellen Verständnis der Organisation Schule. Die Beteiligten der unterschiedlichen Ebenen (Vertreter von Schulbehörden, Schulleiter, Lehrer, Schüler) bringen jeweils (möglicherweise) unterschiedliche Zielsetzungen und Wertvorstellungen ein, die der intendierten ‚ungebrochenen' Durchsetzung entgegenwirken (können). Die Befunde von Vollstädt et al. (vgl. Abschnitt 4.3) weisen darauf hin, dass Lehrpläne von der Planung bis zu ihrer Umsetzung mehreren Transformationsprozessen unterliegen. Diese Befunde stellen eine instrumentelle Betrachtungsweise der Organisation ‚Schule' in Frage. Die in der Organisation Schule Beteiligten bringen unterschiedliche Wertvorstellungen und Ziele ein, die einer Umsetzung gemäß den Vorstellungen des ‚Architekten' des Wandelprozesses entgegen wirken können.

Kurt Lewin analysierte bereits in den 40er-Jahren, wie Widerstände bei Wandelprozessen überwunden werden können. Folgende vier Maximen gelten mittlerweile als „goldene Regeln" des erfolgreichen organisatorischen Wandels (Schreyögg 1999: 491):

---

[3] Vgl. die Sammlung aus Beiträgen der Wochenzeitung DIE ZEIT: „Zeit dokument 3/2002" mit dem bezeichnenden Titel „Schock für die Schule: Die Pisa-Studie und ihre Folgen".

1. „Aktive Teilnahme am Veränderungsgeschehen, frühzeitige Information über den anstehenden Wandel und Partizipation an den Veränderungsentscheidungen.
2. Die Gruppe als wichtiges Wandelmedium. Wandelprozesse in Gruppen sind weniger beängstigend und werden im Durchschnitt schneller vollzogen.
3. „Kooperation fördert die Wandelbereitschaft"; später leitet Lewin folgende vierte Regel ab:
4. „Wandelprozesse vollziehen sich *zyklisch*. Sie bedürfen einer Auflockerungsphase, in der die Bereitschaft zum Wandel erzeugt wird, und einer Beruhigungsphase, die den vollzogenen Wandel stabilisiert" (Schreyögg 1999: 491; Hervorhebung im Original).

Dem 4. Aspekt kommt zentrale Bedeutung zu, da die Änderungsbereitschaft in Gruppen oftmals nur vorübergehend Bestand hat.

Rolff et al. (1998: 30) betonen ebenfalls die Bedeutung des Modells von Lewin und erachten es als Ausgangspunkt für mehrere unterschiedliche Phasenmodelle von Organisationsentwicklungsprozessen.

Das Phasenmodell von Lewin weist die drei Phasen *Auftauen*, *Verändern* und *Stabilisieren* aus[4] (Schreyögg 1999: 493).

Weitere Studien und Experimente ergänzen die Lewinschen Befunde zum Wandelverhalten und zu Widerständen: Die „Veränderungsbereitschaft steigt, wenn

1. Einverständnis über die Wandelnotwendigkeit hergestellt,
2. das Veränderungskonzept selbst (mit)erarbeitet,
3. die Veränderung gemeinsam beschlossen und
4. die Veränderung begreifbar gemacht wurde" (Schreyögg 1999: 493).

---

[4] Rolff et al. (1998: 30) verwenden die englischen Begriffe „unfreezing, moving und freezing".

4.2 Zusammenfassung

Es wurde herausgearbeitet, dass bei Veränderungsprozessen den subjektiven Wertvorstellungen und Zielen der unterschiedlichen Beteiligten von Organisationen zentrale Bedeutung bei einer erfolgreichen und anhaltenden Umsetzung zukommt. Eine Auffassung, dass Neuerungen per Erlass 1:1 umsetzbar und lediglich als planerisches Problem zu erachten sind, hat sich in der Organisationstheorie und der Organisationspsychologie als illusorisch erwiesen (s.o.).
Die Bereitschaft, eine Veränderung mit zu tragen, steigt dann, wenn die Beteiligten

- frühzeitig Informationen über die geplante Neuerung erhalten,
- die Wandelnotwendigkeit erkennen,
- aktiv am Veränderungsgeschehen beteiligt werden,
- in Gruppen kooperativ an der Einführung der Innovation mitarbeiten.

Darüber hinaus müssen Neuerungen, sofern sie länger anhaltenden Erfolg haben sollen, stabilisiert werden; d.h., nach einer ‚Auftau'- und ‚Veränderungsphase' erfolgt eine ‚Stabilisierungsphase'.

4.3 Die Schule als Mehrebenensystem

Die Diskussion in Kapitel 3 hat ergeben, dass die Maßnahme Projektprüfung, sofern die diesbezüglichen Vorschriften und Empfehlungen befolgt werden, Anpassungen sowohl von Schülern, Lehrern als auch von der Schulleitung erfordern. Dem Zusammenspiel der Akteure im System[5] ‚Schule' kommt bei der Generierung von Qualität eine entscheidende Rolle zu. Nach Ditton ist ‚Schule' ein

> „Mehrebenensystem", in dem „individuelle, unterrichtliche, schulische und kontextuelle Faktoren in einer komplexen wechselseitigen Verschränkung zu den resultierenden Wirkungen beitragen" (2000: 76).

---

[5] Die Begriffe ‚System' und ‚Organisation' werden im folgenden synonym verwandt.

Folgende vier Ebenen weist Ditton (2000) aus:

- Individuelle Ebene (Schüler und Lehrer),
- unterrichtliche Ebene (Unterricht),
- schulische Ebene (Schule), sowie die
- kontextuelle Ebene (Systemebene sowie sozial-regionaler Kontext).

Die Ebenen sind ineinander verschachtelt. Die „höheren Ebenen gelten jeweils als Handlungsrahmen oder *Unterstützungssysteme (supporting environment)* der in der strukturellen Hierarchie untergeordneten Ebenen" (Ditton 2000: 76-77; Hervorhebungen im Original). Fend (2000: 61f.) spricht diesbezüglich vom konfigurativen Zusammenspiel von Gestaltungsfaktoren auf verschiedenen Ebenen. Eine Handlungsabstimmung zwischen den Ebenen (z.B. zwischen Schulleitung und Lehrkräften) ist demnach für die Durchführung der Projektprüfung von zentraler Bedeutung. Die übergeordnete/untergeordnete Ebene kann im Extremfall auch zum ‚Verhinderungssystem' werden, wenn ein konfiguratives Zusammenspiel nicht gegeben ist. Die Gründe, weshalb ein Zusammenspiel zwischen den einzelnen Ebenen nicht vorausgesetzt werden kann, wurden in Abschnitt 4.1 erörtert. Sofern sich die subjektiven Wertvorstellungen und Ziele der jeweils beteiligten Akteure der einzelnen Ebenen stark voneinander unterscheiden, ist eine Blockade zwischen den einzelnen Ebenen wahrscheinlich.

Ein anderes Ebenenmodell liefert Carle (2000). Sie bezieht sich auf das Modell von Bronfenbrenner, weist aber neben der Mikro-, Meso-, Exo- und Makroebene zusätzlich die „Nanoebene" sowie eine „Mundoebene" aus (Carle 2000: 289). Die „Nanoebene" bezeichnet nach Carle (ibid.) die „Binnenebene des Lernens", die „Mundoebene" den globalen Zusammenhang schulischen Lernens. Zusammenfassend werden nach Carle (2000: 289) die „Systemebenen der Gestaltung schulischer Arbeit" folgendermaßen umschrieben:

- Nanoebene: Lernmanagement,
- Mikroebene: Klassenzimmermanagement,
- Mesoebene: Schulmanagement,
- Exoebene: „Beziehungsmanagement zu Teilen des Makrosystems mit direktem Einfluss auf Schule, Schüler, Lehrer, Eltern ...",
- Makroebene: Staatliches Management,
- Mundoebene: Supranationales, globales Management.

Begründet wird das separate Ausweisen der „Nanoebene" mit dem angeblichen „Hauptdefizit der bisherigen Lehrerforschung", dem Fehlen des „schulischen Kernprozesses, nämlich (dem) Lernen der Schülerinnen und Schüler" (Carle 2000: 303). Gefordert wird gar eine „kopernikanische Wende des Blicks auf die Schulwelt: von den LehrerInnen zu den LernerInnen als Zentrum des schulischen Lernsystems" (Sugrue 1997: 5-8; zit. n. Carle 2000: 303-4). Von einer ‚kopernikanische Wende' zu reden, erscheint übertrieben. Ditton beschreibt in einem Überblicksartikel zu „Qualitätskontrolle und Qualitätssicherung in Schule und Unterricht" (2000) die Uneinheitlichkeit des aktuellen Diskussionsstands in der Qualitäts- und Effektivitätsforschung[6]. Konsens dagegen besteht nach Ditton, zumindest unter Vertretern der empirischen Forschungsrichtung, über die *„primäre Bedeutung proximaler Bedingungsfaktoren"* (Ditton 2000: 75; Hervorhebung im Original). Darunter versteht Ditton diejenigen Faktoren, die „die Lehr- und Unterrichtssituation direkt betreffen" (ibid.). Diese Merkmale von Unterricht, sind für das Erzielen von Effekten bedeutsamer als „distale Faktoren" wie beispielsweise „Variablen auf der Schul- und Kontext- oder Systemebene" (Ditton 2000: 75).

„Für die schülernäheren Faktoren ergeben sich bedeutsamere Effekte und auch eine größere Übereinstimmung der Ergebnisse zu ihren Wirkungen als hinsichtlich distaler Faktoren (wie etwa Variablen auf der Schul- und Kontext- oder Systemebene" (Ditton 2000: 75).

Der ausdrückliche Bezug auf „schülernähere Faktoren" (ibid.) scheint darauf hinzuweisen, dass die angebliche ‚kopernikanische Wende' zumindest in der Qualitätsforschung bereits vollzogen zu sein scheint.

---

[6] Neben dem fehlenden Konsens darüber, „was genau unter Qualität zu verstehen ist", sieht Ditton es als „unklar" an, „auf welcher Ebene (Schüler und Lehrer, Unterricht, Schule, Schulsystem) mit welchen Verfahren (qualitativ vs. quantitativ; intern vs. extern) anhand welcher Bewertungsmaßstäbe und Erwartungen (ökonomische vs. pädagogische) reliable und valide Aussagen über die schulische Qualität oder Grade der Zielerreichung getroffen werden können" (2000: 75).

Die Umsetzung von Lehrplänen

Der komplexe, mehrschichtige Charakter des Schulsystems mit unterschiedlichen Akteuren, die jeweils unterschiedliche Ziele und Wertvorstellungen einbringen, macht plausibel, weshalb Maßnahmen wie das Erlassen von neuen Lehrplänen nicht unbedingt automatisch die intendierten Wirkungen auf den jeweils untergeordneten Ebenen erzielen. Wirkungen können also nicht direkt ‚verordnet' werden. Die intendierten Wirkungen von curricularen Neuerungen werden aufgrund des Ebenencharakters des Schulsystems (vom Planer aus betrachtet) ‚gebrochen' bis sie die Adressaten, die Lehrer und Schüler in einer konkreten Lehr-Lernsituation, erreichen. Neben ‚Reibungsverlusten' zwischen den einzelnen Ebenen unterliegen Lehrpläne den „subjektive[n] Interpretationen" der Lehrkräfte (Vollstädt et al. 1999: 15). Vollstädt et al. beschreiben den Prozess, den ein staatlicher Lehrplan durchläuft, bis er sich in den unterrichtlichen Lernprozessen niederschlägt, folgendermaßen:

> „Bei der Unterrichtsplanung entwickelt jede Lehrerin, jeder Lehrer eine dem schulischen Alltag angepaßte Unterrichtsstrategie, den individuellen Lehrplan, der mitunter erheblich von den Idealvorstellungen des staatlichen Lehrplans abweicht bzw. abweichen muß. Die Lehrkraft verknüpft sie mit individuellen Erfahrungen bzw. Ansprüchen und berücksichtigt die je unterschiedlichen konkreten Unterrichtsbedingungen „vor Ort"" (1999: 15; Hervorhebungen im Original).

Die Unterrichtstrategie, der *individuelle* Lehrplan, stellt erst einen Zwischenschritt zwischen staatlichem Lehrplan und den intendierten Lehr-Lernprozessen dar. In konkreten Unterrichtssituationen erfolgen „situative Entscheidungen"; darüber hinaus beeinflusst der ‚heimliche Lehrplan' den tatsächlichen Lehrplan (die konkreten Lehr-Lernprozesse) (Vollstädt et al. 1999: 15). Infolge der Unterschiedlichkeit der „Lernprozesse- und Ergebnisse" der Lernenden im Unterricht weicht wiederum der tatsächliche Lehrplan vom realisierten Lehrplan ab (ibid.).

Der Prozess, den ein offizieller Lehrplan bis zu seiner Realisierung durchläuft, wird in folgender Graphik veranschaulicht:

*Abbildung 1: Die Prozesse, die ein Lehrplan bis zur Realisierung durchläuft
(vgl. Vollstädt et al. 1999: 15)*

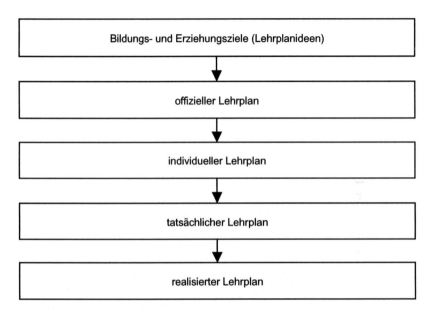

Auf die Systemebene bezogen, ist die Einführung der Projektprüfung an sich schon ein ‚Erfolg', da sie dokumentiert, dass man sich den veränderten Erfordernissen der Gesellschaft und Wirtschaft angepasst hat und vermehrt auf die Vermittlung und das Prüfen sogenannter ‚Schlüsselqualifikationen' Wert legt (Abschnitt 2.2). Die Zufriedenheit mit der Einführung des Reformkonzepts ‚IMPULSE Hauptschule' (Abschnitt 2.2) mit dem Teilbereich ‚Projektprüfung' kommt in einer gemeinsamen Verlautbarung des Ministeriums für Kultus, Jugend und Sport Baden-Württemberg und der Bundesvereinigung der Deutschen Arbeitgeberverbände (BDA) (MKJS/BDA 1999: 94) zum Vorschein: Am Ende des Texts heißt es:

> „Die Bundesvereinigung der Deutschen Arbeitgeberverbände empfiehlt ... allen Bundesländern, der Hauptschule den Stellenwert wie in Baden-Württemberg zu geben und vergleichbare Maßnahmen für eine bessere Hauptschullandschaft einzuleiten. Auch hierbei können sich die Länder auf die bewährte Zusammenarbeit von Schule und Wirtschaft stützen".

Die Einführung der Projektprüfung (als ein Baustein des Reformkonzepts IMPULSE Hauptschule) dient wie Lehrpläne im Allgemeinen dazu, die „staatliche Schul- und Bildungspolitik akzeptabel und öffentlichkeitswirksam zu präsentieren[7]" (Vollstädt et al. 1999: 20). Vollstädt et al. (1999: 20) sprechen von der „Legitimationsfunktion" staatlicher Lehrpläne. Neben der öffentlichen Legitimationsfunktion werden Lehrplänen unterstellt, für den „schulischen Lernprozeß eine tatsächliche Wirkung [zu] entfalten" (Vollstädt et al. 1999: 20-21). Neben dem Wunsch, „die aktuelle Schulpolitik akzeptabel [zu] präsentieren" (Vollstädt et al. 1999: 213) soll die Projektprüfung konkrete Veränderungen auf der Schul- und Unterrichtsebene bewirken. Die Wirksamkeit des Reformkonzepts wird vorausgesetzt, anderenfalls würde man andere Bundesländer nicht dazu auffordern, „vergleichbare Maßnahmen" zu ergreifen mit dem Ziel, eine „bessere Hauptschullandschaft" zu erreichen (MKJS/BDA 1999: 94).

Vollstädt et al. (1999) kommen ausgehend von ihrer empirischen Studie zu Akzeptanz und Wirkung von Lehrplänen in der Sekundarstufe I zu dem Ergebnis, dass „staatliche Lehrpläne auf direktem Wege *nur geringe Impulse für eine Schulentwicklung geben*" (Vollstädt et al. 1999: 214; Hervorhebung im Original). Ob eine Studie in einem Bundesland wie Hessen, in dem zum Erhebungszeitpunkt keine zentrale Prüfungen durchgeführt wurden, direkte Rückschlüsse auf Bundesländer mit zentralen Prüfungen wie Baden-Württemberg zulässt, ist fraglich. Prüfungsbestimmungen zählen nach Vollstädt et al. (1999: 13) neben Lehrplänen und Stundentafeln zu den wichtigsten staatlichen Rahmenbestimmungen für den Schulunterricht und werden als „entscheidende Instrumente zur staatlichen Regulierung schulischer Lernprozesse" erachtet. Möglicherweise haben Lehrpläne, die indirekt in Prüfungsordnungen übersetzt werden, eine höhere Orientierungsfunktion als Lehrpläne in Ländern ohne zentrale Prüfungen. Interessanterweise erwähnen Vollstädt et al. (1999) nur das Zentralabitur (S. 14) nicht aber (zentrale) Prüfungen in der Sekundarstufe I:

> „Ironisch formuliert: Lehrpläne werden in die Schulen gegeben in der Hoffnung, daß treue Staatsdiener diese Vorgaben auch verwirklichen. Ob und wie dies geschieht, weiß allerdings niemand so genau. Dieses Wissensdefizit besteht vor allem deshalb, weil die Einführung von Lehrplänen in die

---

[7] Hopmann/Künzli (1998) bezeichnen dies als die „politische Funktion der Lehrpläne" (zit. n. Tillmann et al. 1999: 20, Fußnote 3).

Schulen mit keinerlei Überprüfungen der Unterrichtsqualität oder gar der Schülerleistungen verbunden wird. Es gibt bisher keine zentralen Leistungstests [in einer Fußnote wird an dieser Stelle im Original auf den steigenden öffentlichen Druck nach zentralen Leistungsüberprüfungen hingewiesen] und nur in wenigen Bundesländern ein Zentralabitur. (Um Mißverständnissen vorzubeugen: Dies wird hier nicht als Mangel beklagt.)".

Auch Künzli (1998: 12) ist bezüglich der direkten Steuerungsmöglichkeit durch Lehrpläne äußerst skeptisch:

> „Beim gegenwärtigen Forschungsstand kann die Art und Weise der Wirksamkeit von Lehrplanungen für und in ihren verschiedenen Bezugsfeldern nicht vorausgesagt werden, sie ist in jedem Einzelfall erst zu rekonstruieren".

In Abschnitt 3.1 wurde analysiert, welche Wirkungen die Maßnahme ‚Projektprüfung' auf den Ebenen des Systems Schule erzielen soll. Im empirischen Teil der Arbeit (Kapitel 7) wird ermittelt, welche tatsächlichen Wirkungen die Projektprüfung auf der Schüler- und Lehrerebene erzielt.

5. Wissenschaftstheoretische Grundlegung

Die in dieser Studie angewandte Kombination von ‚qualitativen' und ‚quantitativen' Methoden (vgl. Kapitel 6 und 7) soll in diesem Kapitel wissenschaftstheoretisch fundiert werden.

5.1 Das Verhältnis von ‚qualitativer' und ‚quantitativer' Forschung

In der Sozialforschung werden häufig zwei Hauptrichtungen unterschieden. Cohen et al. (2000: 5) differenzieren zwischen einer „traditionellen[1]" und einer neueren „interpretativen[2]" Sichtweise. Andere Gegensatzpaare zur Charakterisierung einer Haupt- und Nebenrichtung sind: „*quantitative*" versus „*qualitative*" (Denzin / Lincoln 2000: 8; Shaw 1999: 45), „quantitativ-standardisiert" versus „qualitativ" (Flick et al. 2000: 24), „analytisch-nomologisch orientierte Wissenschaft" versus „interpretative Sozialwissenschaft" (Kromrey (2000: 30-31) sowie „*ethnographic*" versus „*quantitative*" (Hammersley 1992). Häufigster Oberbegriff für die ‚neuere' Sichtweise ist der Begriff ‚qualitative (Sozial)Forschung'[3].

Nach Bortz/Döring (2002: 295)[4] beruht die „quantitative Forschung" auf „Quantifizierungen der Beobachtungsrealität" und die „qualitative Forschung" auf „Interpretationen von verbalem Material". Diese Unterscheidung bezieht sich jedoch lediglich auf die Ebene der Datenerfassung und Datenauswertung. Die Reichweite des Adjektivs ‚qualitativ' in ‚qualitative Sozialforschung' reicht über die Methodenebene (Interpretation von verbalem Material anstelle von Quantifizierung) hinaus. In Handbüchern, die sich überwiegend ‚qualitativer' Forschung widmen (z.B. Flick et al. 2000; Mayring 1997; Shaw 1999)

---

[1] Eigene Übersetzung.
[2] Eigene Übersetzung.
[3] Dies verdeutlicht ein kurzer Auszug einer Liste aus verschiedenen Monographien und Aufsatzsammlungen: „Qualitative Forschung" (Flick 2000, Brüsemeister 2000), „Handbook of Qualitative Research" (Denzin/Lincoln 2000), „Einführung in die qualitative Sozialforschung" (Mayring 1999), „Qualitative Evaluation" (Shaw 1999), Qualitative Inhaltsanalyse (Mayring 2000).
[4] Das zitierte Werk von Bortz/Döring (2002) ist ein Standardwerk für Studierende der Sozialwissenschaften, in dem vorwiegend quantitative Methoden behandelt werden. Ab der zweiten Auflage (1995) wird auch qualitativen Verfahren ein Kapitel gewidmet.

als auch in Handbüchern, in denen vor allem quantitative Forschungsmethoden behandelt werden (z.B. Bortz/Döring 2002; Kromrey 2001), weisen die Autoren Gegensatzpaare aus, die den angeblich fundamentalen Unterschied des zu Grunde liegenden Wissenschaftsverständnisses illustrieren sollen. Die folgenden Paare sind Bortz/Döring (2002: 274) entnommen. Ähnliche Gegensatzpaare findet man bei Shaw (1999: 45).

Tabelle 2: Gegensatzpaare zur Beschreibung von ‚qualitativer' und ‚quantitativer' Forschung nach Bortz/Döring (2002: 298)

Quantitativ	Qualitativ
Nomothetisch	Idiographisch
Naturwissenschaftlich	Geisteswissenschaftlich
Labor	Feld
Deduktiv	Induktiv
Partikulär	Holistisch
Erklären	Verstehen
„harte" Methoden	„weiche" Methoden
Messen	Beschreiben
Stichprobe	Einzelfall
Verhalten	Erleben

„Nomothetisch" bedeutet laut Brockhaus-Definition (Der Neue Brockhaus 1985, 4. Band, S. 28)

„[grch. >gesetzgebend<], von W. Windelbrand eingeführter Begriff zur Kennzeichnung des naturwissenschaftl. Vorgehens, das das in immer gleicher Weise wiederkehrende Geschehen zum Gegenstand hat und auf die Aufstellung von allg. Gesetzen zielt; i. Ggs. dazu steht die idiograph. Methode der Geisteswissenschaften".

Quantitative (nomothetische) Verfahren zielen nach obiger Brockhaus-Definition darauf ab, Gesetze zu entdecken. Angenommen wird, dass es eine objektive unabhängig vom Beobachter existierende Welt gibt. Menschliches Verhalten wird genauso analysiert und *erklärt* wie naturwissenschaftliche Phänomene. Qualitative Forschung, so Bortz/Döring (ibid.), wird als „idiographisch" (vgl. auch Cohen et al. 2000: 7) charakterisiert. Im idiographischen Verständnis lässt sich menschliches Handeln nicht in *Gesetze* fassen. Wissen ist nach diesem Verständnis subjektiv und kontextgebunden. Menschliches Handeln lässt sich angeblich nicht *erklären*, sondern *verstehen*[5]. Die Unterscheidung von ‚nomothetisch' (Gesetze aufstellend, allgemeingültig, generell) und ‚idiographisch' (beschreibend, einmalig, verstehend, individuell) leitet sich aus unterschiedlichen ontologischen Grundannahmen ab.

Ontologie: Laut Brockhaus-Definition (Der Neue Brockhaus 1985, 4. Band, S. 78) „philosoph. Grunddisziplin der Seinswissenschaft oder Lehre vom Seienden", bezieht sich auf die Beschaffenheit der Wirklichkeit. V. Förster beschreibt Ontologie als „die Wissenschaft, die Theorie oder die Untersuchung des Seins, bzw. die Erforschung dessen, was ist, 'wie es ist'" (Döbeli 2003). Nach v. Förster erklärt ‚Ontologie' „die Beschaffenheit der Welt", „Epistemologie" (s.u.) dagegen „die Beschaffenheit unserer Erfahrung von dieser Welt" (Döbeli, ibid.).

Folgenden ontologischen Unterschied legen obige Gegensatzpaare zwischen der ‚quantitativen' und der ‚qualitativen' Sichtweise nahe: ‚Quantitative' Vertreter gehen davon aus, dass es eine externe soziale Realität gibt, die sich dem Forscher erschließt. Vertreter, die sich einer ‚qualitativen' Sichtweise verpflichtet sehen, negieren dies angeblich: Cohen et al. (2000: 5-6) behaupten, dass qualitative Forschung davon ausgeht, dass keine objektive, von den individuellen Kognitionen unabhängige Realität existiert. Der konstruierte Charakter der Wirklichkeit wird auch bei Flick et al. (2000: 22) als Gemeinsamkeit mehrerer unterschiedlicher qualitativen Richtungen als „[t]heoretische Grundannahme[] qualitativer Forschung" postuliert:

„der kommunikative Charakter sozialer Wirklichkeit lässt die Rekonstruktion von Konstruktionen sozialer Wirklichkeit zum Ansatzpunkt der Forschung werden".

---

[5] Dilthey fasste dies in den bekannten Satz: „Die Natur erklären wir, das Seelenleben verstehen wir" (zit. n. Bortz/Döring 2002: 278).

Shaw (1999: 45), ein überzeugter ‚qualitativer' Vertreter, weist als philosophische Grundlage dem qualitativen Ansatz den „Idealismus *(idealism)*" zu, der quantitativen den „Realismus *(realism)*". In Abschnitt 5.3 wird diskutiert, dass es im angelsächsischen Raum Vertreter gibt, die dem ‚qualitativen' Lager zugeordnet werden und trotzdem von einer realistischen Ontologie ausgehen.

Neben den angeblichen ontologischen Unterschieden zwischen ‚qualitativer' und ‚quantitativer' Sozialforschung sollen im folgenden Abschnitt die unterstellten epistemologischen Unterschiede diskutiert werden.

Epistemologie, laut Brockhaus-Definition (Der Neue Brockhaus 1984, 2. Band, S. 52) „Lehre vom Wissen, bemüht sich um Gesetze und Prinzipien der Erkenntnisgewinnung", beschreibt die Beschaffenheit und Struktur des Wissens, wie es erworben und anderen Menschen mitgeteilt werden kann (Cohen et al. 2000: 6). Die grundlegende epistemologische Frage lautet für Guba (1990: 18; vgl. Denzin/Lincoln 2000: 157): Wie ist die Beziehung zwischen Forscher und dem zu erforschenden Phänomen?

Vertreter einer ‚quantitativen' Sichtweise gehen davon aus, dass es ‚harte', objektive' ‚greifbare' Tatsachen gibt, wohingegen ‚qualitative' Vertreter angeblich dagegenhalten, dass Wissen persönlich, subjektiv und einzigartig ist (vgl. Cohen et al. 2000: 6). ‚Quantitative Vertreter' setzen, folgt man Bortz/Dörings idealtypischer Liste (oben), harte ‚objektive' Tatsachen voraus und verwenden Methoden der Naturwissenschaft. Die Rolle des ‚quantitativen' Forschers ist die des neutralen Beobachters. ‚Qualitative' Vertreter dagegen nehmen Subjektivität, Einzigartigkeit und Kontextgebundenheit von Wissen an und greifen auf „die (methodisch kontrollierte) subjektive Wahrnehmung der [sic.] Forschers als Bestandteil der Erkenntnis zurück" (Flick et al. 2000: 25). Die Vorstellung darüber, wie die zu erforschende Welt und das zu erforschende Wissen beschaffen ist, steht in direktem Zusammenhang mit methodologischen Überlegungen.

Methodologie, laut Brockhaus-Definition (Brockhaus 1985, 3. Band, S. 552) „Lehre von den wissenschaftlichen Verfahren", bezeichnet nach Guba (1990: 18) die Art und Weise, wie der Forscher vorgeht, um Wissen zu erlangen. Die sich aus unterschiedlichen ontologischen und epistemologischen Überzeugungen ergebenden methodologischen Implikationen werden in Abschnitt 5.3 gezeigt.

Im folgenden Abschnitt soll geklärt werden, dass eine genaue Kennzeichnung der ontologischen und epistemologischen Grundüberzeugungen unabdingbar ist und dass das Begriffspaar ‚qualitativ' – ‚quantitativ' nicht geeignet ist, die Vielfalt der unterschiedlichen Positionen ohne verzerrende Vereinfachungen zu kennzeichnen.

5.2 ‚Qualitative' und ‚quantitative' Forschung – nicht zu vereinbarende Gegensatzpaare?

Bortz/Döring (2002: 298) plädieren dafür, die in Tabelle 2 ausgewiesenen Gegensatzpaare nicht als „Dichotomien", sondern „allenfalls als bipolare Dimensionen" aufzufassen. Bortz/Döring wollen damit verhindern, die Forschungspraxis durch Wertungen zu verzerren. Den Lesern ihres Werks wird angeraten, die Begriffspaare „äußerst vorsichtig" (ibid.) zu verwenden. Der Begriff „bipolare Dimension" (ibid.) impliziert, dass quantitative und qualitative Ansätze letztendlich doch zu vereinbaren sind und quasi zwei Äste eines gemeinsamen Stammes sind.

In der neueren deutschsprachigen Methodendiskussion scheint sich tatsächlich auch von ‚qualitativen' Vertretern ein Konsens darüber abzuzeichnen, dass eine Frontstellung zwischen ‚qualitativer' und ‚quantitativer' Forschung unfruchtbar ist. Stellvertretend dazu Mayring (2001[6], Abschnitt[1]): „Es scheint heute ein Allgemeinplatz zu sein, zu betonen, dass qualitative und quantitative Ansätze keinen Gegensatz darstellen". Beiträge in neueren Handbüchern zu qualitativer Forschung (Flick et al. 2000; Friebertshäuser/Prengel 1997) betonen ebenfalls die Sinnlosigkeit einer Unvereinbarkeit zwischen den beiden konkurrierenden Forschungsparadigmen[7]. Flick et al. (2000: 25) verweisen darauf, dass der Forschungsgegenstand darüber zu entscheiden hat, ob „qualitative oder quantitative Forschung" sinnvoll ist oder nicht:

„Jenseits von Debatten, in denen sich beide Richtungen wechselseitig die wissenschaftliche Legitimation absprechen, lässt sich nüchterner fragen,

---

[6] Diese Veröffentlichung ist eine online-Publikation ohne Seitenzahlen. Die im Original angegebenen Nummern für jeden Abschnitt werden in eckigen Klammern angegeben.
[7] Eine ausführlichere Diskussion des Begriffs ‚Paradigma' erfolgt unten.

wo, d.h. bei welcher Fragestellung und welchem Gegenstand, qualitative oder quantitative Forschung jeweils indiziert ist" (Flick et al. 2000: 25).

Auch Friebertshäuser/Prengel (1997: 11) betonen, dass ‚qualitative Forschungsmethoden' ‚quantitativen Methoden' nicht diametral entgegen zu stehen haben:

„Gleich zu Beginn betonen wir: Das Etikett ‚Qualitative Forschungsmethoden' kennzeichnet nicht eine Frontstellung gegenüber der quantitativen Forschung".

Die Wortwahl von Friebertshäuser/Prengel (ibid.), qualitative Forschungs*methoden* (und nicht die ‚qualitative' Forschung, vgl. Flick, oben) als Ergänzung *der* quantitativen Forschung zu erachten, unterscheidet sich von Flick, der pauschal von *der* ‚qualitativen' und ‚quantitativen' Forschung spricht, die je nach Gegenstand Anwendung finden soll oder nicht.

Kelle (2001), Co-Autor in mehreren ‚qualitativen' Aufsatzsammlungen, demonstriert anhand dreier Forschungsprojekte, dass eine Verbindung qualitativer und quantitativer Methoden für gewisse Fragestellungen nicht nur sinnvoll, sondern gar notwendig sein kann.

Kelle (2001[8], Abschnitt [3]) plädiert dafür, die Art und Weise des zu beobachtenden Phänomens und die sich daraus ableitenden Methodenfragen grundsätzlichen methodologischen Überlegungen überzuordnen:

„Any serious methodological consideration in the framework of any science should, however, regard the nature of the investigated phenomenon first, and thereafter address the question which method may be adequate to describe, explain or understand this phenomenon" (Kelle 2001, Abschnitt [3]).

Für Kelle (2001, Abschnitt [17]) zeigen qualitative und quantitative Methoden ihre jeweils spezifischen Stärken auf unterschiedlichen Ebenen der soziologischen Analyse: Quantitative Analysen eigenen sich eher zur Beschreibung

---

[8] Siehe Fußnote 2.

makrosozialer Phänomene, wohingegen qualitative Methoden sich besonders zur Beschreibung sozialer Mikroprozesse eignen. Instruktiv ist Kelles abschließendes Plädoyer für die friedliche Beilegung der methodologischen Streitigkeit zwischen qualitativer und quantitativer Forschung (Kelle 2001, Abschnitt [43], Hervorhebung durch M.S.).

„Looking at the challenges which are posed by modernisation processes, sociologists who do not wish to give up claims to understand and explain macrosocial phenomena are well-advised not to invest too much effort in methodological warfare but to make intensive use of the richness of differing methodological traditions".

Kelle, dessen Beitrag überzeugend die Vorteile einer Verbindung von qualitativen und quantitativen Methoden illustriert[9], setzt jedoch voraus, dass es prinzipiell möglich ist, „makrosoziale Prozesse zu verstehen und zu erklären" (ibid. eigene Übersetzung). Sein Erkenntnisinteresse ähnelt daher gemäß der Gegenüberstellung von Bortz/Döring (2002: 298) dem der „quantitativ[en]" Forschung, nämlich Phänomene nicht nur zu *verstehen*, sondern zu *erklären*. Aus diesem Beispiel wird ersichtlich, dass das Begriffspaar ‚quantitativ' - ‚qualitativ', sofern es beansprucht, sich *nicht* nur auf die methodische Ebene zu beziehen, verwirrend ist.

Die Tatsache, dass der Begriff „qualitatives Paradigma" (Flick 2000: 13) verwendet wird und auf Thomas Kuhn Bezug genommen wird, deutet an, dass das Verhältnis zwischen ‚quantitativer' und ‚qualitativer' Forschung, sofern es sich nicht nur auf die Methodenebene bezieht, nicht problemlos zu vereinbaren sein *kann,* oder dass der Begriff ‚Paradigma' nicht im Kuhnschen Sinne verwandt wird. Neben Shaw (1999: 44) verwenden auch andere Vertreter, die sich einer ‚qualitativen' Sichtweise verpflichtet sehen [z.B. Guba/Lincoln (1988: 103), Lincoln/Guba (2000 *passim*) und Flick et al. (2000: 13)] den Begriff „qualitatives Paradigma". Das ‚qualitative' Paradigma wird zur Abgrenzung gegenüber dem bis dato vorherrschenden Wissenschaftsverständnis (der Normalwissenschaft) eingesetzt. Flick (2000: 13) bezieht sich dabei explizit auf Thomas Kuhn. In seinem Werk: „The Structure

---

[9] Kelle (2001) analysiert in seinem Artikel verschiedene Bedeutungen der Metapher ‚Triangulation'. Nach Kelle gibt es Fragestellungen, in denen die Verbindung von qualitativen und quantitativen Methoden notwendig ist. Diese Auffassung unterscheidet sich von herkömmlichen Auffassungen von Triangulation, in denen das Verbinden von qualitativen und quantitativen Methoden ‚lediglich' zu einer höheren Validität beitragen soll.

of Scientific Revolutions" (Erstausgabe 1962), entwirft Thomas Kuhn eine Theorie über die wissenschaftliche Entwicklung. Er unterscheidet zwei grundlegend differente Wissenschaftsformen: die Normalwissenschaft und die revolutionäre Wissenschaft. Wissenschaftliche Disziplinen entwickeln sich nach dem Schema: vorwissenschaftliche Periode - normalwissenschaftliche Periode - Krise - wissenschaftliche Revolution - neue normalwissenschaftliche Periode - neue Krise usw. (vgl. Wiedemann 2000). ‚Paradigma' ist einer der zentralen Begriffe in Kuhns' Werk (1962). Nach Brockhaus-Definition (Neue Brockhaus Band 4 (1985: 142) bedeutet Paradigma „1) Beispiel, Muster 2) ... Beugungsmuster, Musterbeispiel ...".

In Sinn eines *Musters* für die Lösung von wissenschaftlichen Leistungen verwendet Kuhn (1976[10]: 10) den Begriff „Paradigmata":

> „allgemein anerkannte wissenschaftliche Leistungen, die für eine gewisse Zeit einer Gemeinschaft von Fachleuten maßgebende Probleme und Lösungen liefern".

In einem Postskriptum[11] in der zweiten Ausgabe seines erstmals 1962 erschienenem Werks konkretisiert Kuhn (1976) den Begriff „Paradigma":

a) „die ganze Konstellation von Meinungen, Werten, Methoden usw., die von den Mitgliedern einer gegebenen Gemeinschaft geteilt werden", sowie

b) „ein Element in dieser Konstellation, die konkrete Problemlösungen, die, als Vorbilder oder Beispiele gebraucht, explizite Regeln als Basis für die Lösung der übrigen Probleme der >normalen Wissenschaft< ersetzen können" (Kuhn 1976: 186; Hervorhebung im Original).

Neben der bereits oben erklärten Bedeutung von a), die mit der Brockhaus-Definition korrespondiert (Paradigma als Muster), verweist b) auf einen quasi revolutionären Anspruch. Das neue Paradigma beansprucht nach Kuhn (ibid.) nämlich, „Basis für die Lösung der übrigen Probleme" der etablierten „normalen Wissenschaft" zu sein.

---

[10] Ein Hauptkritikpunkt an Kuhns erster Ausgabe seines Werkes „The Structure of Scientific Revolution" (1962) war die unklare Verwendung des Begriffs ‚Paradigma'; Silverman [(1970) zit. n. Guba (1990: 17)] identifizierte nicht weniger als 21 verschiedene Bedeutungen des Begriffs.
[11] Erschienen im Jahre 1969.

Im Licht des Kuhnschen Verständnisses erscheint es nicht schlüssig, dass Flick (2000: 13) sich auf Kuhn beruft, später jedoch dafür plädiert, nüchtern zu fragen, „bei welcher Fragestellung und welchem Gegenstand, qualitative oder quantitative Forschung jeweils indiziert ist" (Flick et al. 2000: 25). Wer das neue Paradigma als revolutionär und als so brauchbar erachtet, Lösungen für die angeblich in die Krise geratene Normalwissenschaft bereitzuhalten, kann nicht problemlos für bestimmte Forschungszwecke ‚quantitative Forschung' propagieren.

Es soll an dieser Stelle jedoch angemerkt werden, dass der reißerische Begriff „*wissenschaftliche Revolution*", als ein Teil von Thomas Kuhns Titel [„*The Structure of Scientific Revolutions*" (Kuhn 1962)], von Kuhn (1976: 192) in einem eigentümlichen Sinne benutzt wird, nämlich:

> „Eine Revolution ist für mich eine Veränderung besonderer Art, die eine besondere Umbildung von Gruppenpositionen beinhaltet. Es muß aber keine große Veränderung sein, noch braucht sie denen revolutionär zu erscheinen, die außerhalb einer vielleicht aus weniger als fünfundzwanzig Personen bestehenden einzelnen Gemeinschaft stehen".

Der Hinweis Kuhns, dass eine wissenschaftliche Revolution weder eine „große Veränderung" zu sein hat noch den Außenstehenden revolutionär zu erscheinen hat (ibid.), kennzeichnet treffend die Situation der Sozialwissenschaften am Ende des 20. und zu Beginn des 21. Jahrhunderts. Vertreter einer ‚quantitativen' Sichtweise, die gewöhnlich eher standardisierte Methoden (s.u.) verwenden, erachten ‚interpretative Paradigmata' kaum als revolutionär. Vertreter einer ‚traditionellen' Sichtweise plädieren gar dafür, qualitative Methoden in ihren Forschungsdesigns zumindest in der Explorationsphase zu integrieren (z.B. Kromrey 2000; Bortz/Döring 2002). Der ‚revolutionäre' Unterschied liegt also nicht in der Wahl der Methoden, sondern unter welche Zielsetzung und in welchem epistemologischen und ontologischen Fundament sie eingebettet sind. Guba/Lincoln (1988: 91f.) benutzen diesbezüglich eine erhellende Analogie: Verschiedene Handwerker (z.B. Zimmermänner, Klempner ...) verwenden zwar möglicherweise die gleichen Werkzeuge, das Ziel der Verwendung ist jedoch jeweils ein unterschiedliches. Ähnlich verhält es sich nach Guba/Lincoln (1988: 92) mit Forschungsmethoden: Fragebogen, Texte, Interviews, Literatur bis hin zu statistischen Auswertungsmethoden können zwar von Forschern mit unterschiedlichen Grundüberzeugungen verwandt werden, das Ziel der Methodenwahl kann jedoch jeweils grundverschieden sein.

Wer als Forschungsziel angibt, sozial konstruierte Wirklichkeit*en* zu dekontextualisieren (vgl. Flick 2000: 20), verfolgt ein prinzipiell anderes Ziel als ein Forscher, der eine unabhängig vom Betrachter existierende Welt voraussetzt, in der es (auch für menschliche Handlungen) Regeln nicht nur zu verstehen, sondern auch zu erklären gilt. Entscheidend ist demnach weniger die Frage, ob ‚qualitative' oder ‚quantitative' Methoden eingesetzt werden, sondern welches Forschungsziel verfolgt wird.

Ich plädiere erneut dafür, das Begriffspaar qualitativ – quantitativ ausschließlich zur Kennzeichnung der methodischen Ebene zu verwenden und die ontologischen und epistemologischen Grundüberzeugungen separat auszuweisen. Genau diese für vorliegende Arbeit zugrunde liegenden ontologischen und epistemologischen Grundlagen sollen in den nächsten Abschnitten erläutert werden.

5.3 Exkurs: Qualitative Paradigmata im angelsächsischen Sprachraum

Wie die Diskussion im letzten Abschnitt ergeben hat, ist es durchaus möglich, qualitative Methoden anzuwenden, ohne sich auf ein revolutionäres ‚qualitatives Paradigma' berufen zu müssen. Forscher, die überwiegend quantitative Methoden verwenden, plädieren gar dazu, sich auch qualitative Methoden anzueignen. Bortz/Döring integrieren ab der zweiten Auflage ihres Werks „Forschungsmethoden und Evaluation" (1995, 3. Aufl. 2002) ein Kapitel über „qualitative Methoden" (Bortz/Döring 2002: 295ff.). Erforderlich ist das Integrieren von qualitativen Methoden nach Bortz/Döring (2002: 295) deshalb, weil sich qualitative Methoden „nicht nur zu Explorationszwecken" eignen, sondern „im Forschungsalltag" oftmals mit quantitativen Methoden kombiniert werden, weshalb „es sinnvoll erscheint, in beiden Bereichen Methodenkenntnisse zu erwerben" (ibid.). Diese Ausführungen lassen darauf schließen, dass Bortz/Döring qualitativen Verfahren innerhalb der Sozialforschung eine Berechtigung zugestehen, vor allem während der Phase der Hypothesengewinnung, die nach Bortz/Döring in der empirischen Forschung bislang eher stiefmütterlich berücksichtigt wurde (2002: 361f.).

Das Wissenschaftsverständnis von Bortz/Döring (2002: 21f.) wie auch das von Kromrey (2000) ist das des ‚Kritischen Rationalismus'. „Kritischer Rationalismus" ist Krügers Übersetzung von „*Postpositivism*" (2000: 328). „Postpositivism" wiederum, wird im angelsächsischen Raum interessanterweise als eines der *qualitativen* Paradigmata ausgewiesen (vgl. Shaw 1999: 45; Lincoln/Guba 2000: 165f.). Im angelsächsischen ist die Unterscheidung zwischen ‚qualitativer' und ‚quantitativer' Forschung offensichtlich eine andere als im deutschen Sprachraum. Im angelsächsischen Sprachraum werden zwar auch zwei Hauptrichtungen unterschieden [„*qualitative*" und „*quantitative*" (vgl. u.a. Denzin/Lincoln 2000: 8f.; Shaw 1999: 45f.)], die Grenze zwischen ‚traditioneller' und ‚neuerer' Sichtweise wird jedoch anders als im deutschen Sprachraum gezogen (s.u.). Im angelsächsischen Raum erfolgt ferner eine Ausdifferenzierung in verschiedene qualitative ‚Paradigmata', die sich von den im deutschsprachigen Raum üblichen ‚qualitativen' Richtungen[12] unterscheiden (Kluge 2000: 328).

Ein weiterer Unterschied ist nach Kluge (2000: 328), dass im angelsächsischen Raum ‚qualitative' Forschungstraditionen ausgewiesen werden, die sich explizit auf wissenschaftstheoretische Grundpositionen, wie zum Beispiel die des Kritischen Rationalismus', beziehen können. Dies ist seit Ende des 20. Jahrhunderts jedoch kaum mehr zutreffend. Im Jahr 1990 weist Guba (passim) tatsächlich noch folgende vier wissenschaftstheoretisch fundierte Paradigmen[13] aus:

- *positivism*
- *postpositivism*,
- *critical theory*" und
- „*constructivism*".

---

[12] Krüger (2000: 329) weist innerhalb der deutschsprachigen „qualitativen Forschung" „deskriptive", „ethnomethodologische", „strukturalistische" und „postmoderne" Ansätze aus, Flick u.a. (2000: 26) „Ethnomethodologie", „objektive Hermeneutik", „Biographieforschung", „Ethnographie", „Cultural Studies", „(ethno-)psychoanalytische Forschung" sowie „Tiefenhermeneutik".

[13] Guba (1990) verwendet den Begriff ‚Paradigma' nicht im Kuhnschen Sinne, sondern weniger ‚revolutionär' als „a basic set of beliefs that guides action". Die Unterüberschrift des Werkes „Qualitative approaches to evaluation in education" [Feterman 1988 (Hg.)], in dem auch Guba einen Artikel beisteuert, lautet dementsprechend bezeichnenderweise „The *silent* scientific revolution" (Fetermann 1988; Hervorhebung durch M.S.).

„*Postpositivism*", „*critical theory*" sowie „*constructivism*" werden als ‚qualitative' Paradigmata ausgewiesen, „*positivism*" als das die herkömmliche (‚quantitativen') Sichtweise fundierende Wissenschaftsverständnis (z.B. bei Cohen et al. 2000: 8f.; Guba 1990: 19f; Lincoln/Guba 2000: 163; Denzin/Lincoln 2000: 9). In späteren Veröffentlichungen jedoch, nimmt die Anzahl qualitativer Paradigmata eher inflationären Charakter an und die wissenschaftstheoretische Verankerung verschwindet. Denzin/Lincoln erachten am Ende des 20. Jahrhunderts (2000: 22) folgende ‚qualitative' Paradigmata als etabliert: „[p]ositivist/postpositivist, [c]onstructivist, [f]eminist, [e]thnic, [m]arxist, [c]ultural studies, [q]ueer theory". Auffällig an dieser Liste ist das Zusammenfassen von „positivist" und „postpositivist" (ibid.) zu einer Kategorie. Offensichtlich sind Denzin/Lincoln (2000) der Auffassung, dass zwischen Positivisten und Postpositivisten keine fundamentalen Unterschiede auszumachen sind. Vertreter eines postpositivistischen Verständnisses pflegen jedoch stets den Unterschied zwischen ihrer Richtung und dem Positivismus zu betonen (vgl. Phillips 1990; Burbules/Phillips 2000).

Um die Entwicklung innerhalb der qualitativen Paradigmata nachzeichnen zu können, sollen im folgenden Abschnitt kurz die epistemologischen und ontologischen Überzeugungen des Positivismus und des Postpositivismus erläutert und der Postpositivismus soll als wissenschaftstheoretische Grundlage für vorliegende Arbeit vorgestellt werden.

Der Positivismus

Die Grundüberzeugungen des Positivismus decken sich mit den Punkten, die in der Gegenüberstellung bei Bortz/Döring (2002: 298; vgl. Abschnitt 5.1) dem ‚quantitativen' Pol zugeordnet werden.

a) Ontologie: Der Positivismus geht von einer objektiven Welt und von Mechanismen aus, die es zu entdecken gilt. Die positivistische Ontologie ist damit der Realismus (vgl. Guba 1990: 19). Die Aufgabe *der* Wissenschaft ist es, die ‚wahre' Beschaffenheit der Wirklichkeit und die die Wirklichkeit determinierenden Gesetze zu entdecken (vgl. Guba 1990: 19).

b) Epistemologie: Von den ontologischen Grundüberzeugungen leitet sich die „objektivistische[14]" Epistemologie ab (Guba 1990: 19). Nur Daten, die sich auf sinnliche Wahrnehmungen und Erfahrung beziehen, werden als wahr erachtet (vgl. Prechtl 1999). Da der Forscher von einer realen Welt ausgeht, die Naturgesetzen folgt, muss er sich so verhalten, als ob er die Welt direkt befragen würde und die Welt antworten könne (Guba 1990: 19). Der Forscher tritt quasi hinter eine unsichtbare Glaswand und beobachtet die Natur, wie sie funktioniert (Guba 1990: 19).

c) Methodologie: In der Logik des Positivismus bietet sich eine „manipulative[15]" Methodologie an, die empirische Experimente ermöglicht (Guba 1990: 19). Dadurch können Verzerrungen minimiert werden, die sich sowohl aus unzutreffenden Vorannahmen, als auch aus der Komplexität der Welt an sich ergeben können.

Der Begriff ‚Positivist' ist in der Gegenwart eher ein „Schimpfwort" als die Bezeichnung für einen Forscher einer wissenschaftstheoretischen Richtung (Schädelbach 1989: 267).

---

[14] Eigene Übersetzung.
[15] Eigene Übersetzung.

Der Postpositivismus[16]

a) Ontologie: Postpositivisten gehen nach wie vor von *einer* Wirklichkeit aus, die außerhalb des Beobachters existiert. Diese Wirklichkeit ist jedoch aufgrund der menschlichen Unzulänglichkeit niemals vollständig erfassbar. Als ontologische Grundlage wird der „kritische Realismus" anstelle des im Positivismus vorherrschenden „naiven[17] Realismus" zu Grunde gelegt (Guba 1990: 20; vgl. Albert 1989: 181). Das Konzept der unverfälschten Empirie als ontologisches Fundament wird im Positivismus aufgegeben. Obwohl die Suche nach einem absolut sicheren Fundament der Erkenntnis aufgegeben wird, wird am Realismus festgehalten (vgl. Albert 1989: 180; Phillips/Burbules 2000: 36f.).

b) Epistemologie: Objektivität wird als Ideal nach wie vor angestrebt, kann aber nur annäherungsweise erreicht werden. Aussagen, die sich auf Erfahrung gründen, können keine Allgemeingültigkeit beanspruchen. Auch Phänomene, die nicht direkt beobachtbar sind[18], werden als ‚real' erachtet. Ferner wird darauf hingewiesen, dass Beobachtungen niemals Theorie-neutral

---

[16] Der Begriff ‚Postpositivismus' wird in dieser Arbeit nicht wie bei Krüger (2000: 238) mit „kritische[m] Rationalismus" gleich gesetzt. Im angelsächsischen Raum ist der Begriff ein Oberbegriff für diverse Richtungen, die nicht mehr von einem ‚naiven' Realismus ausgehen ohne jedoch deshalb einer relativistischen Ontologie zu verfallen. Der Begriff wird in höchst unterschiedlichen Bedeutungs-Schattierungen verwandt. Schmid (1989) wendet sich beispielsweise massiv gegen Alexanders These, wonach Karl Popper, der Begründer des Kritischen Rationalismus, ein Positivist sei und weist nach, dass gemäß Alexanders Kriterien Karl Popper als ‚Postpositivist' zu erachten sei. Fischer (1998), dagegen erachtet die Richtung Poppers als *„neopositivism"*(S. 2). Fischer (1998: 14) erachtet den *„postpositivism"* als Richtung, in der nach wie vor eine Realität (auch für die soziale Welt) angenommen wird. Im Vergleich zum *„neopositivism"* (seiner Leseart des Kritischen Rationalismus) geht sein *„postpositivism"* jedoch davon aus, dass diese Realität aufgrund des komplexen Charakters [z.B. multiple Ursachen und Wirkungen und das ‚Problem' verschiedener sozialen Bedeutungszuschreibungen („meanings")] niemals vollständig zu verstehen und zu erklären ist. Objektivität wird zwar als regulatives Ideal angestrebt, erfordert jedoch eine kritische ‚interpretierende' Gemeinschaft. Qualitative Methoden sind seiner Auffassung nach eher geeignet, in der sozialen Welt Gesetzmäßigkeiten zu verstehen und zu erklären. Phillips/Burbules (2000 *passim*), die sich ebenfalls als Postpositivisten bezeichnen, halten im Gegensatz zu Fischer (1998) am Prinzip der Popperschen Falsifikation fest. Als kleinster gemeinsamer Nenner unterschiedlicher postpositivistischen Vertreter kann demnach die gemeinsame ‚kritisch-realistische' Ontologie erachtet werden.

[17] Eigene Übersetzung.

[18] Z.B. subatomare Ereignisse (vgl. Phillips 1990: 33) oder intentionale menschliche Handlungen.

erfolgen können. Die Voreinstellung des Beobachters beeinflusst, was und wie beobachtet wird (vgl. Philipps 1990: 34). Die Forderung des Positivismus', lediglich „Erkenntnis auf der Basis von unbezweifelbaren Daten [zuzulassen]" (Prechtl 1999: 457), wird als nicht ‚fundiert' erachtet, da ein Wissensideal, das unbestreitbar sichere Begründungen postuliert, abgelehnt wird. Sinnesdaten können letztlich niemals zu absolut wahren Aussagen führen, da nicht ausgeschlossen werden kann, dass zukünftige Beobachtungen die Aussagen als unwahr entlarven.

c) Methodologie: Je nach Forschungsgegenstand und Forschungsfrage werden auch qualitative „interpretative" Methoden angewandt (Phillips/Burbules 2000: 68f.; Miles/Huberman 1994 passim). Im Gegensatz zum Positivismus wird nicht nur das beobachtbare menschliche Verhalten analysiert, sondern auch die Prozesse, die bei bewussten, auf ein Ziel hin gerichteten menschlichen Handlungen[19] beteiligt sind.
Interpretative Verfahren kommen nicht nur bei der Analyse von menschlichen Handlungen, sondern auch als ‚Wegbereiter' für quantiative Verfahren zum Einsatz. Dieser Prozess der „Hypothesengewinnung"[20] wird als Teil des Forschungsprozesses erachtet und nicht mehr als vorwissenschaftliche, der Intuition des Forschers unterworfene Phase (vgl. Bortz/Döring 2002: 327).

Fazit:
Der Postpositivismus ist ein Sammelbegriff für unterschiedliche wissenschaftstheoretische Positionen, die zwar nicht mehr von einem rein empirisch zu fundierenden Wahrheitsideal ausgehen, jedoch trotzdem an einer (kritisch)realistischen Ontologie fest halten. Bezüglich der Vorgehensweise, wie man sich der Wahrheit annähern kann, gibt es ein breites Spektrum innerhalb des Postpositivismus' (s. Fußnote 16). Ob, wie Fischer (1998) postuliert, der komplizierte Charakter der sozialen Wirklichkeit und die unter-

---

[19] Phillips/Burbules (2000: 70) stellen folgende Gleichung auf: „action = behavior + meaning". Sie verwenden für das beobachtbare Verhalten des Menschen (oder Tieres) den Begriff „behavior", für das bewusste Handeln den Begriff „action"; „meaning" wird in einem sehr weiten Sinn als Platzhalter für „meaning, intention, reason, goal or idea that was being expressed by the actor or the prupose that the actor hoped to achieve" verwandt. In diesem Abschnitt wird „action" als Handlung wiedergegeben. Handlung wird als bewusste auf ein Ziel hin gerichtete Tätigkeit definiert (vgl. Hacker 2000: 1267).
[20] Hopf (1996: 9) verwendet synonym den Begriff „Hypothesengewinnung".

schiedlichen sozialen Bedeutungszuschreibungen der einzelnen Menschen tatsächlich prinzipiell eher interpretative Verfahren erforderlich machen, ist eine ‚Glaubensfrage', die hier nicht beantwortet werden kann. Qualitative und quantitative Methoden folgen in unserem Verständnis dem gleichen Ziel, nämlich unterschiedliche Bedeutungszuschreibungen der sozialen Realität zu verstehen und zu erklären. Unterschiedliche soziale Bedeutungszuschreibungen werden hier nicht als „Problem" (Fischer 1998: 14), sondern als überaus lohnender Forschungsgegenstand erachtet.

Fazit für das methodische Vorgehen in vorliegender Studie:
Die Ausführungen über den Postpositivismus haben ergeben, dass nicht die Frage, ob qualitative oder quantitative Methoden zum Einsatz gelangen entscheidend ist, sondern das den Einsatz der Methode fundierende Erkenntnisinteresse. Das Erkenntnisinteresse vorliegender Arbeit ist nicht nur das *Verstehen*, sondern darüber hinaus das *Erklären* von Gesetzmäßigkeiten.
Detailliertere Ausführungen über die in unserer Studie eingesetzten qualitativen und quantitativen Methoden befinden sich in Kapitel 6.

6. Zur Konstruktion der Erhebungsinstrumente

Neben der Querschnittsanalyse dessen, wie das System Schule die Maßnahme ‚Projektprüfung' umsetzt, ist ein Teilziel der Studie das Ermitteln der Bedingungen, die für eine „erfolgreiche" Durchführung der Projektprüfung erforderlich sind. Nach dem Erstellen von Kriterien für „Erfolg" auf Basis einer Analyse der offiziellen Vorgaben und Empfehlungen, der qualitativen Analyse von Lehrer-, Schüler- und Schulleiterinterviews, die im Rahmen einer Voruntersuchung stattfanden (8 Schulen, die freiwillig am Schulversuch ‚Projektprüfung' beteiligt waren), wurden in der Hauptuntersuchung nach einem geschichteten Zufallsprinzip 20 Schulen ausgewählt. Zwei Schulämter mit unterschiedlicher Vorerfahrung mit Projektprüfungen wurden berücksichtigt. Insgesamt wurden in der Hauptuntersuchung 662 Schüler schriftlich und 53 Lehrkräfte schriftlich und mündlich befragt. Die Fragebögen wurden mittels Häufigkeitsanalysen, Korrelationsanalysen und nicht-parametrischen Signifikanztest, die qualitativen Interviews mittels computergestützter strukturierender Inhaltsanalyse ausgewertet. Die Begründungen für die Verwendung der jeweiligen Erhebungsinstrumente und die Vorgehensweise bei der Konstruktion der Kategorien werden in den folgenden Abschnitten dargelegt.

6.1 Begründung für die Verwendung von Leitfadeninterviews als Untersuchungsinstrument für die Lehrerinterviews

Es wurde bereits mehrfach begründet, dass den subjektiven Einschätzungen der Beteiligten zentrale Bedeutung bei der Einführung und Stabilisierung von Wandelprozessen zukommt. Deshalb eignen sich in vorliegender Studie besonders auch qualitative Methoden:

> „Weil mit Hilfe qualitativer Untersuchungen subjektive Sinnsetzungen <Relevanzhorizonte> und Handlungsorientierungen der Akteure im empirischen Material entdeckt werden können, über die der Forscher zuvor keine theoretisch begründeten Annahmen besaß und die er deswegen auch nicht bei der Konstruktion von Erhebungsinstrumenten berücksichtigen konnte, liefern qualitative Untersuchungen oft solche Informationen, die mit Hilfe quantitativer Forschungsdesigns allein kaum hätten ermittelt werden können" (Kelle 2000: 305; Hervorhebungen im Original).

In Abschnitt 5.2 wurde ferner auf die Bedeutung von qualitativen Methoden bei Explorationsstudien hingewiesen. Leitfadeninterviews können bezüglich der Offenheit der Strukturierung charakterisiert werden (Schmidt 1997). Die Bandbreite reicht von voll ausformulierten Fragen, die in einer vorab festgelegten Reihenfolge gestellt werden, bin hin zu einer offenen Vorgehensweise, die sich lediglich auf einige wenige „vorab festgelegte Fragen oder Fragerichtungen" beschränkt (Hopf 2000: 351). Das teilstandardisierte Leitfaden-Interview, das in dieser Studie verwendet wird, nimmt eine Mittelstellung zwischen beiden Extremen ein. Laut Hopf (2000: 351) ist das „teilstandardisierte Interview" dasjenige, das in qualitativen Studien am häufigsten eingesetzt wird:

> „Die in der Forschung besonders häufig eingesetzten Varianten qualitativer Interviews stehen zwischen diesen Extremen und sind als relativ flexibel eingesetzte teilstandardisierte Interviews zu beschreiben: Die Forscher orientieren sich an einem Interview-Leitfaden, der jedoch viele Spielräume in den Frageformulierungen, Nachfragestrategien und in der Abfolge der Fragen eröffnet" (Hopf 2000: 351).

In dieser Dissertation werden die Begriffe „teilstandisierte[s] Interview" (Hopf, ibid.), „Leitfaden-Interview" (Bortz/Döring 2002: 315) und Leitfadeninterview synonym verwandt.

6.2   Die Kategorien der Lehrerinterviews

In den Abschnitten 3.2-3.3 wurden die ministeriellen Richtlinien und Empfehlungen für die Projektprüfung analysiert. Ein Schwerpunkt der Studie besteht darin, zu analysieren, wie das Mehrebenensystem Schule diese Vorgaben und Empfehlungen umsetzt. Darüber hinaus soll analysiert werden, wie die Projektprüfung als Innovation von den einzelnen Akteuren des Systems Schule bewertet wird.

Haenisch (1995) weist fünf Bereiche von innovationsförderlichen Bedingungen für Innovationen aus, die sich mehrheitlich aus den vier ‚goldenen Regeln' des erfolgreichen organisatorischen Wandels (Abschnitt 4.1) ableiten lassen, sich aber konkret auf die Situation von Neuerungen an Schulen beziehen.

1. Bedingungen, die die Innovation selbst betreffen (S. 188f.).

a) „Keine allzu großen Umwälzungen" (S. 188);
b) „Anknüpfen an bisherigen Erfahrungen" (S. 189);
c) „Ziele und Hintergründe verständlich darstellen" (S. 189);
d) „Spielräume für die eigene Ausgestaltung lassen" (S. 189);
e) „Einflußnahme der Betroffenen schon während des Entwicklungsprozesses" (S. 190);
f) „Innovationen über die Fächer transportieren" (S. 190);
g) „Günstige Zeitpunkte für Innovationen nutzen" (S. 190 f.).

Die Diskussion in Abschnitt 2.2 hat ergeben, dass das MKJS (2000a; 2001a) versucht, den Eindruck zu erwecken, dass die Einführung der Projektprüfung das Fortführen eines bereits eingeschlagenen Weges darstellt. Kultusministerin Schavan weist darauf hin, dass „nahezu die Hälfte aller Hauptschulen in Baden-Württemberg" am Schulversuch Projektprüfung teilgenommen haben (Schavan/Rau 2001: 4). Damit soll der Eindruck erweckt werden, dass die Betroffenen schon während des Entwicklungsprozesses beteiligt worden sind (siehe oben, Punkt e). Ob alle Schulleiter und Lehrkräfte, also auch diejenigen, die ab Schuljahr 2001/02 zur Teilnahme an der Projektprüfung verpflichtet wurden, dies genauso wahrnehmen, ist fraglich.
Eine Bedingung in Haenischs Auflistung (1995), die nicht erfüllt ist, lautet:

f) „Innovationen über die Fächer transportieren" (S. 190):
Per Definitionem erfolgt die Projektprüfung fächerübergreifend, sodass eine Verbreitung über die Fächer zumindest stark erschwert wird.

g) „Günstige Zeitpunkte für Innovationen nutzen" (S. 190 f.):
Die Analyse dessen, was ein günstiger Zeitpunkt für eine Innovation an Schulen ist, stellt ein äußerst schwieriges Unterfangen dar. Strittmatter (1999: 319) konstatiert, dass mit Neuerungen an Schulen prinzipiell keine offenen Türen eingerannt werden.

2. Bedingungen, die sich auf die Lehrer beziehen (S. 191, f.).

a) Lerngelegenheiten für die Lehrer schaffen (S. 191);

b) Reflexion der bisherigen Erfahrungen.

Damit die Lehrer neue Handlungsmuster erproben können, benötigen sie nach Haenisch (1995: 191) ausreichend Lernzeit, in der die Innovationen erprobt werden können. Ferner sollten die gemachten Erfahrungen im Kollegium reflektiert werden. Daraus ergeben sich die folgenden Kategorien für den Interviewleitfaden (die Angaben in Klammern beziehen sich auf die jeweiligen Kategorien des Interviewleitfadens, siehe Anhang).

⇒ Welche Vorerfahrungen haben die Lehrkräfte mit projektartigem Arbeiten und Projektprüfungen gesammelt / wie wird diese Vorerfahrung bewertet? (III – Vorbereitung auf die Projektprüfung).

⇒ Wurden die gesammelten Erfahrungen ins Kollegium zurückgeführt, bzw. wurden die Projektprüfungen in Lehrerteams durchgeführt; wie wird die Zusammenarbeit mit den Kollegen (sofern stattgefunden) bewertet? (VI – Akzeptanz innerhalb des Kollegiums; II 1-2; II 7).

c) Durch Erfolgserlebnisse Vertrauen und Zuversicht gewinnen (S. 192):
Laut Haenisch (1995: 192) sind Lehrkräfte gegenüber Innovationen zumeist äußerst kritisch eingestellt. Sie lassen sich nur durch eigene positive Erfahrungen überzeugen. Beeindrucken lassen sie sich insbesondere dann, „wenn durch die Innovation die Leistungen und das Verhalten der Schüler/innen positiv beeinflußt werden" (Haenisch 1995: 192).

⇒ Zentral wichtig für ein länger anhaltendes innovationsfreundliches Klima gegenüber der Projektprüfung ist demnach, wie die Lehrer die gezeigten Schülerleistungen während projektartigem Arbeiten und während der Projektprüfungen beurteilen (VII – Vergleich zwischen Projektprüfung und alter Prüfungsordnung und VIII – Fragebogen).

d) Vermeidung von Druck und Anordnung, aber Schaffung von Verbindlichkeiten (S. 192):

Nach Haenischs Auffassungen sind Neuerungen durch „Druck und Anordnungen" *nicht* zu erreichen (1995: 192). Um allerdings einer Beliebigkeit entgegen zu wirken, sollte eine Neuerung als „Sachverhalt mit hoher Priorität behandelt werden und auf eine offizielle Schiene gehoben werden". Dies bedeutet, dass Neuerungen in Konferenzen und anderen offiziellen Gremien der Schulen behandelt werden sollten, d.h. „offizielle Zeit" sollte für die Neuerung investiert werden (1995: 192; s.u.).
Bezogen auf die Projektprüfung bedeutet dies:

⇒ Wurde die Projektprüfung in Konferenzen/Stufenkonferenzen etc. thematisiert / bzw. wurde die Projektprüfung gemeinsam vorbereitet? (III- Vorbereitung auf die Projektprüfung; VI – Akzeptanz innerhalb des Kollegiums vor und nach der Projektprüfung).

3. Bedingungen, die im Zusammenhang mit dem Arbeitsfeld Schule stehen (S. 193f.):

a) *Impulse und Unterstützung durch die Schulleitung (S. 193).*
Der Schulleiter fungiert idealtypisch nicht nur als „psychologische Stütze", sondern auch als „Ideengeber" (S. 193). Die Risikobereitschaft der Lehrkräfte steigt, sofern die Schulleitung die Lehrer ermuntert und deren Leistungen würdigt. Bezogen auf die Projektprüfung bedeutet dies:

⇒ Wurden die Lehrkräfte von der Schulleitung vor und während der Durchführung der Projektprüfung unterstützt?

⇒ Wie beurteilen die Lehrkräfte die Unterstützung durch die Schulleitung? (IV- Die Schulleitung und die Projektprüfung).

b) *Mobilisierung schuleigener Kompetenzen (S. 193):*
Neben den erforderlichen Kompetenzen sind sogenannte „Keimzellen" erforderlich, in denen sich „Verbündete" zusammenschließen (S. 193).
Dieser Aspekt deutet erneut auf die Notwendigkeit der Kooperation zwischen den Beteiligten bei Wandelprozessen hin. Konkret bedeutet dies für das Erstellen der Erhebungsinstrumente:

⇒ Welche Formen der kooperativen Vorbereitung fanden vor der Projektprüfung statt; wie wird diese Kooperation bewertet? (III – Vorbereitung auf Projektprüfung; II Umsetzung der Vorgaben: 1a und 1b, sowie II 7: Teamprüfung Lehrer).

⇒ In wieweit findet Kooperation zwischen den Beteiligten während der Projektprüfung statt? (II 1c) Durchführung als kooperative Aufgabe; II 7: Teamprüfung Lehrer).

c) Vielschichtige Infrastruktur an Kooperation und Kommunikation (S. 193 f.):
Um Neuerungen zu verstehen und zu transportieren, bedarf es einer innerschulischen Infrastruktur an Kooperation und Kommunikation. Neben den oben angesprochenen offiziellen Gremien bezieht sich diese Infrastruktur auch auf informelle Kanäle. Der Kooperation zwischen Lehrkräften kommt also auch in Punkto informeller Kommunikation bei Innovationsprozessen eine wichtige Bedeutung zu. Daraus ergibt sich:

⇒ Wie wurde die Einführung der Projektprüfung von dem Kollegium aufgenommen?

⇒ Welche Maßnahmen der Vorbereitung wurden getroffen? (II 7: Teamprüfung Lehrer; III Vorbereitung auf Projektprüfung; VI Akzeptanz innerhalb des Kollegiums vor und nach der Projektprüfung).

d) Entwickeln eines positiven Fortbildungsklimas (S. 194):
Fortbildungen sind entscheidend für das Gelingen von Innovationen, da nur durch sie zusätzliche Informationen und Kompetenzen in die Schule gelangen können. Internen Fortbildungen kommt die Aufgabe zu, die Neuerungen an die lokalen Bedingungen anzupassen. Bezogen auf das Erhebungsinstrument bedeutet dies:

⇒ Welche Fortbildungen wurden von den Beteiligten besucht / wie werden diese Fortbildungen bewertet? (III – Vorbereitung auf die Projektprüfung).

e) Wahrnehmung von Toleranz im Kollegium (S. 194):

Dieser Aspekt betrifft den „Geist der Organisation". Ein gemeinsamer „Konsens über Ziele und Prioritäten ist dabei der Umsetzung neuer Ideen und Konzepte förderlich". Das Vorhandensein einer Fehlerkultur, in der es ohne „Prestigeverlust" möglich ist, über persönliche Probleme zu reden, macht das Erproben von Neuerungen erst möglich.
Erneut rückt die Kooperation und Kommunikation im Kollegium in den Mittelpunkt, die es bei der Erstellung der Erhebungsinstrumente zu berücksichtigen gilt (s.o.).

4. Bedingungen, die den regulativen Rahmen und den unterstützenden Kontext von Schule berühren (S. 195f.).

a) Konzertierte Aktionen im Bereich Lehrerfortbildung (S. 195):
Laut Haenisch sind „Anschubkräfte" erforderlich, die die Neuerungen in die Schulen transportieren. Im Vergleich zu Punkt d), oben, bezieht sich dieser auf eine höhere Ebene, also z.b. auf das Angebot von Fortbildungsmaßnahmen an einem staatlichen Schulamt.

⇒ Bezogen auf die Projektprüfung werden die Lehrkräfte befragt, wie sie (falls sie daran teilgenommen haben) das Angebot und die Qualität der Fortbildungen beurteilen (III – Vorbereitung auf die Projektprüfung).

b) Bereitstellen materieller Hilfen (S. 195):
Materielle Hilfen animieren Lehrkräfte angeblich eher dazu, etwas Neues auszuprobieren. Gemeint sind z.b. beschaffte oder selbst entwickelte (möglichst unterrichtsnahe) Materialien. Bezogen auf unser Forschungsvorhaben bedeutet dies:

⇒ In wieweit haben die Beteiligten auf Fortbildungen oder durch informelle Kontakte Materialien zur Projektprüfung (z.B. Beobachtungs- und Bewertungsbögen) zugestellt bekommen bzw. ausgetauscht?

⇒ Wie werden diese Materialien rückblickend beurteilt? (III – Vorbereitung auf die Projektprüfung).

c) Angleichung des regulativen Rahmens der Schule (S. 195):
Die Innovationen scheitern in der Praxis oftmals an den Beharrungskräften der Alltagspraxis. Die regulativen Rahmenbestimmungen müssen so eindeu-

tig beschaffen sein, dass die von Reform-Gegnern angeführte Behauptung, Reformen könnten unter den vorhanden Rahmenbedingungen nicht umgesetzt werden, widerlegt werden kann.
Bezogen auf die Projektprüfung bedeutet dies:

⇒ Inwieweit erlauben die schulinternen Regelungen projektförderliche Organisationsformen wie z.b. Teamarbeit der Lehrkräfte (V – Organisation der Projektprüfung).

d) Investition von offizieller Zeit (S. 196):
Für Extraarbeit ist nach Haenisch eine Kompensationsmöglichkeit zu schaffen. Darüber hinaus muss die Energie, die für die Extraarbeit aufgewendet wird, anderswo wieder eingespart werden. Die Investition von offizieller Zeit kann nach Haenisch (S. 196) auch als „Gratifikation" interpretiert werden.
Bezogen auf die Projektprüfung bedeutet dies:

⇒ Werden die Lehrkräfte für den etwaigen Mehraufwand in irgend einer Art und Weise entschädigt? (VII – Vergleich zwischen Projektprüfungund alter Prüfungsordnung, 1d-1e).

e) Unterstützung und Ermutigung durch Schulaufsicht (S. 196):
Die spezifische Aufgabe der Schulaufsicht bei Innovationen ist, die nötigen Freiräume zu gewährleisten, die Beteiligten zu ermutigen, sowie Rückendeckung zu geben. Die spezifischere Vorgehensweise der Schulaufsicht beschreibt Haenisch (1995: 196) folgendermaßen:

> „Schulaufsichtspersonen können ... dahingehend unterstützend tätig sein, daß durch eine flexiblere und unkonventionellere Verwaltung nicht zu viele Reibungsverluste entstehen und damit nicht zuviel pädagogische Zeit verlorengeht".

Bezogen auf unsere Untersuchung bedeutet dies:

⇒ Welchen Beitrag spielte die Schulaufsicht bei der Vorbereitung auf die Projektprüfung? (III – Vorbereitung auf die Projektprüfung).

f) Einbeziehung der Eltern (S. 196 f.):
Innovationsmaßnahmen an Schulen benötigen ferner die Unterstützung der Eltern. Dementsprechend ist es Aufgabe der Schule, die Eltern über die In-

novationen zu informieren und die Ziele der Innovationen den Eltern zu ‚verkaufen'. Da es sich bei der Projektprüfung um eine Abschlussprüfung handelt, ist eine detaillierte Information v.a. in Form eines Transparentmachens der Notenkriterien besonders erforderlich:

⇒ Auf welche Art und Weise wurden die Eltern informiert? (III – Vorbereitung auf die Projektprüfung).

5. Bedingungen, die die konkrete Umsetzung der Innovationen im Blick haben (S. 197 f.)

a) Nicht zu viel auf einmal (S. 197):
Die Erfolgschance von Innovationen steigt, wenn es gelingt, die Neuerungen in verschiedenen Gremien der Schule zu behandeln und zu verzahnen.

„Erst wenn die Lehrer/innen den Eindruck haben, daß sie positive Wirkungen im Umfeld ihres Aktionskreises verspüren, ist eine gute Basis gelegt, um zuversichtlich neue Ziele in Angriff nehmen zu können" (Haenisch 1995: 197).

Erneut bezieht sich dieser Punkt auf die Notwendigkeit einer Kooperation und Kommunikation innerhalb der Organisation ‚Schule' (s.o.).

b) Viel Zeit zum Ausprobieren und Reflektieren:
Ein Vorgehen in kleinen aber verbindlichen Probeläufen hat den Vorteil, dass die Beteiligten Zeit zur Reflexion und zum Austausch untereinander haben.

⇒ Wurde projektartiges Arbeiten vor Durchführung der Projektprüfung erprobt. Wenn ja, wurde das projektartige Arbeiten der Schüler bewertet?

⇒ Wie bewerten die Lehrkräfte die gemachte Erfahrung?

⇒ Wurden die gemachten Erfahrungen innerhalb des Kollegiums ausgetauscht?

Die Aspekte der Vorbereitung auf die Projektprüfungund der Kommunikation und Kooperation wurden bereits oben diskutiert und in den Lehrer-Leitfaden integriert.

6.3 Zur Voruntersuchung (Pretest)

Die Voruntersuchung begann im Dezember 2000 mit einer mündlichen Befragung eines an den ministeriellen Empfehlungen und Richtlinien (MKJS 2000a; MKJS 2001b) beteiligten Ministerialreferenten. Im März 2001 wurde eine für das Ministerium abgeordnete Lehrkraft interviewt. Im Zeitraum April 2001-Juli 2001 wurden acht Schulen besucht, die freiwillig am Schulversuch ‚Projektprüfung' teilgenommen haben.

Die bis dato vorhandenen offiziellen Richtlinien und Empfehlungen (MKJS 2000a) sowie die in Kapitel 4 diskutierten Befunde liefern die Basis zur Konstruktion der Interview-Leitfäden der Voruntersuchung. Für Schmidt (1997: 550) lässt sich der Interviewleitfaden als „Übersetzung der Kategorie-Entwürfe in Fragen und einzelne Frageaspekte" beschreiben; der „Leitfaden stellt insofern ein Zwischenergebnis des forschungsbegleitend entwickelten Kategorienverständnisses dar".

Die für die Bewertung der Projektprüfung in den Abschnitten 3.1f. dargestellten höchst relevanten Vorschriften der Broschüre „Projektprüfung: Leistungsmessung in der Hauptschule" (MKJS 2001a) lagen zum Zeitpunkt der Datenerhebung der Voruntersuchung noch nicht vor.

Der Pretest diente hauptsächlich Explorationszwecken und der Erprobung und Schärfung des Erhebungsinstruments (Leitfadeninterview). Es ist aus folgenden Gründen anzunehmen, dass die Ergebnisse der Hauptuntersuchung mit denen des Pretests nicht vergleichbar sind: Während im Schulversuch ‚Projektprüfung' fächergebundene projektartige Prüfungen noch möglich waren, waren ab dem Zeitraum der Hauptuntersuchung (Schuljahr 2001/02) fächerübergreifende ‚themenorientierte' Projektprüfungen obligatorisch. Es ist anzunehmen, dass die im Pretest berücksichtigten Schulen nicht als ‚typisch' bezeichnet werden können: Landesweit nahmen 38,1 % aller Hauptschulen und 34,6 % der Hauptschulen im Oberschulamtsbezirk Freiburg am Schulversuch Projektprüfung teil (eigene Berechnungen auf Basis von MKJS 2001b[1], vgl. Abschnitt 3.1). Zwischen den einzelnen Schulämtern variiert der Prozentsatz zwischen 8,6 % (Schulamt Baden-Baden) und 71,1 % (Schulamt Schwäbisch Gmünd). Da die Schulen freiwillig am Schulversuch teilgenommen haben, ist von einer der Neuerung Projektprüfung eher positiven Voreinstellung auszugehen. Kurz sollen die Ergebnisse der Lehrerinterview der Voruntersuchung dargestellt werden. Die bei der Auswertung der Leitfaden-Interviews eingesetzte inhaltsanalytische Methodik wird ausführlich in Abschnitt 7.1 dargestellt.

- Alle Lehrkräfte zeigten sich mit der neuen Prüfungsform zufrieden. Kritisiert wird jedoch (acht Nennungen von insgesamt 16 Lehrkräften), dass durch die neue Prüfungsordnung die fachpraktischen Prüfungen Technik und HTW nicht mehr abgenommen werden können und somit diese als wichtig erachteten Profilfächer der Hauptschule indirekt abgewertet werden.

- Auch die Schüler und Schülerinnen empfinden die Projektprüfung mehrheitlich als bereichernd und nehmen zum Teil einen erheblichen zeitlichen Mehraufwand in Kauf.

- Alle 16 Lehrkräfte sind der Überzeugung, dass die Projektprüfung eine sinnvolle Neuerung darstellt und es sich deshalb lohnt, erhöhte Anstrengungen, auch zeitlicher Art, zu investieren. Offensichtlich weckt die Projektprüfung bei den befragten Lehrkräften „Selbstwirksamkeits-Sehnsüchte" (Strittmatter 1999: 323 in Anlehnung an Bandura).

- Als Fortschritt wird die Projektprüfung deshalb empfunden, weil die Lehrkräfte der Auffassung sind, etwas „Modernes" aus der Wirtschaft übernommen zu haben. Pädagogische Begründungen für projektartiges Arbeiten wurden lediglich von zwei Lehrkräften genannt. Offensichtlich wird der starke wirtschaftliche Impetus des Reformkonzepts ‚Impulse Hauptschule' (mit dem Teilbereich ‚Projektprüfung') als unproblematisch und sogar als ‚progressiv' erachtet.

- Lediglich zwei der acht Schulen führten bereits eine ‚themenorientierte Projektprüfung' durch, das Modell, das ab Schuljahr 2001/02 verbindlich wurde.

- Drei der acht Schulen verzichteten gänzlich auf vorab festgelegte Notenkriterien und verteilten die Noten nach ‚ad-hoc-Kriterien'.

- Vor allem das Desiderat der Gruppenprüfung (für Lehrende) wurde nur in zwei der acht Schulen befolgt. Begründet wird das Fehlen einer zweiten Lehrkraft während der Vorbereitungs- und Durchführungsphase damit, dass

---

[1] Es wurden lediglich die *Schulen* berücksichtigt, die im Schuljahr 2000/01 Projektprüfungen durchführten. Mehrfachnennungen in Form von mehreren Projektprüfungen innerhalb einer Schule wurden nicht berücksichtigt.

es für die Schulen einen unverhältnismäßigen Aufwand darstellt, diese auch während der Durchführungsphase abzustellen.

- Eine der acht Schulen hat selbständig und im Lehrerteam einen Beobachtungs- und Bewertungsbogen erstellt, die anderen Schulen verfügten entweder über keinen oder übernahmen fertige Bögen von anderen Schulen.
- Über übermäßige zeitliche Belastung klagen diejenigen Lehrkräfte, die nur mit wenigen Stunden in der Klasse unterrichten und deren Schulleitung den Stundenplan während des Prüfungszeitraums unverändert ließ.
- Die Vorbereitung der Schüler auf die Projektprüfung wird als zentral wichtig für das Gelingen der Projektprüfung erachtet.

Dieser letzte Aspekt wird im Folgenden ausführlicher dargestellt. Die Notwendigkeit zur Vorbereitung der Lernenden auf die Projektprüfung wurde von allen interviewten Lehrkräften sowie den Experten als zentrale Vorbedingung für das Gelingen der Projektprüfung genannt. Jedoch nicht alle Schulen hatten die Schüler vor Beginn der Projektprüfung gezielt auf die neue Prüfungsform vorbereitet. Dies bezieht sich sowohl auf erforderliche Arbeits- und Präsentationstechniken (Vorbereitung auf Projektarbeit allgemein), als auch auf die Transparenz der Notengebung (Vorbereitung auf die Projektprüfung). Den Idealzustand sowie antizipierte Schwierigkeiten bei der Durchführung der PP beschreibt folgende Passage aus Experteninterview 2 (E 2):

> I: Was ist denn für Sie jetzt eine erfolgreich durchgeführte Projektprüfung?
> E: Welche Kriterien (...). Zum einen, wenn die Arbeitsbedingungen der Schüler in Ordnung waren; wenn der Ablauf gewährleistet war, in der Schule vor Ort; wenn die Planung, die von Lehrern ausgehen muss oder von den Schülern, Schule, soweit in Ordnung waren, wenn Schüler entsprechend vorbereitet sind, wenn sie ihr Handwerkszeug kennen, wie zum Beispiel wie präsentiere ich später? Wenn sie das im Vorfeld wissen, was sicherlich jetzt bei der Einführung Schwierigkeiten bereitet aber was in ein paar Jahren einfach selbstverständlich sein muss. Dass sie das am Ende Klasse 9 wissen, was auf sie zukommt. Das ist für mich ein Kriterium, und dann, dass ich von den Schülern auch einfordere, dass entsprechende Qualität da sein muss" (Experteninterview 2; Hervorhebungen durch M.S.).

Der Aspekt, dass Schüler *Handwerkszeug* für die Projektprüfung benötigen, wurde von den drei Lehrkräften der Schule 5, Erstuntersuchung (U I), so beschrieben:

L1: Wir haben folgendes Agreement gehabt (-) Also einmal deshalb, weil wir nachher nicht in die Jammerphase kommen wollten, da guck einmal, was sie gebracht haben, nämlich nichts. Ich übertreibe jetzt. Nichts im sozialen Bereich. Dann haben wir gesagt. Haja, sie sind ja noch nicht vom 5. Schuljahr an permanent projektorientiertes Lernen, soziales Lernen und, und, und Methoden gewohnt. Und daher haben wir, du hast ein Plakat gemacht, ein großes, da haben wir gesagt: Ganz am Anfang reden wir über die Methoden, was kann man alles machen. Ganz normal, also Rollenspiel, Interview, Befragung.
L2: Ja, da haben wir sie schon ein bisschen drauf gelupft.
L3: Ja, natürlich.
L1: Befragung im Reisebüro, Befragung im Stadtarchiv.
L2: Gemacht haben sie es alleine.
L1: Wandzeitungen, und, und, und, und das haben wir am Anfang ganz formal gesagt und dann haben wir uns bemüht, nachdem der Start in Gang kam, nichts mehr zu sagen. Das kannst du jetzt machen, das und das, oder so. D.h. also, wir haben *Starthilfen* gegeben, vor dem Hintergrund der Schwächen, haben dann nachher aber gesagt, sie müssen nachher entscheiden (U1_5_LG[2]).

Wichtig ist der ergänzende Hinweis, dass die Hilfen bezüglich der Präsentationsformen sowie der möglichen Methoden („Reisebüro, Befragung, Stadtarchiv") sich auf die Durchführung der „Generalprobe" der Projektprüfung zu Beginn der 9. Klasse beziehen und nicht auf die eigentliche Projektprüfung. Das Postulat, dass der „Arbeitsprozess soweit wie möglich *selbständig* geplant, *selbständig* durchgeführt und *selbständig* in ein vorweisbares Ergebnis überführt wird" (MKJS 2000a, siehe auch Abschnitt 3.2; Hervorhebung durch M.S.) bedarf offensichtlich einer intensiven Vorbereitung, die zwar von allen befragten Lehrkräften von U I erwähnt, nicht jedoch von allen im Vorfeld der Projektprüfung erbracht wurden.

Folgendes Lehrerinneninterview aus U I, Schule 3, illustriert, wie eine Projektprüfung scheitern kann, wenn die Schüler nicht über das nötige ‚Handwerkszeug' verfügen.

> Wir haben, das ist nicht meine Klasse, also ich bin nicht die Klassenlehrerin da, das ist auch eine frisch zusammen gewürfelte Gruppe, d.h. diese Klasse ist in der 8. Klasse, wurden aus zwei 7. Klassen eine 8. Klasse gemacht. Und zwar eine kam aus (Name des Ortes) und die andere kam aus (Name des Teilortes). Und es ist einfach so, es ist eine unheimlich leistungsschwa-

---

[2] U1 steht für Voruntersuchung; U1_5 bedeutet: Voruntersuchung, Schule 5; LG steht für Lehrergruppe und bedeutet, dass das Interview als Gruppeninterview stattgefunden hat.

che Klasse auch geworden. Und wir haben auch die Projektprüfung mit denen gemacht und das waren katastrophale Projekte. Muss man einfach auch sagen. Von wegen mit Eigeninitiative und Kreativität. Einfach auch (-) sich überhaupt einem Problem zu stellen (-) da war einfach wenig, man muss wirklich sagen. Meine Kollegin hat dann also Projekte gemacht mit denen, und sie war bitter enttäuscht. (-) Also das muss man schon sagen, also wenn man (-) war natürlich auch so, wir hatten die nicht eintrainiert. Ich weiß jetzt einfach nicht (-) also bei meiner ehemaligen Klasse war es einfach so, ich habe einfach schon in der 8. Klasse Projekte gemacht, also als ich sie als Klassenlehrerin bekommen habe, habe auch sonst in anderen Fächern so ganz kleine Projekte gemacht, und das heißt, die wussten einfach auch, um was es geht. Und wenn das nicht eintrainiert wird, ist es einfach zum Scheitern verurteilt (U I, Schule 3, L1).

Die Projektprüfung im Fach HTW wurde an Schule 3 im Schuljahr 2000/01 abgebrochen. Im Schuljahr 1999/00 hatte Lehrerin 1 als Klassenlehrerin die Projektprüfung mit ihrer Klasse durchgeführt. Trotz hohem zeitlichen Mehraufwand empfand sie die Ergebnisse der Projektprüfung als „Balsam für die Seele".

L: Ja, also ich muss sagen, wenn ich dann so, als ich das Ergebnis gesehen habe, habe ich gedacht, das hat sich wirklich gelohnt, einfach auch, für die Schüler einfach auch. Also dass ich mich, dass ich es gemacht habe, es hat sich dann ausgezahlt, als ich gesehen habe, wie die Schüler damit umgehen. Und es war einfach, durch diesen Erfolg, den ich dann einfach auch gesehen habe, dass die Schüler motiviert waren, dass sie kreativ waren, das war natürlich dann einfach auch für mich so, so Balsam für die Seele. Wenn man einfach sieht, man hat den Schülern etwas beigebracht und das fruchtet einfach auch. Sie können einfach irgendwas auch dann, und das war für mich schön. So eine herkömmliche Prüfung quasi so Wissen abfragen, das macht man quasi von der 5. Klasse ab. Ob ich ein Diktat schreibe, oder eine Mathe-Arbeit. Das ist relativ wenig, ja, Kreativität. Und das kann man einfach bei der PP schon sehen. Was machen Schüler einfach aus einem Thema, das sie sich selbst stecken (U I, Schule 5, L1).

Offensichtlich spielt der Grad, in dem Schüler für die Projektprüfung ‚trainiert' wurden, eine entscheidende Rolle für das Gelingen der Projektprüfung. Das ‚Trainieren' der Schüler für die Projektprüfung umfasst neben der Erarbeitung möglicher Präsentationstechniken und Arbeitsweisen offensichtlich auch die Einübung von gruppenarbeitsspezifischen Verhaltensweisen wie z.B. der Arbeitsauteilung innerhalb der Gruppe. Die Konrektorin von Schule

7, U I, äußert sich bezüglich des Verhaltens einer Schülerinnengruppe wie folgt:

> KR: Ja, ich denke halt, das ist eine Sache, die muss ganz am Anfang vom Schuljahr klar gestellt werden und (-) da geht es noch gar nicht ums Thema, sondern wer kann mit wem, also wer könnte sich vorstellen mit wem zu arbeiten. Und ich fand es dieses Jahr auch einfach mal gut, festzustellen, mitzumachen, wie das ist, wenn es nicht so harmonisch abläuft. Wenn man dann diskutieren muss.
> L: z.B. mit der (Name einer Schülerin)
> KR: was das für die Gruppe bedeutet, wenn jetzt einer also nicht gerade pünktlich ist, nicht zuverlässig ist, verschläft und, und, und, seine Sachen nicht bringt. Also dass diese Dinge vorher geklärt sein müssen und ich könnte mir vorstellen, dass man da auch einmal so ein Kleinprojekt macht, meinetwegen nur einmal irgend einen Deutschtext in Form bringen, und vortragen, oder so, und jeder hat einen Part wie das dann läuft. Lieber, jemand möchte vielleicht lieber das machen, wie man sich da einigt.
> I: Also praktisch wie man die Teamarbeit vorbereitet als Kleinprojekt?
> KR: Ja, ich, da führt ja auch kein Weg dran vorbei, dass man das früher oder später einfach von unten her so anlegt (U I, Schule 7, KR und L1; Hervorhebung durch M.S.).

Die freiwillige Teilnahme am Schulversuch ‚Projektprüfung' wird von KR, Schule 7, als wichtiges Erfahrungsfeld für die zukünftige obligatorische Projektprüfung erachtet. Die notwendige Vorerfahrung der Schüler mit Gruppenarbeiten („wer kann mit wem") wird explizit erwähnt. Der Vorschlag, in *Zukunft* ein Kleinprojekt durchzuführen, mit dessen Hilfe Präsentationsformen, Arbeitsteilung und soziales Verhalten in der Gruppe eingeübt werden, deutet darauf hin, dass dies bisher nicht erfolgte.
Die Lehrergruppe der Schule 5, einer Brennpunktschule[3] in einer Kreisstadt, hatte im Vorfeld die umfangreichsten Vorbereitungsmaßnahmen zur PP getroffen. Die Schüler führten zu Beginn des 9. Schuljahres eine ‚Generalprobe' der Projektprüfung durch; die Schüler erhielten eine Einführung in mögliche Präsentations- und Arbeitstechniken[4] (siehe oben). Ferner mussten die

---

[3] Der Konrektor von Schule 5 erwähnte zwar, dass er diesen Begriff nicht mag, weil „heutzutage fast alle Hauptschulen brennen", wies aber auf die besonders schwierige Situation und den hohen Anteil von Kriminalität im Umfeld der Schule hin.
[4] Begründet, quasi entschuldigt, wird dieser Crash-Kurs damit, dass die Schüler „ja noch nicht vom 5. Schuljahr an permanent projektorientiertes Lernen, soziales Lernen und, und, und Methoden gewohnt" sind (U I, Schule 5, L1-3; siehe oben). Der Aspekt, die Schüler möglichst selb-

Schüler mit Hilfe eines vorab erstellten Bewertungsbogens ihre eigene Leistung und die der Gruppe verbal beurteilen. Die erfolgten und geplanten Arbeitsschritte wurden schriftlich festgehalten. Schule 5 praktizierte demnach schon die in den Vorgaben (MKJS 2001a) als positiv erachteten Schülerselbstbeobachtungen.

6.4 Erfahrung mit der Voruntersuchung: Die Schüler-Interviews

Als problematisch erwiesen sich die Schüler-Interviews, da es für die Schulen anscheinend einen unverhältnismäßig hohen Aufwand darstellte, Schüler und Schülerinnen für die Interviews zu gewinnen. Als äußerst ungünstig erwies sich die Tatsache, dass sechs der acht Schulen die Durchführung der Projektprüfung auf das Ende des Schuljahrs gelegt hatten und sich die Schüler aus diesem Grund zum Zeitpunkt der Interviews nicht mehr regulär an der Schule aufhielten. Außerdem war es in großen Schulen nur möglich, wenige, von den Lehrkräften willkürlich ausgewählte Schülergruppen zu befragen. Um die Probleme der Voruntersuchung zu vermeiden, wurde in der Hauptuntersuchung auf Schüler-Interviews verzichtet und die Schülersicht mit Fragebögen erhoben. Diese Vorgehensweise ermöglicht zwar im Vergleich zu mündlichen Interviews weniger „dichte Beschreibungen" (Flick et. al 2000: 17), hat aber den Vorteil, alle an der Projektprüfung beteiligten Schüler und Schülerinnen der besuchten Schulen berücksichtigen zu können.

6.5 Zur Auswahl der Schulen

Friebertshäuser (1997: 374) unterscheidet bei der Auswahl von Fällen in qualitativen Studien zwischen „Stichproben-Ziehung", „Schneeballsystem", „Methode des minimalen und maximalen Vergleichens" und dem „theoriegeleiteten Auswahlverfahren" und sieht diese Methoden in Abhängigkeit von der jeweiligen Forschungstradition. Das in dieser Studie realisierte Verfahren

---

ständig agieren zu lassen, erfordert nach Ansicht der Lehrkräfte eine theoretische Vorbereitung, auf die hätte verzichtet werden können, wenn ab Klasse 5 die Schüler mit projektartigem Arbeiten vertraut gewesen wären.

ist ein theoriegeleitetes Auswahlverfahren. Ziel der Auswahl ist das Erreichen einer ‚inhaltlichen Repräsentation'. Nach Merkens (1997: 100) ist die „inhaltliche Repräsentation" bei qualitativen Stichproben ein Äquivalent für das bei quantitativen Studien angestrebte Kriterium der Repräsentativität. Das Ziel der qualitativen Stichprobenziehung ist erreicht, wenn „der Kern des Feldes in der Stichprobe gut vertreten ist und andererseits auch die abweichenden Vertreter hinreichend in die Stichprobe aufgenommen worden sind" (Merkens 1997: 100). Neben dem Kriterium der inhaltlichen Repräsentation gilt es (wie bei allen empirischen Studien), Aspekte der Ökonomie zu berücksichtigen (Merkens 1997: 104).

Folgendes Verfahren soll das Ziel einer möglichst umfassenden inhaltlichen Repräsentation unter Berücksichtigung des begrenzten Zeit- und Finanzbudgets ermöglichen:

Für die Hauptuntersuchung werden 20 Schulen nach einem geschichteten Zufallsprinzip ausgewählt. Die Kriterien für die Fallauswahl sind:

1. Schule in Abhängigkeit von Vorerfahrung mit Projektarbeit (Teilnahme am ‚Schulversuch Projektprüfung').
2. Schulamt in Abhängigkeit von Teilnahme am Schulversuch ‚Projektprüfung'.
3. Größe der Schule.

Durch das Auswählen von Schulen mit und ohne Vorerfahrung mit Projektprüfungen soll gewährleistet werden, dass sowohl projekterfahrene als auch projektunerfahrene Schüler und Lehrer bei der Befragung berücksichtigt werden. Als ‚projekterfahren' werden diejenigen Schüler und Lehrer eingestuft, die vor Durchführung der Projektprüfung ein bewertetes, fächerübergreifendes Projekt durchgeführt haben, bei dem alle Phasen des Projekts berücksichtigt wurden. Es ist anzunehmen, dass kein direkter Zusammenhang zwischen der Teilnahme am Schulversuch ‚Projektprüfung' des Schuljahres 2000/01 und Projekterfahrung der Schüler und Lehrer im Schuljahr 2001/02 besteht. Dies verdeutlicht Schule UI_5 (Abschnitt), in der die Lehrkraft im Schuljahr 2000/01 quasi als Alleinunterhalterin eine fachgebundene Projektprüfung ohne Unterstützung der Schulleitung und des Kollegiums durchgeführt hat. Das heißt, an dieser Schule fallen die Schüler unter die Kategorie ‚projektunerfahren', obwohl die Schule am Schulversuch ‚Projektprüfung' teilgenommen hat.

Trotzdem erscheint das Kriterium ‚Teilnahme am Schulversuch' geeignet, sowohl den „Kern des Feldes in der Stichprobe" (nämlich mehrheitlich Schulen, die über keine Vorerfahrung mit Projektprüfungen verfügen), als auch „die abweichenden Vertreter" (diejenigen Schulen, an denen Schülern mit teilweise auch bewerteter Projektarbeit vertraut sind) in der Stichprobe berücksichtigen zu können (Merkens 1997: 100). Acht Schulen haben die Projektprüfungen bereits abgenommen, zwölf Schulen haben keine Vorerfahrung mit der neuen Prüfungsform. 8/20 Schulen entspricht dem landesweiten Anteil (knapp 40% Teilnahme am Schulversuch, Abschnitt 3.1). Zwei Schulämter zweier unterschiedlicher Oberschulamtsbezirke wurden berücksichtigt. Ein Schulamt zeichnete sich durch überdurchschnittlich wenig Erfahrung mit Projektprüfungen in der Schulversuchsphase aus (Anteil 25%), das andere Schulamt durch überdurchschnittlich viel Erfahrung (über 64%). Außerdem wurde zwischen ‚großen' und ‚kleinen' Schulen differenziert[5]. Unter Berücksichtigung der obigen drei Auswahl-Kriterien ergibt sich folgende Verteilung:

Tabelle 3: Kriterien für die Auswahl der Schulen (Hauptuntersuchung)

	Schule-groß		Schule-klein		
	PP im Vorjahr	Keine PP im Vorjahr	PP im Vorjahr	Keine PP im Vorjahr	
Schulamt A	2	3	2	3	**10**
Schulamt B	2	3	2	3	**10**
Insgesamt	**4**	**6**	**4**	**6**	**20**

---

[5] Im Schuljahr 2000/01 betrug der Landesdurchschnitt 172 Schüler pro Hauptschule an öffentlichen Hauptschulen Baden-Württembergs [Eigene Berechung auf Basis von: Statistisches Landesamt Baden-Württemberg (2001)]. Als ‚große' Hauptschule werden Schulen mit über 200 Hauptschülern berücksichtigt, als ‚kleine' Schulen diejenigen mit weniger als 100 Hauptschülern. Bei verbundenen Grund- und Hauptschulen wird nur die Anzahl an Hauptschülern zu Grunde gelegt. Alle bei der Fallauswahl berücksichtigten ‚kleinen' Hauptschulen sind in der 9. Klasse einzügig, alle ‚großen' Hauptschulen mindestens zweizügig.

Die ausgewählten Schulen wurden angeschrieben und über das Ziel der Studie in Kenntnis gesetzt. Das Schreiben enthielt eine Kopie der vorab erteilten Genehmigung des Ministerium für Kultus, Jugend und Sport[6].

An Schulamt A, demjenigen mit unterdurchschnittlich wenig Vorerfahrung mit Projektprüfungen, wurden 10 Schulen angeschrieben, die unter Berücksichtigung der obigen Kriterien anhand des Schulverzeichnisses Baden-Württembergs (Statistisches Landesamt Baden-Württemberg 2002) ausgewählt wurden. An Schulamt A waren überraschenderweise alle Schulen bereit, an der Untersuchung teilzunehmen, auch diejenigen, für die die Projektprüfung ein Novum darstellte. Nach mehrmaligem telefonischen Nachfragen im Anschluss an die schriftliche Anfrage wurde die Teilnahme in mehreren Fällen mit der ‚kollegialen Unterstützung' für einen abgeordneten Kollegen (M.S.) begründet.

An Schulamt B, demjenigen mit überdurchschnittlich hoher Teilnahme am Schulversuch ‚Projektprüfung'[7] des Schuljahres 2000/01, erfolgten vier Absagen von Schulen, die allesamt *nicht* am Schulversuch Projektprüfung des Schuljahrs 2000/01 beteiligt waren. Begründet wurden die Absagen allesamt mit Arbeitsüberlastung der Schulleitung und der Lehrkräfte. Möglicherweise hatten diejenigen vier Schulen, die sich weigerten, an der Untersuchung teilzunehmen, bereits zum Zeitpunkt des ‚Schulversuchs Projektprüfung' Gründe, sich dem schulamtweiten Trend zur Teilnahme am Schulversuch zu widersetzen. Diese Behauptung ist jedoch spekulativ.

6.6 Zur Aufnahme und Transkription der Interviews

Sämtliche Interviews, mit Ausnahme eines Experteninterviews, wurden auf Minidisk aufgenommen. Die Audio-Daten der Minidisks sowie das auf Audio-

---

[6] Für das Genehmigen von wissenschaftlichen Untersuchungen an Schulen ist dann das MKJS zuständig, wenn mehr als ein Oberschulamtsbezirk bei der Untersuchung berücksichtigt wird. Bei Untersuchungen, die nur in einem Oberschulamtsbezirk erfolgen, ist das jeweilige Oberschulamt für die Genehmigung zuständig (vgl. MKJS 2001c).

[7] Mehrere Co-Autoren der Broschüren MKJS 2000a und 2001a waren zum Zeitpunkt der Erstellung an Schulamt B entweder als Lehrkräfte und/oder Vertreter der Schulleitung sowie als Fortbildner tätig. Ein Schulrat und Co-Autor der Broschüren MKJS 2000a und 2001b stellte in einem Telefongespräch einen direkten Zusammenhang zwischen der vergleichsweise sehr hohen Beteiligung des Schulamts B am Schulversuch ‚Projektprüfung' des Jahres 2001/02 (vgl. MKJS 2002b; Abschnitt 3.1) und den intensiven Fortbildungsmaßnahmen an Schulamt B her.

Kassette aufgenommene Experteninterview wurden als Wave-Datei auf Festplatte überspielt, anschließend mit der Software „Music Match Jukebox" zu MP3-Files umgewandelt. Das MP3-Format hat den entscheidenden Vorteil, dass die benötigte Festplattenkapazität im Vergleich zur Wave-Datei um circa 8/9tel reduziert wird. Die aufgrund der Umwandlung auf MP3 einhergehenden Reduktion der Klang-Qualität ist bei einer inhaltsanalytischen Vorgehensweise unerheblich. Lediglich bei phonologischen Analysen, die in diesem Projekt nicht erfolgen, scheidet das MP3-Format aufgrund von zu großer Reduktion aus.

Zum Transkribieren der Aufnahmen bietet das Programm „Winamp" mit dem Plug-In „Reproduction Control" folgende eindeutigen Vorteile im Vergleich zur herkömmlichen Transkription mit Kassettenrekorder und Fußschalter: Zum Abhören der Interviews können die Funktionstasten der Computer-Tastatur (Keyboard) programmiert werden. Somit wird das Vor- und Zurückspielen, das beim Einsatz von Fußschaltern ein überaus lästiges und zeitintensives Unterfangen darstellen kann, entscheidend erleichtert. Für eine detailliertere technische Beschreibung des Aufnehmens, Speicherns und Komprimierens wird auf den Beitrag von Cremer/Kruse/Wenzler-Cremer (2003) verwiesen.

6.7 Formale Charakteristika der Interviews

Die Interviews wurden wortwörtlich transkribiert. Die Transkriptionsregeln orientieren sich an denen bei Mayring (2000: 49).
Die Schulleiter wurden im Vorfeld gebeten, Einzelbefragungen mit den Lehrkräften zu ermöglichen. Die Dauer der Interviews sollte eine (reichliche) Schulstunde nicht überschreiten. Die Erfahrungen aus der Voruntersuchung haben gezeigt, dass Gruppenbefragungen deutlich mehr Zeit beanspruchen und die Schulen vor Probleme hinsichtlich etwaiger zusätzlicher Vertretungsstunden stellen können.
Von den 31 Lehrerinterviews erfolgten 21 als Einzel-, 10 als Gruppeninterviews. Das kürzeste Interview hat eine Länge von 37:09 Minuten (Einzelinterview), das längste von 91:58 Minuten (Gruppeninterview mit 7 Lehrkräften). Die durchschnittliche Interviewlänge beträgt 56 Minuten.

6.8 Zur Durchführung der Lehrer- und Schülerbefragungen

Die Befragungen der Hauptuntersuchung fanden zwischen März 2002 und Juli 2002 statt. Die Lehrer-Interviews wurden alle vom Autor durchgeführt; auch die Schülerbefragungen fanden mit Ausnahme von zwei Fällen unter meiner Aufsicht klassenweise statt. Lehrerinterventionen sollten dadurch auf ein Minimum reduziert werden.
Die Schüler erhielten die Möglichkeit, bei Unklarheiten nachzufragen. In jeder Klasse erfolgte mindestens eine Nachfrage derart, was unter dem Begriff „Projektbeschreibung" zu verstehen sei.

6.9 Lehrerbefragungen

Die Lehrerbefragung setzt sich aus den folgenden Teilen zusammen:

1. Die Schilderung von gelungenen und misslungenen Projekten innerhalb der Projektprüfung.
2. Die Umsetzung der Vorgaben und Empfehlungen des MKJS (vgl. Abschnitte 3.3f.).
3. Die Vorbereitung auf die Projektprüfung.
4. Maßnahmen der Schulleitung vor und während der Projektprüfung. Beurteilung dieser Maßnahmen durch die Lehrer.
5. Die Organisation der Projektprüfung.
6. Akzeptanz innerhalb des Kollegiums vor und nach Durchführung der Prüfung.
7. Vergleich zwischen alter und neuer Prüfungsordnung.
8. Fragebogen zur Einschätzung der Selbständigkeit der Schüler während der Phasen des Projekts, der Gesamtzufriedenheit mit der Projektprüfung sowie
9. Vergleich der Schülerleistungen während der Projektprüfung verglichen mit der abgelösten Prüfungsordnung.

Der Interview-Leitfaden der Lehrerbefragung und die Fragebögen der Schüler- und Lehrerbefragung befinden sich im Anhang. Die Herleitung der Kategorien wurde in Abschnitt 6.2 diskutiert. Der Vorgang der Operationalisierung wird exemplarisch im folgenden Abschnitt gezeigt.

Gelungene und misslungene Projekte innerhalb der Projektprüfung im Urteil der Lehrer

Dieser erste Teil der Lehrerbefragungen erfolgt nach der üblichen Vorstellung, dem Erläutern des Forschungsanliegens und der Zusicherung von Anonymität.

Die Lehrer werden aufgefordert, ein besonders gelungenes, anschließend ein besonders misslungenes Projekt innerhalb der Projektprüfung zu schildern. Ziel dieser Phase ist es, die subjektive Sichtweise der Lehrer von Projektarbeit innerhalb der Projektprüfung zu erfassen.

Folgende forschungsleitende Fragen sollen beantwortet werden:

⇒ Was macht im Urteil der Lehrkräfte ein gelungenes/misslungenes Projekt aus?

⇒ Gibt es ‚typische' Muster von ‚gelungenen' und ‚misslungenen' Projekten?

⇒ Welche Faktoren werden von den Lehrkräften für das Gelingen/Misslingen von Projekten verantwortlich gemacht?

Die Umsetzung der Vorgaben und Empfehlungen des MKJS

In diesem Teil des Interviews wird erhoben, wie die Vorgaben und Empfehlungen des MKJS (Abschnitte 3.2f.) an der jeweiligen Schule umgesetzt werden. Die Einstiegsfragen zum jeweiligen Themenkomplex sind weitestgehend offen gestaltet, die weiteren Fragen werden zunehmend konkreter. Dies entspricht der für Interviews empfohlenen ‚Trichterform'. Folgender Ausschnitt aus dem Lehrerleitfaden (siehe Anhang) soll dies illustrieren. Im grau unterlegten Kasten befinden sich die Empfehlungen und Vorgaben des MKJS zur jeweiligen Kategorie:

1) Beobachten Lehrer

> Für jede Schülerin und jeden Schüler ist für alle Phasen des Projekts ein Beobachtungsbogen zu erstellen, der Grundlage für die Bewertung ist.

1a) Beobachten Lehrer(innen) – Vorbereitung: Erstellen eines Bogens

a) Haben Sie ihre Beobachtungen während der Projektprüfung in irgend einer Form festgehalten?
b) (Wenn ja): In welcher Form haben Sie Ihre Beobachtungen festgehalten?
c) Hatten Sie einen vorab erstellten Beobachtungsbogen?
d) (Wenn ja): Würde es Ihnen etwas ausmachen, mir diesen Bogen zu zeigen (zu überlassen)?
e) Können Sie mir sagen, auf welche Art und Weise dieser Bogen entstanden ist?
f) Waren an der Erstellung des Bogens außer Ihnen noch andere Personen beteiligt?

Begonnen wurde der Komplex 1) „Beobachten" mit einer Einleitung:

Interviewer: „Jetzt spielt ja der Bereich der ‚Beobachtung und Bewertung' in einer Prüfung eine wichtige Rolle. Ich möchte Sie bitten, mir zu diesem Themenbereich ein paar Fragen zu beantworten".

Anschließend folgt Frage 1a: „Haben Sie ihre Beobachtungen während der Projektprüfung in irgend einer Form festgehalten". Je nach Antwort entfallen unter Umständen die Fragen 1b)-1f).
Die Vorgehensweise für die Kategorien 2) ‚Bewertung', 3) ‚Trennung Beobachtung und Bewertung', 4) ‚Gespräche zwischen den Schülern und Lehrern während der Phasen des Projekts' und 5) ‚Schülerselbstbeobachtungen als Teil der Note' erfolgen analog der Vorgehensweise von 1) ‚Beobachtung' und können im Anhang eingesehen werden.
Bei Kategorie 6) ‚Lehrerrolle' wird eine andere Vorgehensweise gewählt. Den Lehrern wird unter Kenntlichmachung der Quelle [„Projekt Prüfung Hauptschule Info-Update" (MKJS 2000a)] ein Zitat vorgelegt, das sie kommentieren sollen:

„Lehrerinnen und Lehrer sind nicht mehr ausschließlich Experten; diese Rolle kann auch Lernenden zufallen" (MKJS 2000a: 7).

Das Kommentieren dieses Zitats verfolgt neben dem inhaltlichen Ziel, die eigene Rolle des Lehrers während der Projektprüfung zu reflektieren, ein methodisches. Das in ‚II. Die Umsetzung der Vorgaben und Empfehlungen des MKJS' vorherrschende ‚Frage- und Antwortspiel' soll aufgelockert werden.

Es ist anzunehmen, dass 7) ‚Teamprüfung Lehrer' höchstwahrscheinlich zum Großteil eine Zusammenfassung von 1) ‚Beobachtung' und 2) ‚Bewertung' ist. Da dem Aspekt der Kooperation und Kommunikation der Lehrkräfte bei Innovationsmaßnahmen jedoch ein hoher Stellenwert eingeräumt wird (Abschnitte 3.3f.), wird diese Kategorie separat ausgewiesen, damit während des Interviews diese Kategorie auf keinen Fall vergessen wird. Sofern detaillierte Angaben zum Kooperationsverhalten der Lehrkräfte vor und während der Projektprüfung bereits gemacht wurden, können die Fragen, die sich auf dieser Kategorie beziehen, auch entfallen.

Vorbereitung auf die Projektprüfung

Diese Kategorie bezieht sich sowohl auf die Vorbereitung der Lehrkräfte auf die Projektprüfung in Form von Fortbildungen, Pädagogischen Tagen etc., als auch auf die Vorbereitung der Schüler auf die Projektprüfung. Gemäß der bekannten Trichterform bei Interviews erfolgt zu Beginn eine offenere Frage. Die weiteren Fragen werden zunehmend geschlossener und sind von den Antworten des Interview-Partners abhängig.

Die Schulleitung und die Projektprüfung

Sofern diese Kategorie bereits unter III beantwortet wurde, können die Fragen zu IV auch wegfallen.

Die Organisation der Projektprüfung

In diesem Teil des Interviews werden die Interviewpartner bezüglich der Organisation der Projektprüfung befragt. An dem Ausmaß der Bereitstellung von Fachräumen und dem Erstellen eines separaten Stundenplans für die Durchführung der Projektprüfung lässt sich indirekt der Stellenwert der Projektprüfung ablesen. Da die Organisation der PP maßgeblich auch die Schulleitung tangiert, überlappt sich dieser Punkt mit IV (oben).

Akzeptanz innerhalb des Kollegiums vor und nach der PP

In dieser Kategorie soll das Ausmaß der kollegialen Kommunikation erfragt werden. Ferner soll ermittelt werden, ob innerhalb des Kollegiums vor und/oder nach Durchführung der Projektprüfung die Einsicht in die Wandelnotwendigkeit vorhanden war oder evtl. gestiegen/gesunken ist.

Vergleich zwischen Projektprüfung und abgelöster Prüfungsordnung

Diese Kategorie stellt gemeinsam mit dem Lehrerfragebogen ein abschließendes Resümee der Projektprüfung dar. Die Lehrer sollen einschätzen, ob ihres Erachtens die Projektprüfung eine Verbesserung im Vergleich zur alten Prüfungsordnung darstellt oder nicht. Dies bezieht sich sowohl auf die gezeigten Schülerleistungen (vgl. auch Fragebogen, Anhang) als auch auf den zu erbringenden Einsatz der Schule bzw. der befragten Lehrkräfte.

Lehrer-Fragebogen

Neben den demographischen Variablen werden mittels des Fragebogens[8] (siehe Anhang) die folgenden Aspekte erhoben:

a) Vorerfahrung der Klasse mit projektartigem Arbeiten,
b) Vorerfahrung der Klasse mit Gruppenarbeit,
c) Schülerleistungen im Vergleich zu den geschätzten Leistungen unter der alten Prüfungsordnung,
d) Gesamtzufriedenheit mit der Projektprüfung,
e) Schüler-Selbständigkeit während der Phasen des Projekts (zum Bereich ‚Selbständigkeit' während der Phasen des Projekts, vgl. Abschnitte 3.2-3.3), sowie
f) Einschätzung, ob im Anschluss an die Präsentation das Ergebnis und der Prozess der Projektarbeit reflektiert wurden.

---

[8] Die Vorgehensweise, einen Kurzfragebogen als Ergänzung des Interview zu verwenden, ist der Methodik des „Problemzentrierten Interviews" (Witzel 2000: [Abschnitt 7]) entnommen.

Das Skalenformat für a)-e) ist 6-stufig. Vermerkt sind jeweils die Skalenendpunkte [für a) und b): „sehr oft" – „nie"; für c): „trifft voll zu" – „trifft gar nicht zu" bei d) sind die Skalenendpunkte ‚Smilies']. Eine 6-stufige Ratingskala ist deshalb geeignet, weil die Lehrer mit dieser Skalierung durch die herkömmlichen Bewertungen der Schülerleistungen vertraut sind.

6.10 Schülerbefragung

Neben den demographischen Variablen werden mittels des Schülerfragebogens (siehe Anhang) folgende Aspekte erhoben:

a) Selbständigkeit während der Phasen des Projekts,
b) der Anteil des/der Einzelnen an der Projektarbeit,
c) Einschätzung, ob im Anschluss an die Präsentation das Ergebnis und der Prozess der Projektarbeit reflektiert wurden,
d) Gesamtzufriedenheit mit der Projektprüfung,
e) Zufriedenheit mit der Note und
f) Vorerfahrung mit Gruppenarbeit.

Um zu gewährleisten, dass die Items für möglichst alle Schüler verständlich sind, wird der Begriff ‚Selbständigkeit' vermieden und alternative Formulierungen wurden gewählt. Die Einschätzung der Schülerselbständigkeit erfolgt auf einer vierstufigen Ratingskala und reicht von „stimmt" über „stimmt zum Teil", „stimmt eher nicht" zu „stimmt gar nicht". Die Einschätzung der Gesamtzufriedenheit und der Zufriedenheit mit der Note erfolgt auf einer 6-stufigen Skala; ausgewiesen werden jeweils nur die Skalenendpunkte („trifft voll zu" und „trifft gar nicht zu"). Die Einschätzung der Vorerfahrung mit Gruppenarbeit erfolgt ebenfalls auf einer 6-stufigen Skala und reicht von „sehr oft" über „oft", „manchmal", „selten", „fast nie" zu „nie".

7. Die Auswertung der mündlichen und schriftlichen Befragungen

7.1 Auswertung der Lehrerinterviews: Analyse der gelungenen und misslungenen Projekte

Methodische Vorgehensweise

An den 20 Schulen der Hauptuntersuchung wurden insgesamt 53 Lehrer befragt. In den 31[1] Lehrer-Interviews werden 28 gelungene und 20 misslungene Projekte geschildert.
Ziel der Analyse ist das Ermitteln der subjektiven Sichtweise der Lehrkräfte von gelungenen und misslungenen Projekten innerhalb der Projektprüfung. Als methodisches Hilfsmittel zur Analyse der Interviews wird das Programm MAX-QDA verwandt. Im Folgenden wird die methodische Vorgehensweise erläutert.

Erstellen eines Kategoriensystems

Im ersten Schritt der Analyse werden diejenigen Textpassagen berücksichtigt, in denen die Lehrkräfte von besonders gelungenen / misslungenen Projekten berichten. Die 31 Interviews liegen in transkribierter Form[2] vor. Alle Interviews wurden vom Autor durchgeführt. Methode zur Auswertung ist eine „strukturierende Inhaltsanalyse" (Mayring 2000: 82f.). Ziel der Strukturierung ist

> „eine bestimmte Struktur aus dem Material herauszufiltern. Diese Struktur wird in Form eines Kategoriensystems an das Material herangetragen. Alle Textbestandteile, die durch die Kategorien angesprochen werden, werden dann aus dem Material systematisch extrahiert" (Mayring 2000: 82-83).

---

[1] Von den 31 Interviews fanden 18 als Einzelinterviews, 13 als Gruppeninterviews statt.
[2] Es wurde eine aktualisierte Form der Transkriptionsanweisungen von Mayring (2000: 49) verwandt.

Zum besseren Verständnis werden im folgenden Abschnitt kurz die wichtigsten Begriffe der qualitativen Datenauswertung erklärt:
Eine Kategorie ist eine

„Klassifikation von Konzepten. Diese Klassifikation wird erstellt, wenn Konzepte miteinander verglichen werden und sich offenbar auf ein ähnliches Phänomen beziehen. So werden die Konzepte unter einem Konzept höherer Ordnung zusammengruppiert – ein abstrakteres Konzept, genannt Kategorie" (Strauss/Corbin 1996: 43).

„Konzepte" sind nach Strauss/Corbin (1996: 43) „[k]onzeptuelle Bezeichnungen oder Etiketten, die einzelnen Ereignissen, Vorkommnissen oder anderen Beispielen für Phänomene zugeordnet werden". Das Zuordnen von Kategorien zu relevanten Textpassagen wird als „Codieren" bezeichnet (Kuckartz 1999: 75).

Idealtypisch wird zwischen einer „induktiven" und „deduktiven" Kategorienbildung (Mayring 2000: 74f.) unterschieden. Bei der „deduktiven Kategoriendefinition" werden die „Kategorien in einem Operationalisierungsprozeß auf das Material hin entwickelt" (Mayring 2000: 74-75). Die Kategorien liegen bei der deduktiven Kategoriendefinition zu Beginn des ersten Materialdurchgangs bereits vor. Sie sind Ergebnis theoretischer Vorannahmen oder Ergebnis von Voruntersuchungen. Bei der induktiven Kategoriendefinition werden die Kategorien dagegen erst „aus dem Material" gebildet; das Material soll möglichst „ohne Verzerrungen durch Vorannahmen des Forschers[3]" abgebildet werden (Mayring 2000: 75).

Das Codieren der transkribierten Interviews wird mit Hilfe des Programms Max-QDA vorgenommen. Die computergestützte Analyse entbindet den Forscher jedoch nicht davon, die Textstellen „intellektuell" (Kuckartz 1999: 75) zu kodieren. D.h. die Interviews werden Zeile für Zeile bearbeitet und die

---

[3] Die Urväter der „Grounded Theory" (Glaser und Strauss 1967) forderten ein rein induktives Vorgehen. Witzel (1996) sowie Kelle (1996: 30) weisen darauf hin, dass Glaser/Strauss entgegen ihres Postulats doch auf ex ante formulierte theoretische Konstrukte zurückgriffen. Ihr Erstlingswerk, „The discovery of grounded theory" (Glaser/Strauss 1967), erachtet Kelle (1996: 24) eher als „polemische Streitschrift" gegen die (damals) vorherrschende deduktiv-hypothesenprüfende Vorgehensweise als eine Begründung einer neuen soziologischen Methodologie. Meinefeld (2000: 271) weist darauf hin, dass ein Verstehen der Sinnzuschreibungen Anderer generell nur auf Basis eigener Kategorien möglich ist. Dies stellt eine puristisch-induktive Vorgehensweise in Frage: „Es ist immer nur möglich, die Kategorien anderer Personen auf der Basis der eigenen Kategorien zu verstehen" (Meinefeld, ibid.).

inhaltstragenden Textstellen Kategorien zugeordnet. Sofern noch keine Kategorie vorliegt, wird diese gebildet. Der Vorteil einer computergestützten Analyse besteht u.a. darin, dass

- alle Interviewtexte in einem „Projekt" verwaltet werden können,
- die kodierten Textstellen stets im Kontext des gesamten Interview verfügbar sind,
- mehrere Fundstellen (auch unterschiedlicher Interviews) die der selben Kategorie zugeordnet sind, simultan vergleichbar sind,
- das Verwalten sogenannter „Ankerbeispiele" (Mayring 2000: 83), also typischer Vertreter einer Kategorie, erleichtert wird,
- das Integrieren von Häufigkeitsanalysen durch die Exportfunktion zu Statistikprogrammen wie SPSS die Analysemöglichkeiten erweitert, sowie
- das Modifizieren des Kategoriensystems z.B. durch Subsumption, Streichen oder Verschieben problemlos vorgenommen werden kann.

Im folgenden wird der Vorgang des Codierens anhand eines Beispiels gezeigt. Die Prinzipien der Kategorienbildung nach Mayring (2000) werden kurz diskutiert und auf die Analyse der Interviewpassagen, die sich auf gelungene/misslungene Projekte beziehen, übertragen.

Festlegung des Materials / der Analyseeinheiten

Diesbezügliche Erläuterungen wurden bereits zu Beginn des Kapitels vorgenommen.

Zuordnen der inhaltstragenden Textpassagen zu den Projektphasen / Paraphrasieren der inhaltstragenden Textstellen auf einheitlichem ‚niedrigen' Abstraktionsniveau

Wie in Abschnitt 3.3 gezeigt, legt das MKJS eine obligatorische Phasenfolge fest. Auch theoretische Erwägungen legen es nahe, eine zeitliche Phasenfolge der gelungenen und misslungenen Projekte bei der Analyse vorzunehmen. Erkenntnisse aus der Organisationspsychologie (z.B. Nerdinger 1995) indizieren, dass Leistungen von Individuen neben der individuellen allgemeinen und speziellen Leistungsfähigkeit von Anreizen der Situation als auch von motivationalen und volitionalen Faktoren abhängig sind. Als Anreiz von Individuen (in unserem Fall Schülern) hat möglicherweise die Gruppenzusammensetzung und die Art des Themas entscheidenden Einfluss auf die Qualität der gezeigten Leistungen. Da „Gruppenbildung" und „Themenfindung" zeitlich vor der „Durchführung" und „Präsentation" der Projekte erfolgen, erscheint es sinnvoll, für jede Phase eine separate Kategorie zu definieren. Folgende Grafik veranschaulicht die vorab definierten Kategorien vor dem ersten Materialdurchgang.

Abbildung 2: Oberkategorien des Kategoriensystems für
I) Gelungene und II) Misslungene Projekte
vor dem ersten Materialdurchgang (Bildschirmausdruck MAX-QDA).

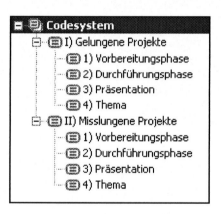

Im nächsten Teilschritt werden die inhaltstragenden Textpassagen den Projektphasen zugeordnet, anschließend paraphrasiert. Folgendes Beispiel aus Interview 13_LG_L1[4] verdeutlicht den Codiervorgang:

„Und ich denke es liegt auch daran, dass die drei Beteiligten sehr früh damit angefangen haben, sich mit dem Thema im Vorfeld wirklich beschäftigt zu haben. Sie haben Material geholt".

---

[4] ‚13_LG_L1' bedeutet: Lehrkraft 1 aus Schule 13. Der Zusatz LG bedeutet, dass das Interview als Gruppeninterview stattgefunden hat.

Aus den vorgegangenen Aussagen der Lehrerin wurde ersichtlich, dass es sich bei ihrer Beschreibung um ein gelungenes Projekt handelt. Obige Stelle wird in MAX-QDA der Kategorie

    I) Gelungene Projekte
        1) Vorbereitungsphase.

zugeordnet. Diese Codierung ist jedoch noch sehr grob. Offensichtlich bewertet L1 die Tatsache, dass die drei Schülerinnen der Gruppe sich frühzeitig um die Materialbeschaffung gekümmert haben, positiv. Aus diesem Grund wird eine neue Unterkategorie gebildet und zwar:

    I) Gelungene Projekte
        1) Vorbereitungsphase
            positiv.

Obige Textstelle wird in einem folgenden Schritt paraphrasiert. Die Paraphrasierung der „inhaltstragenden Textstellen" orientiert sich an Mayrings zweitem Schritt der „zusammenfassenden Inhaltsanalyse" (2000: 60). Der Vorgang wird anhand des folgenden Bildschirmausschnitts demonstriert:

Abbildung 3: Der Vorgang des Kodierens:
Bildschirmausschnitt aus MAX-QDA, (13_LG_L'in1):

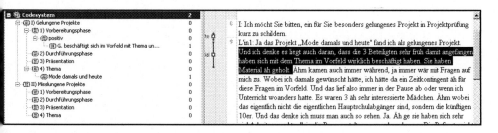

Der schwarz markierte Abschnitt auf der rechten Bildschirmseite (Zitat s.o.) wurde bereits der Kategorie

    I) Gelungene Projekte
        1) Vorbereitungsphase
            positiv.

(siehe linke Bildschirmseite auf Bildschirmausdruck) zugeordnet und soll nun in eine Kurzform gebracht werden. Dieser Vorgang wird ‚Paraphrasierung' genannt. Paraphrasiert wird der markierte Abschnitt wie folgt:

„Gruppe beschäftigt sich im Vorfeld mit Thema und besorgt Material".

Das Abstraktionsniveau der Paraphrasen wird in dieser Phase bewusst niedrig gehalten. Die Paraphrasen sollen das jeweilige gelungene/misslungene Projekt so abbilden, dass der Projektverlauf nachvollziehbar bleibt. Dies hat den Vorteil, dass in späteren Phasen Kurz-Zusammenfassungen aller gelungenen und misslungenen Projekte vorliegen.
Folgende Grafik aus Interview 19_LG1 veranschaulicht das Abstraktionsniveau der Kategorienbildung nach Abschluss der Paraphrasierung:

Abbildung 5: Bildschirmausschnitt aus MAX-QDA: 19_LG1
Stand: nach Abschluss der Paraphrasierung:

Codesystem	13
Gelungenes Projekt	0
0) Allgemein	0
G. hängt sich in T. rein	1
G. wusste jeden Tag, was sie tun will	1
G. trifft sich auch zuhause	1
1) Vorbereitung	0
G. hatte Vorstellung über Präs	1
G. hatte bereits Material	1
G. hat sich erkundigt	1
2) Durchführung	0
G. hilft sich gegenseitig	1
3) Präsentation	0
war pfiffig	0
Verkleidung	1
Rollenspiel	1
L'in lernt dazu	1
G. hat gute Aufteilung	1
Mappe	0
anschaulich und mit vielen Bildern	1
Thema	0
60er/70er: Flower Power	1

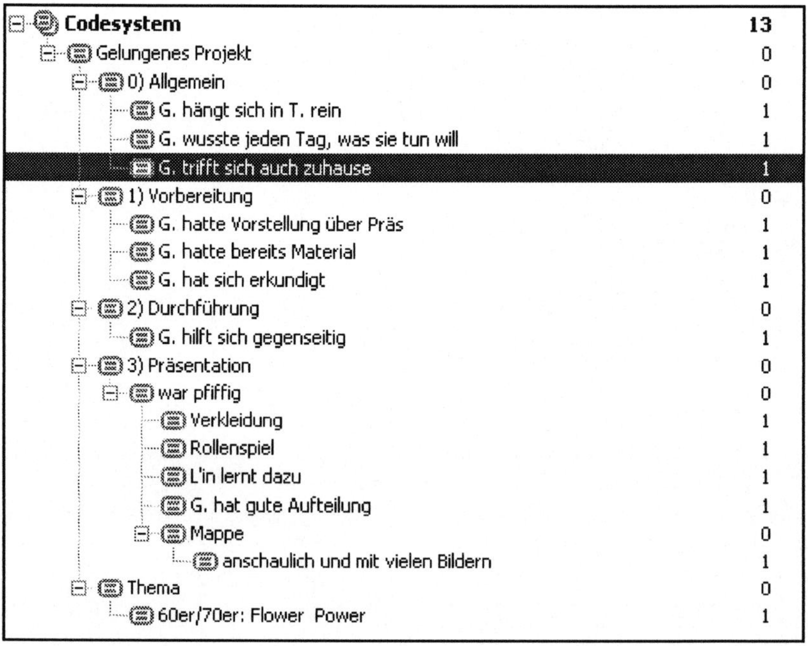

In Phase 3 werden die Kategorien auf höherem Abstraktionsniveau zusammengefasst, inhaltsgleiche Paraphrasen gestrichen sowie gegebenenfalls neue Kategorien gebildet.

Subsumierung der Kategorien und Kategorienneubildung

Ziel dieser Phase ist das Subsumieren und Neubilden von Kategorien, damit auf einem höheren Abstraktionsniveau die Aussagen zu gelungenen und misslungenen Projekten vergleichbar werden. Die offizielle Phasenfolge für Projekte innerhalb der Projektprüfung wird nun unter Berücksichtigung auch der Teil-Phasen weiter differenziert. Bezogen auf Beispiel 19_LG1 (siehe oben) wird die Kategorie

>   Gelungene Projekte
>   1) Vorbereitung
>   Gruppe hatte bereits Material.

zu

>   Gelungene Projekte
>   1) Vorbereitung
>   Material beschaffen / erkunden
>   erfolgreich.

Die Kategorien

>   1) Vorbereitung
>   Gruppe hatte bereits Material.

sowie

>   1) Vorbereitung
>   Gruppe hat sich erkundigt.

werden ebenfalls unter die neue Kategorie
>   Gelungene Projekte

1) Vorbereitung
Material beschaffen / erkunden
erfolgreich.

subsumiert. ‚Materialbeschaffung' umfasst somit jegliches sachdienliche (‚erfolgreiche') Beschaffen von Informationen und Materialien in der Vorbereitungsphase. MAX-QDA ermöglicht, alle unter dieser Kategorie codierten Segmente parallel aufzurufen. Dies erleichtert das Verwalten sogenannter ‚Ankerbeispiele'. Zwei ‚Codings', die ebenfalls unter die Kategorie

I) Gelungene Projekte
1) Vorbereitung
Material beschaffen / erkunden
erfolgreich.

fallen, sind

1_L1: „Und diese Gruppe hat sehr intensiv Material, Anschauungsmaterial zusammengetragen. Und hat sich da sehr engagiert in dieses Thema hineingefunden",
sowie
3_L1: „Sie sind auch in die Bücherei gegangen und haben Zeitungsartikel gesammelt gehabt. Haben dann durch Zufall auch noch ein Video bekommen über diesen 11. September, wo man also diese Einstürze sehr gut deutlich sehen konnte".

Folgendes Beispiel aus 20_L1 illustriert die Notwendigkeit der Definition einer neuen Unterkategorie aufgrund von Unterschieden in der Gruppe

„Es gab auch soziale Schüler in dieser Gruppe, die eingesprungen sind, wenn sie gesehen haben, der andere braucht Hilfe. Aber es gab auch Leute, die die Gruppenarbeit mehr gestört haben, als dass sie was gebracht haben".

Die Paraphrase für obige Fundstelle nach Phase 2 lautete:

II) Misslungene Projekte

Durchführung
  Teamarbeit
    einzelne Schüler helfen, andere stören
  Gruppenarbeit.

Aus dieser Kategorie werden die zwei folgenden Unterkategorien:

  II) Misslungene Projekte
    Durchführung
      allgemein
        Kooperation
          Einzelne
            positiv.

sowie

  II) Misslungene Projekte
    Durchführung
      allgemein
        Kooperation
          Einzelne
            negativ.

Da sich die Aussage der Lehrkraft auf die Durchführungsphase allgemein bezieht, erfolgt keine weitere Ausdifferenzierung innerhalb der Durchführungsphase.
Eine Ausdifferenzierung der Kategorie

  I) Gelungene Projekte
    3) Präsentation.

ist unabdingbar, da sich manche Lehreraussagen auf das Produkt, andere dagegen auf die Präsentation des Produkts beziehen. Der Zusatz

  I) Gelungene Projekte
    3) Präsentation

bedeutet eigentlich:

I) Gelungene Projekte
Präsentations**phase**.

Die Präsentationsphase wird nun weiter differenziert nach der *Bewertung des Produkts an sich* sowie nach der *Präsentation* des Produkts. Als Beispiel für eine Bewertung des Produkts siehe folgendes Zitat (in der Sprache von MAX-QDA ‚Coding') aus Interview 7_LG_L2[5] (Thema: „Bau einer Hütte für die Grundschule"):

> L2: „Und die Gruppe nachher so zusammengearbeitet, dass die Hütte wirklich nen gutes Ergebnis war. Die steht, sieht gut aus, erfüllt ihren Zweck. Ist auch vom alters, von der Altersgruppe her sehr sehr gut eingeplant und von dem her auch ein sehr gutes Projekt".

Paraphrasiert wurde obige Stelle in Phase 2 als

>> I) Gelungene Projekte
>> 3) Präsentation
>>> Produkt gut
>>>> altersgemäß,

sowie als

>> I) Gelungene Projekte
>> 3) Präsentation
>>> Produkt gut
>>>> erfüllt Zweck.

Diese beiden Kategorien werden unter die neue Kategorie

I) Gelungenes Projekt\ 3) Präsentation \ Produkt \ Gruppe \ positiv \ fachlich gelungen

---

[5] 7_LG_P1 bedeutet: Lehrergruppe aus Schule 7, Projekt 1. An dieser Schule wurden von zwei besonders gelungenen und keinen misslungenen Projekten berichtet.

subsumiert.

Unter die Kategorie

> I) Gelungene Projekte
> > 3) Präsentation
> > > Produkt
> > > > fachlich gelungen

fallen diejenigen Stellen, in denen ein wie auch immer geartetes Produkt hinsichtlich seiner Qualität von der Lehrkraft positiv bewertet wird. Der Zusatz ‚wie auch immer geartet' soll ausdrücken, dass unter ‚Produkte' auch verbale Leistungen wie z.B. Referate oder Rollenspiele fallen können. In folgendem Beispiel aus 19_LG (siehe Bildschirmausschnitt, Abschnitt 7.1.1.4) wird ein nicht-materielles Produkt hinsichtlich seiner Qualität positiv bewertet:

> 19_LG_L1: „Und da hatte jeder so sein Thema gehabt. Haben sie sich so aufgeteilt: die Politik und die Mode dann die Leute an sich und die Jugend damals, also die Jugendbewegung. Das war wirklich, war fand ich gelungen, also hab' ich noch was dazugelernt".

Dementsprechend fallen alle Textstellen, in denen ein wie auch immer geartetes Produkt hinsichtlich seiner Qualität von der Lehrkraft negativ bewertet wird unter die Kategorie

> II) Misslungene Projekte
> > Präsentation
> > > Produkt
> > > > fachlich misslungen.

Beispiel für

II) Misslungene Projekte
   Präsentation
      Produkt
         fachlich misslungen:

5_L1: „Aber bei der Ausarbeitung oder jetzt während der Präsentation hab' ich gemerkt, es ist nur auf der Oberfläche rumgekratzt worden. Also und auch entsprechend wird natürlich dann auch die Präsentation. Das war alles, ja also nur Plakat und nur Zahlen, also, kam auch für uns relativ ungünstig rüber".

5_L1 bewertet nicht nur das Produkt (in diesem Fall ein medienunterstütztes Referat) negativ, sondern auch die Art und Weise der Präsentation. Obiges Zitat ist damit auch ein Ankerbeispiel für die Kategorie

II) Misslungene Projekte
   Präsentation
      Präsentation
         Gruppe
            nicht gelungen.

Innerhalb der Kategorie

I) Gelungene Projekte

gibt es keine Projekte, bei denen das Produkt negativ bewertet wurde. Der umgekehrte Fall, nämlich dass ein unter

II) Negative Projekte

eingestuftes Projekt trotzdem ein Produkt hervorbrachte, das als positiv bewertet wird, jedoch schon:

17_KL: „Mittlerweile sieht's gut aus, allerdings mit großer Hilfe des Techniklehrers".

Für obige Textstelle wurde die Kategorie

II) Misslungene Projekte
    3) Präsentation
        Produkt
            Gruppe
                positiv

gebildet. Es erscheint jedoch inhaltlich geboten, eine Kategorie zu bilden, in der das Lehrerverhalten des Techniklehrers zum Ausdruck kommt, das erst das von der interviewten Lehrkraft als positiv erachtete Produkt ermöglichte. Die neue Kategorie, die sich ebenfalls auf obige Textstelle „Mittlerweile sieht's gut aus, allerdings mit großer Hilfe des Techniklehrers" (17_KL), bezieht, wird folgendermaßen genannt:

II) Misslungene Projekte
    5) Lehrer-Schüler (Lehrereingriff)
        Durchführung.

Alle Lehrereingriffe werden den jeweiligen Phasen des Projekts zugeordnet. Folgende Passage

> „Man hat dann versucht ihnen zu helfen, ihnen Themenvorschläge zu machen. Wir hatten uns selber in Konferenzen überlegt was wir als sinnvoll ansehen würden von uns aus, damit die nicht so in der Luft hängen und haben denen mehrere Vorschläge angeboten. Und dann haben die nen Thema gefunden, auf das sie sich auch in der Gruppe einigen konnten" (20_L1)

wurde dementsprechend der Kategorie

II) Misslungene Projekte
    5) Lehrer-Schüler (Lehrereingriff)
        1) Vorbereitung
            Themenfindung

zugeordnet. Am Ende dieser Phase ist ein Kategoriensystem entstanden, in dem im folgenden Schritt (2. Materialdurchgang) alle inhaltstragenden Textstellen aufgehen sollen. Neben den Kategorien, die sich direkt den Projektphasen

(Vorbereitungsphase mit Teilphasen, Durchführungsphase mit Teilphase, Präsentationsphase mit Teilphase) zuordnen lassen, ergaben sich aus der Analyse Kategorien über die Gruppenzusammensetzung, die Art des Themas sowie Kategorien über Interventionen seitens der Lehrkräfte (benannt als „Lehrer-Schüler (Lehrereingriff)").

Rücküberprüfung des Kategoriensystems am Ausgangsmaterial

Das in Phase 3 erstellte Kategoriensystem wird nun am Text rücküberprüft. Als ‚Text' werden jene Textpassagen bezeichnet, in denen von gelungenen und misslungenen Projekten die Rede ist. In diesem erneuten Materialdurchgang wird der Codiervorgang komplett erneut vorgenommen. Alle Texte werden ein weiteres Mal Zeile für Zeile bearbeitet, die inhaltstragenden Textstellen in MAX-QDA markiert und den nun vorliegenden Kategorien des Kategoriensystems zugeordnet. Die inhaltstragenden Textstellen werden außerdem in Kurzform erneut paraphrasiert. Das Abstraktionsniveau der Paraphrasen wird anhand des folgenden Beispiels demonstriert:

> 5_L'in1: „Und da war dann irgendwo ein Bezug. Aber bei der Ausarbeitung oder jetzt während der Präsentation hab' ich gemerkt, es ist nur auf der Oberfläche rumgekratzt worden. *Also und auch entsprechend wird natürlich dann auch die Präsentation. Das war alles, ja also nur Plakat und nur Zahlen, also, kam auch für uns relativ ungünstig rüber*".

Der erste Teil des Zitats bezieht sich auf die Qualität des Produkts (in diesem Fall auf ein mediengestütztes Referat). Die Passage wird folgendermaßen kodiert:

> II) Misslungene Projekte
>   Präsentation
>   Produkt
>   oberflächlich.

Der kursivgedruckte zweite Teil der obigen Interviewpassage wird folgendermaßen codiert:

2) Misslungene Projekte
Präsentation
Präsentation
   Gruppe
      nicht gelungen
      einseitig.

Im nächsten Schritt 5 wird das Abstraktionsniveau der Paraphrasen weiter heraufgesetzt, was einen direkten Vergleich zwischen gelungenen und misslungenen Projekten erlaubt.

Erstellen einer tabellarischen Materialübersicht (Tabelle 4)

Die Paraphrasen nach Abschluss von Phase 4 werden auf einem höheren Abstraktionsniveau in einer quantifizierenden Materialübersicht[6] dargestellt. Entgegen einer rein induktiven Vorgehensweise erfolgt die Neubildung und die Subsumption der Kategorien in der qualitativen Inhaltsanalyse bewusst auch „theoriegeleitet" (Mayring 2000: 45).

Im Folgenden werden die in Tabelle 4 ausgewiesenen Kategorien „Leistungen allgemein", „Leistungen strategisch", „Motivation" und „Kooperation" erläutert.

Erläuterungen zur Kategorie „Leistungen allgemein"
Unter diese Kategorie fallen diejenigen Stellen, in denen die Lehrkräfte positive oder negative Urteile hinsichtlich der erbrachten Schülerleistungen fällen. Diese Schülerleistungen werden den einzelnen Teilphasen des Projekts zugewiesen.

---

[6] Der Begriff „quantifizierende Materialübersicht" ist von Schmidt (1997: 560) entnommen. Ein Beispiel einer tabellarischen Materialübersicht befindet sich in Hopf et al. 1995.

Tabelle 4: Lehrerinterviews: „gelungene" Projekte (N= 28) / „misslungene" Projekte (N=20) innerhalb der Projektprüfung 2001/2

		1-10	positive Aussagen
		11-19	positive Aussagen
		20-28	positive Aussagen
		1-6	negative Aussagen
		7-11	negative Aussagen

	Leistungen – allgemein				Leistungen – „strategisch"				Motivation				Kooperation			
	Projekt gelungen		Projekt misslungen		Projekt gelungen		Projekt misslungen		Projekt gelungen		Projekt misslungen		Projekt gelungen		Projekt misslungen	
	positiv	negativ	positiv	negativ	positiv	negativ	positiv	negativ	positiv	negativ	positiv	negativ	positiv	negativ	positiv	negativ
0. Projekt allgemein					+5			-9	+8				+9			-4
1. Vorbereitungsphase																
Vorbereitung allgemein	+17	-1	+1		+8	-1		-5	+3			-1	+1			
Material beschaffen, erkunden				-6												
Projektbeschreibung erstellen																
Vorbereitung insgesamt	*+17*	*-1*	*+1*	*-6*	*+8*	*-1*	*0*	*-5*	*+3*	*0*	*0*	*-1*	*+1*	*0*	*0*	*0*
2. Durchführungsphase																
Durchführung allgemein	+4			-4	+7				+6	0	+1	-3	+6	0	+1	-2
Material beschaffen, erkunden	+6			-11												
Material auswerten, realisieren	+2			-1												
Präsentation vorbereiten																
Durchführung insgesamt	*+12*	*0*	*0*	*-16*	*+7*	*0*	*0*	*-8*	*+7*	*0*	*+1*	*-3*	*+4*	*0*	*0*	*-2*
3. Präsentation																
Produkt	+25		+2	-10												
Ergebnis präsentieren	+19			-8												-3
Reflexion	+2		+1										+4			
Projektordner	+1												+4			
Präsentation insgesamt	*+47*	*0*	*+3*	*-18*	*0*	*0*	*0*	*0*	*0*	*0*	*0*	*0*	*+4*	*0*	*0*	*-3*

Beispiel:
Die Analyse in Phase 4 ergab die Paraphrase (Interview 5_L1):

> II) Misslungene Projekte
> > Präsentation
> > > Produkt
> > > > oberflächlich.

Diese Paraphrase wird in der tabellarischen Übersicht (Tabelle 4) unter

> Leistungen
> > allgemein
> > > Projekt misslungen
> > > > 3. Präsentation
> > > > > Produkt
> > > > > > negativ

vermerkt.

Die Paraphrase in Phase 4 (Interview 5_L1)

> II) Projekt misslungen
> > Präsentation
> > > Präsentation
> > > > Gruppe
> > > > > nicht gelungen
> > > > > > einseitig

wird zu

> II) Projekt misslungen
> > 3. Präsentation
> > > Ergebnis präsentieren
> > > > negativ.

Zur Definition der Kategorie „Leistungen strategisch"

Neben den Passagen, die sich eindeutig auf Schülerleistungen beziehen und von den Lehrern entweder positiv oder negativ beurteilt werden, fällen die Lehrer Äußerungen über die Fähigkeit der Schüler, ein Projekt strukturieren zu können (oder nicht).
Ankerbeispiel zu *Leistungen \ strategisch \ Projekt gelungen \ positiv \ Projekt allgemein* (vgl. Tabelle 4):

> 19_LG1_L1: Also es waren 4 Mädchen, die hatten das Thema 60er und 70er Jahre. So diese Flower-Power Zeit. Und die haben sich da total reingehängt in das Thema. Haben sich vorher schon erkundigt. Also sie kamen hier schon an und haben wahnsinnig viel an Material gehabt. *Haben auch schon die Vorstellung gehabt, wie sie präsentieren wollen, was sie machen wollen.* Und haben hier auch wirklich gearbeitet, haben im Computerraum gearbeitet und haben sich gegenseitig auch geholfen.

Die markierte Passage (das Coding) aus 19_LG_L1: „Haben auch schon die Vorstellung gehabt, wie sie präsentieren wollen, was sie machen wollen" wurde im Schritt 4. folgendermaßen kodiert:

    1) Gelungene Projekte
        0) Allgemein
            Gruppe
                positiv
                      zielstrebig-geplant.

Da die Lehreraussage bezüglich des Arbeitsverhaltens der Gruppe sich nicht explizit auf eine Phase des Projekts bezieht, wird die Unterkategorie Gelungene Projekte \ *0) Allgemein* gewählt. Die Aussagen der Lehrkraft deuten darauf hin, dass die Gruppe seit Beginn der Vorbereitungsphase gezielt und strukturiert am Projekt arbeitet. Ähnliche Formulierungen von anderen Lehrkräften bezogen auf gelungene Projekte sind:

> 11_LG_L1: „Es war 'ne Schülergruppe von vier Schülern. Die sind eigentlich recht mit einem überlegt an die Sache herangegangen so war mein Eindruck. Die haben von der Planung her, es war ja eigentlich eine recht, eine recht gute Gruppe vom Organisatorischen her. Auch von der (-) Planung her war das eigentlich eine überraschende und gelungene Sache.

In misslungenen Projekten wird dagegen häufig (Abschnitt 7.1) die fehlende ‚Strukturierungs- und Planungsfähigkeit' der Schüler konstatiert:

9_LG2_L1: „Aber halt das Drumrum war nicht in Ordnung. Also weil's wirklich planlos kann man sagen in die Sache reingegangen sind.

Oder:

3_L1: „Der konnte das also überhaupt nicht gliedern. Er konnte nicht, hat auch kein Schwerpunkt raussuchen können".

Oder auch folgendes Coding aus Interview 16_LG_L1:

„Der eine wollte sein (-) Urgroßvater fragen und hat aber noch nicht einmal gewusst, dass sein gewusst, dass sein Urgroßvater dermaßen neben der Kappe ist, dass der kein Satz mehr rauskriegt also. Ja es (-) desolate Geschichte. Der hat den wahrscheinlich seit Jahrzehnte nicht mehr gesehen hätt' und hat sich dann eingebildet, dass das läuft dann ne. Und (-) Jahrzehnt ist übertrieben aber auf jeden Fall sehr lang Zeit noch nicht gesehen hat. Und (-) und lauter solcher Dinge wo man sagt, ja Jungs da hab ihr 'nen Planungsfehler gemacht. Das war übrigens so Gruppe, wo wo auch der Prozentsatz von der von nicht stimmte von der Vorbereitung. Weil die Vorbereitung, da essentiell ist ja".

Als Oberkategorie für obige Zitate (Codings) wird eine neue Kategorie definiert, die die ‚Planungs- und Strukturierungsfähigkeit' der Schüler berücksichtigt. Als Begriff wird „Leistungen strategisch" gewählt. Unter die Kategorie „Leistungen strategisch" fallen diejenigen Stellen, die darauf schließen lassen, dass die Schüler eine Situation durch planvolles Handeln schrittweise verändern. Diese für das Lösen von Problemen relevanten Strategien wurden in Abschnitt 2.3 ausführlich analysiert.

Unter „Leistungen / strategisch / positiv" werden diejenigen Textstellen kodiert, in denen die Lehrer berichten, dass die Schüler in einer Situation planvoll handeln, diejenigen Stellen, die darauf verweisen, dass die Schüler nicht in der Lage sind eine Situation durch planvolles Handeln schrittweise verändern, werden unter Leistungen „strategisch" / negativ kodiert. Beispiel für Leistungen „strategisch" \ negativ \ Vorbereitung allgemein:

19_LG1_L1: „Also die kamen hier an und wussten eigentlich überhaupt nicht, was die machen wollen, sollen. Und saßen am ersten Tag nur rum, und haben da hat jeder irgendwas für sich hin gearbeitet und eigentlich völlig ohne Struktur, ohne Plan".

Zur Definition der Kategorie „Motivation"

Seel (2000: 375) versteht unter „Motivation" einen

„Sammelbegriff für unterschiedliche psychische Prozesse, die darin übereinstimmen, dass Personen bestimmte Verhaltensweisen um ihrer Folgen willen auswählen und konsistent beibehalten. Motivation resultiert aus der Wechselwirkung zwischen psychischen Dispositionen, die man auch als Bedürfnisse, Wünsche und Erwartungen begreift, und den Anforderungen und Charakteristika der Situation, in der die Person gerade handelt".

Als Ankerbeispiel für die Kategorie „Motivation" wird Coding 15_LG_L1 angeführt

„Wir mussten bremsen, sonst wären die nicht mehr nach drei Stunden am Vormittag, wir haben es ab 10, nach der großen Pause bis einschließlich 6. Stunde, immer drei Stunden gemacht. Und da mussten man einfach sagen: so fertig jetzt da, Schluss ihr müsst gehen. Am Schluss haben wir dann noch ein Zugeständnis gemacht, weil's geregnet hat. Also das war eine riesen Sauerei, die haben dann noch ein Wagen mit Erde gehabt. Haben zwar alles schön abgedeckt, aber es war also dann schon, hat ziemlich wild ausgesehen. Dann sind sie am Nachmittag noch mal an zwei Tagen drei Stunden gekommen und haben die Sachen da in Ordnung gebracht, so dass sie also auch dann von der Zeit her, von der Terminvorgabe zurecht gekommen sind. Insgesamt muss man sagen war's eine runde Sache".

Die Anforderungen der Situation, nämlich ‚Überstunden' zu leisten, traf offensichtlich auf den Wunsch und Willen der Gruppe, ein optisch ansprechendes Ergebnis zu erstellen. Paraphrasiert wurde dieses Coding in Phase 4 als

I) Gelungene Projekte
   Durchführung
      0) allgemein
         Gruppe
            motiviert
               müssen gebremst werden.

In der quantifizierenden Materialübersicht (Tabelle 4) wird dieses Coding unter *1) Gelungene Projekte \ Motivation \ Durchführung allgemein \ positiv* vermerkt.

Zur Definition der Kategorie „Kooperation"

Unter diese Kategorie fallen diejenigen Interviewpassagen, in denen die Lehrkräfte positive oder negative Aussagen bezüglich der Kooperation innerhalb der Projektgruppen äußern. Als Definition von kooperativem Verhalten wird die Definition von Riemann/Allgöwer (1993: 153) von ‚sozialer Kompetenz' übernommen:

> „Soziale Kompetenz wird Personen zugeschrieben, die in der Lage sind, so mit anderen Personen so zu interagieren, dass dieses Verhalten ein Maximum an positiven und ein Minimum an negativen Konsequenzen für eine der an der Interaktion beteiligten Personen mit sich bringt. Darüber hinaus muss das Interaktionsverhalten mindesten als sozial akzeptabel gelten".

Ankerbeispiel für die Kategorie: *1) Gelungene Projekte \ Kooperation \ Durchführung allgemein \ positiv:*
19_LG1_L1: „Und haben hier auch wirklich gearbeitet, haben im Computerraum gearbeitet und *haben sich gegenseitig auch geholfen".*

Interpretation

Die Analyse der 28 gelungenen und der 20 misslungenen Projekte ergibt:

- Als gelungen wird ein Projekt von den Lehrkräften dann eingestuft, wenn ein qualitativ hochwertiges Ergebnis entsteht (25 Nennungen), das ansprechend präsentiert wird (19 Nennungen). Analog dazu wird ein Projekt dann als misslungen erachtet, wenn das Produkt als negativ (10 Nennungen) und/oder die Präsentation als unbefriedigend erachtet wird (8 Nennungen). Daraus kann man eine deutliche Ergebnisorientierung der Lehrkräfte ableiten. Entscheidend für das Gelingen oder Misslingen eines Projekts sind im Urteil der Lehrer also überwiegend die erbrachten fachlichen Leistungen der Schüler. Relevant ist im Urteil der Lehrer darüber hinaus die Präsentation des Ergebnisses. Das Präsentieren des Ergebnisses erfordert Fähigkeiten, die dem sozial-kommunikativen Lernbereich zuzuordnen sind. Als relevante Kompetenz wird von der Lehrkräften demnach offensichtlich auch die Fähigkeit erachtet, ein Ergebnis präsentieren zu können.

- Die Bereiche „Motivation" und „Kooperation" spielen hinsichtlich der Einschätzung dessen, ob ein Projekt als gelungen oder misslungen eingeschätzt wird, eine untergeordnete Rolle: Nach Abzug der Mehrfachnennungen durch Subsumieren der in Tabelle 4 ausgewiesenen Kategorien „Kooperation/Vorbereitungsphase", „Kooperation/Durchführungsphase" und „Kooperation/Präsentation" zur Kategorien „Kooperation insgesamt" ergibt sich, dass bei fünf als misslungen erachteten Projekten der Bereich „Kooperation" negativ erwähnt wird. An 13 als gelungen eingestuften Projekten erfolgen positive Aussagen zur Kategorie „Kooperation insgesamt". „Kooperationsfähigkeit" und „Teamfähigkeit", vom MKJS als durch die Projektprüfung zu ermittelnden ‚überfachlichen' Kompetenzen (vgl. Abschnitt 2.2; 3.3), scheinen im Urteil der Mehrheit der Lehrkräfte eine eher untergeordnete Bedeutung zu spielen.

- Subsumiert man die Unterkategorien „Motivation/Vorbereitungsphase", „Motivation/Durchführungsphase" und „Motivation/Präsentation" zu der Oberkategorie „Motivation/insgesamt", so ergibt sich, dass lediglich 12 der 28 als „gelungen" eingestuften Projekte positive Aussagen zum Bereich „Motivation" enthalten. In vier der 20 als misslungen erachteten Projekte erfolgen dagegen negative Aussagen zum Bereich „Motivation". Das Scheitern der Projekte hängt also gemäß der Lehreraussagen in der überwiegenden Mehrheit der Fälle nicht damit zusammen, dass die Schüler demotiviert sind. Die vergleichsweise wenigen positiven Aussagen bezüglich der Kategorie „Motivation" liegen wahrscheinlich darin begründet, dass die Motivation der Schüler in der Projektprüfung generell als hoch eingeschätzt wird.

Diesen Schluss legen die Ergebnisse der Lehrerberfragungen beim Vergleich zwischen „neuer und alter Prüfungsordnung" (Abschnitt 7.4) nahe. Die Motivation der Schüler ist kein Kriterium für ein gelungenes Projekt, sondern vielmehr Voraussetzung für das Erstellen eines qualitativ hochwertigen Ergebnisses und/oder einer gelungenen Präsentation.

- Die Phase „Projektbeschreibung erstellen" wird weder bei den gelungenen noch bei den misslungenen Projekten erwähnt. Aufgrund der exponierten Stellung dieser Phase in den Lehrer- und Schülereinschätzungen bezüglich der Schülerselbständigkeit (vgl. Abschnitt 7.3) überrascht dies. Offensichtlich scheint diese Phase zwar diejenige zu sein, während der die Lehrer am vergleichsweise intensivsten ihre Beratungsfunktion wahrnehmen müssen, als Kriterium dafür, ob ein Projekt gelingt oder nicht scheinen die Lehrer sie jedoch als sekundär einzuschätzen.

- Die Reflexion des Ergebnisses und des Prozesses findet kaum Beachtung innerhalb der Lehrerschilderungen von gelungenen und misslungenen Projekten. Lediglich zwei Lehrkräfte erwähnen bei ihren Berichten von gelungenen Projekten die Reflexion des Ergebnisses und dies positiv. Eine Lehrkraft erachtet ein Projekt insgesamt zwar als gescheitert, empfindet aber die Reflexion über das Ergebnis und den Prozess als positiv.

- Einen Hauptunterschied zwischen gelungenen und misslungenen Projekten stellt die Phase „Material beschaffen" dar. In 17 der 28 gelungenen Projekten machen Lehrkräfte positive Aussagen, die sich auf die Phase ‚Vorbereitungsphase \ Material beschaffen/erkunden' beziehen. Demgegenüber machen sechs Lehrkräfte negative Aussagen bei den misslungenen Projekten zu dieser Phase. Betont wird bei den gelungenen Projekten in 10 der insgesamt 17 Fällen, in denen die Phase Vorbereitungsphase \ Materialbeschaffung erwähnt wird, nicht die Qualität des beschafften Materials, sondern die Tatsache, dass überhaupt Material beschafft bzw. erkundet wurde. Dies weist indirekt darauf hin, dass vielen Lehrkräften die Bedeutung der Vorbereitungsphase nicht bewusst ist oder organisatorische Modelle an den Schulen gewählt wurden, die eine intensive und nachhaltigen Vorbereitungsphase nicht ermöglichen (vgl. Abschnitt 7.4f.). Anders sind die verhältnismäßig häufigen Angaben der Lehrer, die es als positiv erachten, dass die Schüler überhaupt Material beschaffen, kaum zu erklären. Es ist oben bereits erwähnt worden, dass mangelnde Motivation mehrheitlich nicht als Kriterium für gelungene oder misslungene Projekte erwähnt wird.

- Eine Phase musste bei der Analyse der gelungenen und misslungenen Projekte neu gebildet werden. Die neue Phase 2. Durchführungsphase \ Material beschaffen/erkunden ist erforderlich, da insgesamt acht Kodierungen vorliegen, die sich auf das Beschaffen und Erkunden von Material beziehen und dies eindeutig während der Durchführungsphase. Es entspricht durchaus dem Gedanken des Projekts, dass aufgrund von sich einstellenden Veränderungen in der Durchführungsphase das erneute Beschaffen von

Material erforderlich ist. Der Aspekt, dass Schüler aufgrund von sich ergebenden Veränderungen weiteres Material während der Durchführungsphase beschaffen und sichten müssen, wird jedoch nur von einer Lehrkraft erwähnt und dies innerhalb eines gelungenen Projekts (19_LG2_L1).

- Diejenige Projektphase, in der die vergleichsweise häufigsten negativen Nennungen erfolgen, ist „Material auswerten/realisieren" (11 Nennungen). Bei allen misslungenen Projekten werden entweder negative Aussagen bezüglich der „strategischen" Leistungen oder der Phase Material auswerten/realisieren getroffen.

- Bei 15 der 28 als gelungen eingestuften Projekte werden positive Aussagen bezüglich der „strategischen Leistungen" der Schüler getroffen. Bei 13 der 20 ‚misslungenen' Projekte erfolgen negative Aussagen in diesem Bereich. Diese Leistungen, die entscheidend für den Prozess des erfolgreichen Problemlösens sind (vgl. Abschnitt 2.3), werden bei der Analyse der Einzelinterviews einer genaueren Analyse unterzogen.

7.2 Die Einzelanalyse von gelungenen und misslungenen Projekten

In diesem Kapitel werden ausgewählte Projekte einer Einzelanalyse unterzogen. Ziel ist das Identifizieren der Vor- und Begleitbedingungen für eine erfolgreiche Durchführung der Projektprüfung. Es sollen ‚typische' und ‚untypische' Vertreter von ‚gelungenen' und ‚misslungenen' Projekten analysiert werden. Die Verfahrensweise, ‚untypische' Vertreter (sog. *extreme cases*) zu verwenden, ist der Methodik der qualitativen Datenanalyse von Miles/Huberman (1994: 270) entnommen.

Um eine willkürliche Auswahl der einzelnen Projekte zu verhindern, werden die gelungenen und misslungenen Projekte nach Kriterien kategorisiert und tabellarisch dargestellt. Als Kriterien werden die beim problemlösenden Lernen beteiligten Faktoren, sowie projektprüfungsspezifische Faktoren zu Grunde gelegt.

Bedingungsfaktoren beim problemlösenden Lernen
Folgende Komponenten bestimmen nach Klieme et al. (2001: 185) die Qualität des Problemlösens (vgl. Abschnitt 2.3):

- Verständnis der Problemsituation,
- Denkprozesse bei der Problembearbeitung,
- Angemessenheit der erreichten Lösung,
- die Systematik bei der Vorgehensweise,
- das Ausprobieren alternativer Lösungsschritte,
- sowie das Aufsuchen und Nutzen von Feedback.

Diese Komponenten hängen von den allgemeinen kognitiven und metakognitiven Fähigkeiten des (einzelnen) Problemlösers ab, sowie von dem bereichsspezifischen Vorwissen (vgl. Abschnitt 2.3). Für die Fallauswahl werden, ausgehend von obigen Überlegungen

- die allgemeinen schulischen Fähigkeiten der Schüler,
- das themenspezifische Vorwissen,
- die Vorerfahrung mit projektartigem Arbeiten, sowie
- die Art der Betreuung durch die Lehrkraft/Lehrkräfte

als Bedingungsfaktoren festgelegt. Die Einschätzung der ‚allgemeinen schulischen Fähigkeiten' der Schüler und des themenspezifischen Vorwissens basiert auf den Lehreraussagen, sofern diesbezügliche Aussagen von den Lehrern vorgenommen wurden[7]. Handelt es sich um lehrplanabhängige Themen (zur Definition vgl. Abschnitt 7.3), werden diese als ‚Schulstoff' gekennzeichnet. Das bereichsspezifische Vorwissen wird in den Tabellen 5 und 6 als ‚themenspezifisches Vorwissen' bezeichnet. Da während der Projektprüfung die Schüler in Gruppen arbeiten, werden die allgemeinen Fähigkeiten und das themenspezifische Vorwissen hinsichtlich etwaiger Unterschiede der Gruppenmitglieder differenziert.

Das Aufsuchen und Nutzen von Feedback kann, sofern praktiziert, sowohl innerhalb der Projektgruppe als auch zwischen Schülern und Lehrer(n) sowie zwischen Schülern und Externen erfolgen. Deshalb wird in Tabelle 5 als weitere Kategorie ‚Betreuung' ausgewiesen. ‚Betreuung' umfasst also jedwedes in Anspruch nehmen von Feedback und von Beratung.

Die Kategorie ‚Projekterfahrung' wird als separate Kategorie ausgewiesen. Die Vorerfahrung mit projektartigem Arbeiten führt vor allem dann zu günstigeren Vorbedingungen, wenn

a) die Lernenden durch sogenannte ‚Fixpunkte' zum Überwachen der eigenen Denkprozesse bewusst angehalten wurden, d.h. die metakognitiven Fähigkeiten gefördert wurden (vgl. Abschnitt 2.3) und/oder

b) die vor der Projektprüfung durchgeführten Projekte zu einem höheren themenspezifischen Vorwissen beigetragen haben.

Unter die Kategorie ‚Projekterfahrung' fällt in den Tabellen 5 und 6 lediglich das ‚allgemeine' Wissen über Projekte und nicht das themenspezifische Vorwissen, das separat ausgewiesen wird. Es wird angenommen, dass ‚projekterfahrene' Schüler eher über Kenntnisse über

- Methoden zur Strukturierung eines Themas (vgl. Klippert 2000),
- verschiedene Präsentationstechniken[8], sowie

---

[7] In Abschnitt 6.9 wurde dargelegt, weshalb in dieser Phase Nachfragen auf ein Minimum reduziert wurden.

[8] Ein Beispiel für eine erfolgreiche Förderung des projektspezifischen allgemeinen Wissens ist der Crash-Kurs in Sachen Präsentationstechniken aus der Voruntersuchung (UI_5; vgl. Abschnitt 6.3).

- den Ablauf von Projekten (inklusive des Anspruchs, den Prozess und/oder das Ergebnis zu reflektieren) verfügen.

Die Optimale Konstellation für die Durchführung eines gelungenen Projekts wird in Tabelle 5 festgehalten:

Tabelle 5: Optimale Vorbedingungen für die Durchführung eines Projekts:

Nr.	Allg. Grundvorauss. der Gruppe	themenspezifisches Vorwissen	Projekterfahrung	Betreuung
	homogen/stark	hoch	ja	L ab VPh[9].

Tabelle 5 enthält eine Liste der gelungenen Projekte nach den tatsächlichen Faktoren, für eine Auflistung der misslungenen Projekte siehe Tabelle 6. Die Definition der Kategorie ‚Projekterfahrung' erfolgte in Abschnitt 7.3. Die Zuweisung zu der Kategorie ‚Betreuung' basiert auf den Interviewpassagen, die sich auf gelungene und misslungene Projekte, sowie auf die im Leitfadeninterview separat erfragten Kategorien zur Organisation der Projektprüfung an den jeweiligen Schulen beziehen (vgl. Leitfaden, Anhang).

Tabelle 6: Materialübersicht der ‚gelungenen' Projekte

P-NR.	Allg. Grundvorauss. der Gruppe	themenspezif. Vorwissen	Projekterfahrung	Betreuung
1_L1	homogen/stark	hoch	nein	L ab VPh.
1_L2	heterogen	ein S. hoch	nein	L ab VPh.
2_LG	homogen	k.A.	nein	nicht ab VPh.
3_L1	heterogen schwach	k.A.	nein	bei Strukturierung/Mat.besch.

---

[9] Dies bedeutet: Durch Lehrkraft ab Vorbereitungsphase.

3_L2	heterogen	k.A.	nein	L. ab VPh./bei Struktur./Mat.besch.
5_L1	homogen/stark	k.A.	nein	ab VPh.
5_L2	k.A.	k.A.	nein	ab VPh.
6_L	k.A.	ein S. hoch	ja	ab VPh.
7_LG_a	homogen/stark	allg. niedrig	ja	L. vermitteln P. (ab VPh).
7_LG_b	k.A.	hoch	ja	ab VPh.
8_L	k.A.	hoch	nein	ab VPh.
9_L1	heterogen/ein S. überragend	bei einem S. hoch	nein	ab VPh.
9_L3	homogen/stark	hoch	nein	ab VPh.
10_LG_L1	heterogen/ein S. überragend	heterogen: 2 niedrig, 2 hoch	nein	nicht ab VPh.
11_LG_L1	homogen/stark	hoch	nein	ab VPh.
11_LG_L2	k.A.	2 hoch, 2 niedrig	nein	nicht ab VPh.
13_LG	homogen/stark	hoch	nein	ab VPh.
14_LG	homogen/stark ein S. überragt	hoch/ ein S. überragt	nein	ab VPh.
15_LG_L1	k.A.	k.A.	ja	ab VPh.
16_LG_L1	k.A.	homogen/niedrig	ja	ab VPh.
16_LG_L2	homogen/stark	homogen/hoch	ja	ab VPh.
16_LG_L3	heterogen/ein S. überragend	k.A.	ja	ab VPh.
17_L	homogen/schwach	2 von 3 überragend	nein	ab VPh (?).
19_LG1_L1	k.A.	k.A.	ja	ab VPh.
19_LG2_L2	k.A.	2 von 4 sehr hoch	ja	ab VPh.
19_LG3_L1	k.A.	2 von 4 höher	ja	ab VPh.
20_L1	k.A.	hoch	nein	ab VPh.

Eine Analyse ausgewählter ‚gelungener' Projekte

Projekt 16_LG_L2 ist dasjenige, das alle ‚optimalen' Vorbedingungen erfüllt: Die Gruppe wird von der Lehrkraft als homogen leistungsstark eingeschätzt. Das projektspezifische Vorwissen ist bei allen Gruppenmitgliedern hoch, die Klasse ist projekterfahren und die Klassenlehrkraft und/oder eine weitere Lehrkraft betreuen die Projektgruppe ab der Vorbereitungsphase. Nach Angabe der Lehrkraft war die Betreuung für diese Gruppe kaum erforderlich, da die Klasse generell mit projektartigem Arbeiten vertraut ist und die spezielle Gruppe keinerlei Probleme hatte, das Projektthema („Marlene Dietrich, das Leben einer Filmdiva") zu strukturieren. Die Materialbeschaffung erfolgte vor Beginn der ‚offiziellen' Vorbereitungsphase, da Monate davor Sondersendungen zum Thema ‚Marlene Dietrich' im Fernsehen gezeigt wurden, die die Schülerinnen selbständig zu einer ersten Materialbeschaffung nutzten. In der Durchführungsphase berichtet die befragte Lehrkraft von zielstrebigem und kompetentem Handeln der Schülerinnen. Das Ergebnis des Projekts wird von Lehrkraft HU_16_LG_L2 als sehr gut erachtet:

> „Und haben dann die analogen Aufnahmen digitalisiert und haben dann 'ne Powerpoint-Präsentation gemacht mit den wichtigsten und den besten Filmausschnitten, die auch jeder kennt, der jetzt nicht unbedingt Marlene Dietrich Fan ist. Also aus der Fülle von Material haben sie dann genau die Highlights rausgenommen, die das Leben von Marlene Dietrich eigentlich wiederspiegeln. Und das war auch ne sehr gute Präsentation" (HU_16_LG_L2).

Sehr viel aufschlussreicher als diejenigen Projekte, in denen homogen als leistungsstark eingeschätzte Schüler, die projektspezifische Arbeitsmethoden wie das Strukturieren eines Themas und das freie Präsentieren beherrschen, erfolgreich Projekte durchführen, sind diejenigen Fälle, in denen die ‚optimalen' Vorbedingungen *nicht* erfüllt sind und *trotzdem* im Urteil der Lehrkraft ein gelungenes Projekt entsteht. Ein solches ‚extremes Beispiel' ist Projekt 17_L. Die allgemeinen Grundvoraussetzungen der Gruppe beschreibt der befragte Lehrer als homogen leistungsschwach (HU_17_L: „die Schüler die da beteiligt waren, sind im Unterricht relativ schlecht"). Das projektspezifische Vorwissen von zwei der drei Schülern ist jedoch extrem hoch, da sie in der Jugendmannschaft eines hochklassigen Fußballvereins spielen und sich ein Thema gewählt haben, bei denen ihre projektspezifischen Vorkenntnisse zur Entfaltung gelangen. Das Thema lautet: „Fußballweltmeisterschaft". Der Klassenlehrer betreut zwar ab der Vorbereitungsphase die Projekte der Klasse, die Schilderungen lassen jedoch darauf schließen, dass eine Strukturierung des Themas sowie die Materialbeschaffung im konkreten Projekt erst während der Durchführungsphase erfolgte. HU_17_L:

> „Die haben sich hingesetzt am ersten Tag [der Durchführungsphase; M.S.] und haben überlegt: was machen wir eigentlich? Das Thema hieß Fußballweltmeisterschaft und dann hatten sie noch vor etwas über gesunde Ernährung zu berichten, zu referieren. Und dann kamen die dann auf die Idee, irgendwas sollten wir herstellen. Und dieser (Name eines Schülers), der kam dann auf die Idee, dieses Stadion herzustellen. Haben sie zuerst 'ne Zeichnung gemacht, sich abgesprochen und dann. Das war der Werklehrer, der hat denen dabei geholfen. Also nur die Sachen zurechtgesägt, was die mit der Maschine zurechtgesägt haben wollen. Und alles andere war deren Idee, auch die Einteilung mit Flutlicht und so was alles ja".

Die Präsentation wird als gelungen empfunden, da neben dem selbst erstellten Modell eines Fußballstadions, mit dessen Hilfe u.a. Fußballregeln[10] erklärt werden, die Schüler in der Sporthalle Fußball-Szenen darbieten:

> „Die Präsentation fand in der Turnhalle statt. Und das war natürlich sehr eindrucksvoll. Denn zwei von diesen Schülern, die spielen mittlerweile in, fast in Profimannschaften hier, und zwar bei (Name des Vereins)".

In dem von HU_17_L geschilderten Projekt ist auffällig, dass die Schüler der Gruppe als „im Unterricht" leistungsschwach gelten, jedoch offensichtlich in der Lage sind, ihr Projekt zu strukturieren („Haben sie zuerst 'ne Zeichnung gemacht, sich abgesprochen"), was in besonderem Maß auf die Fähigkeit des planenden Denkens schließen lässt. Die Schüler dieser Gruppe waren darüber hinaus in der Lage, sich abzustimmen, d.h. zu kooperieren, eine Fähigkeit, von der, wie die Analyse in Abschnitt 7.1 ergibt, von den Projektgruppen sonst eher selten berichtet wird. Darüber hinaus verfügen die Schüler offensichtlich über projektförderliche Begleitbedingungen derart, dass der an der Betreuung beteiligte Techniklehrer bereit ist, die von den Schülern ‚in Auftrag' gegebenen Arbeitsschritte zu erledigen: („Das war der Werklehrer, der hat den dabei geholfen. Also nur die Sachen zurechtgesägt, was die mit

---

[10] Der Klassenlehrer, ein ausgebildeter Sportlehrer, erzählt begeistert, dass er während der Präsentation gelernt habe, dass die Linienrichter jeweils nur eine Hälfte des Spielfeldes beobachten und sich nicht von Eckfahne zu Eckfahne bewegen.

der Maschine zurechtgesägt haben wollen"). Der Faktor „Betreuung" ist demnach, zumindest, was die Durchführungsphase betrifft, für die Schüler projektförderlich. In der Vorbereitungsphase hatten die Schüler die Materialbeschaffung noch nicht vorgenommen (s.o.). Wie in Abschnitt 7.4 gezeigt werden wird, ist es durchaus nicht in allen Schulen gestattet, die Hilfe eines betreuenden Lehrers in Anspruch zu nehmen. An den Schulen 10 und 11 bereitet es Probleme, dass der Grad des Betreuens innerhalb der Schule höchst unterschiedlich geregelt ist und manche Lehrkräfte ihre Rolle so interpretieren, dass sie sich komplett (wenn überhaupt) auf die Beobachtung der Arbeitsprozesse beschränken.

Die Schüler des geschilderten gelungenen Projekts (HU_17) können in der Projektprüfung offensichtlich Fähigkeiten zeigen, die im herkömmlichen Unterricht nicht verlangt wurden und deshalb vom Lehrer nicht diagnostiziert werden konnten. Die im Vergleich zum herkömmlichen Unterricht sehr viel besseren Projekt-Leistungen beziehen sich in Gruppe HU_17 interessanterweise nicht nur auf die gezeigten projektspezifischen außerschulisch erworbenen Leistungen (wie z.B. dem Zeigen von Fußballtricks), sondern auch auf die Fähigkeit, ein Projekt zu strukturieren und sich zu koordinieren. Die Tatsache, dass die Gruppe sich aus Schülern dreier Nationen zusammensetzt, legt die Vermutung nahe, dass Schüler bei geeigneter Themenwahl und projektförderlichen Begleitbedingungen etwaige sprachliche Defizite in der deutschen Sprache kompensieren können, sofern sie über ein ausreichendes Maß an metakognitiven Fähigkeiten verfügen.

Ein weiterer ‚extremer' Fall ist das Projekt HU_16_LG_L1b: Die Lehrkraft gibt an, dass die Gruppe zum Zeitpunkt der Themenwahl über keine themenspezifischen Vorkenntnisse verfügt hat. Im Urteil der Lehrkraft entsteht aber trotzdem ein ‚gelungenes' Projekt. Als Thema wählt sich die Gruppe eine „Videodokumentation der Studienfahrt nach Holland".

> HU_16_L1: „Weil (-) speziell die Videogruppe hat ganz schlechte Startmöglichkeiten gehabt. Die haben im Prinzip ein Harakiri gemacht. Weil davor von denen noch keiner aber kein einziger auch mal 'ne Videokamera in der Hand gehabt hat. Das heißt, sie waren sich über ihr Risiko bewusst und haben dann das aber ausgeglichen durch intensive Arbeit und (-) intensive Vorbereitung".

Die Gruppe verfügt zum Zeitpunkt der Themenwahl zwar über keine themenspezifischen Vorkenntnisse, erkennt dies jedoch rechtzeitig und eignet sich durch die intensive Beschäftigung mit dem neuen Gegenstand (Videokamera) themenspezifische Vorkenntnisse an. Die (projekterfahrenen) Schüler des Projekts HU_16_LG_L1_gel. scheinen über gut ausgeprägte metakognitive Fähigkeiten zu verfügen, was dadurch zum Ausdruck kommt, dass sie ihren Wissens- und Könnensstand abschätzen können, Schwierigkeiten des Projekts antizipieren und selbständig Schritte zur Zielerreichung planen und bewerten:

> HU_16_L1: „Und (-) die haben vier Tage bevor es losgegangen ist die Videokamera von der Schule in die Hand gekriegt und dann haben die geschafft wie die Ochsen. In vier Tagen (-). Die Stationen, wo man hinkommt auf der Studienfahrt waren nicht klar. Die sind auf 'nem Segelschiff einfach (-) nicht so nicht so locker programmierbar. Das heißt, die haben sich dann ein Drehbuch in Alternativen geschrieben, ja. Die haben also geguckt, wo (-) könnte was passieren, wo könnten wir was wie aufnehmen. Das ist natürlich unglaublich anspruchsvoll".

Die Schüler der projekterfahrenen Schule HU_16 haben projektförderliche Begleitbedingungen derart, dass die Lehrkraft während der Vorbereitungsphase separate Besprechungstermine nachmittags anbietet, von der besonders obige Projektgruppe profitiert zu haben scheint. Die gemeinsame Strukturierung trägt sichtbare Früchte. In der Projektbeschreibung wird das Thema sehr exakt beschrieben und nicht ‚global' formuliert wie häufig bei misslungenen Projekten[11].

> L1: „Die Projektbeschreibung hieß ((holt Projektbeschreibung aus Tasche)). So sieht das aus. Das da oben ist das Projektthema (-). Und wo jetzt das Thema rauskommt halt in der Projektanmeldung, da ist dann noch mehr drin. Wer dann was tut und die Struktur aussieht. Und so sieht ein Thema aus bei denen ja. Schlagwort oben drüber „Videodokumentation der Studienfahrt nach Holland", genauer gesagt: „Wir nehmen Teile unserer Studienfahrt mit der Videokamera auf und bearbeiten sie zuhause (..) in Bild und Ton. Als Ergebnis präsentieren wir einen ca. 30 Minuten langen Videofilm der Klassenreise". Das sind ganz etliche Einschränkungen, wo man wo dann auch die Beratung merkt".

---

[11] Beispiele für die Themenformulierung von misslungenen Projekten sind z.B. „AIDS", „Sport und Gesundheit" und „Mofamotor", s.u.

Der Hinweis „das sind etliche Einschränkungen", bei denen man „die Beratung merkt", deutet darauf hin, dass obiges Projekt möglicherweise ohne Unterstützung der Lehrkraft durch die gemeinsame Strukturierung und Eingrenzung des Themas gescheitert wäre. Die Gruppe verfügt zwar über kein themenspezifisches Vorwissen, erkennt dies jedoch, bringt einen immens hohen zeitlichen Einsatz zur Kompensation der fehlende Vorkenntnisse auf und nimmt darüber hinaus die projektförderlichen Begleitbedingungen in Anspruch: Die betreuende Lehrkraft nimmt gemeinsam mit der Gruppe eine Eingrenzung des Themas und die Schüler nehmen darauf hin eine genaue Planung des Projekts vor (Erstellen mehrerer alternativer Drehbücher), bringen durchgehend einen immens hohen Einsatz und präsentieren ein als gelungen empfundenes Produkt. Die Tatsache, dass die Schüler die Bearbeitung des Videofilms zuhause vornehmen („Wir nehmen Teile unser Studienfahrt mit der Videokamera auf und bearbeiten sie *zuhause*") deutet darauf hin, dass die Schüler möglicherweise auf Beratung und Betreuung von Externen zurück greifen konnten.

Weitere ‚extreme Fälle' sind diejenigen Gruppen, die sich bezüglich der allgemeinen Grundvoraussetzungen und/oder des projektspezifischen Vorwissens unterscheiden. Eines dieser Beispiele (vgl. Tabelle 5) ist das Projekt HU_9_L1, in dem ein Schüler die zwei weiteren Gruppenmitglieder für ein Thema „begeistert":

> „L: Einer ist im Kanuclub in (Name des Ortes) und hat dann die anderen Beiden davon überzeugt, dass sie dieses Projekt machen. Und die waren dann im Vorfeld unten und haben das mal ausprobiert und Bilder gemacht. Und die anderen zwei haben das jetzt irgendwie richtig verschmeckt, also die sind da jetzt auch öfters unten beim Kanufahren und so.
> I: Wie war die Präsentation. Haben die das dann mit Bildern dokumentiert, wie sie das gemacht haben?
> L: Die haben 'ne Broschüre erstellt über's Kanufahren. Über die drei verschiedenen Sparten, was man alles an Ausrüstung braucht, die Grundkenntnisse und und und. Also war ganz arg klasse. Und das Ziel ist, dass eben mit dieser Broschüre (...), andere Jugendliche vom Kanufahren was zu erzählen und die vielleicht auch davon zu begeistern".

Über die allgemeinen Fähigkeiten der Schüler liegen bei diesem Projekt keine Aussagen der Lehrkraft vor. Das Projekt erfüllt das Kriterium des Gesellschaftsbezugs (Abschnitt 2.1). Das Projekt ‚strahlt' aus. Nicht nur die vom Projekt überzeugten Gruppenmitglieder, sondern auch weitere Jugendliche sollen durch das Projekt, u.a. dem Erstellen einer Broschüre, zum Kanu fahren animiert werden.

In beiden bisher geschilderten Fällen erweist sich die freie Themen- und Gruppenwahl als projektförderlich. Der Freiraum bei der Themen- und Gruppenwahl wird dahingehend genutzt, ein Projekt zu wählen, in dem zumindest eines der Mitglieder über projektspezifisches Vorwissen verfügt und dieses den anderen Gruppenmitgliedern bereitwillig weitergibt. Die Abstimmung innerhalb der Projekts verlief also offensichtlich erfolgreich.

Ein weiterer ‚extremer Fall' ist das Projekt 3_L1. Die Projektgruppe besteht aus drei Schülerinnen, die sich das Thema „Totenkult im alten Ägypten" ausgewählt haben. Der Klassenlehrer erachtet diese Gruppe insgesamt als leistungsschwach[12]. Darüber hinaus handelt es sich bei dieser Gruppe nach Aussagen des Klassenlehrers um Schülerinnen, die keine andere Gruppe gefunden haben und somit „übrig" geblieben sind. Dies Gruppenkonstellation ist gewöhnlich sehr viel eher für ein misslungenes Projekt typisch (s.u.).

> HU_3_L1: „Und hier, das war etwas, stand etwas unter einem unglücklichen Stern weil die drei Schülerinnen a) die Schwächsten der Klasse sind, b) sich als überbleibende Schüler zu einer Gruppe gefunden haben, was sich im Nachhinein aber jetzt doch als positiv ausgewirkt hat, sagen wir unter dem sozialpädagogischen Aspekt. Die haben jetzt so ein bisserl en Zusammenhalt, die haben ein Wir-Bewusstsein durch diese Prüfung durch diese Projektprüfung da bekommen und fühlen sie sich zusammengehörig, was vorher nicht der Fall war".

Gelungen ist das Projekt nach Aussagen des Klassenlehrers deshalb, weil in der Durchführungsphase eine Schülerin das ‚Heft in die Hand' genommen hat und die anderen beiden Gruppenmitglieder gemäß der Planung der führenden Schülerin die Arbeiten ‚sauber' durchgeführt haben:

---

[12] Es sollte an dieser Stelle darauf hingewiesen werden, dass es sich bei den Gruppenmitgliedern um Schülerinnen handelt, die in einer sogenannten „sieben-plus-drei-Klasse" sind. Beim „sieben-plus-drei-Modell" werden ab der 7. Klasse die leistungsstärkeren Schüler in einer separaten Klasse zusammengefasst und bis zum 10. Schuljahr mit dem Ziel des ‚Werkrealschulabschlusses' beschult. Dieses Modell wird äußerst selten praktiziert. Normalerweise werden diejenigen Schüler, die das freiwillige 10. Schuljahr mit dem Ziel der Mittleren Reife absolvieren möchten und die dafür erforderlichen Kriterien erfüllen, in ‚normalen' Klassen unterrichtet. Ab der 7. Klasse erhalten sie Zusatzunterricht in den Fächern Deutsch, Mathematik und Englisch und besuchen nach Beendigung des 9. Schuljahrs eine separate 10. Klasse zum Erlangen des ‚Werkrealschulabschlusses'.

„In der Durchführungsphase ist schön zusammen gearbeitet worden. Die eine Schülerin hat so eine führende Rolle innerhalb der Gruppe eingenommen und hat dann auch Arbeiten verteilt, die zuverlässig, sauber durchgeführt wurden. In der Präsentation waren sie auch recht gut, erstaunlich gesprächig, wie man sie sonst im Unterricht häufig nicht findet aufgrund der Art des Unterrichts eben. Also durchaus 'n gelungenes Projekt war das".

Die subjektive Theorie des Lehrers über eine ‚gelungene' Teamarbeit erachtet das ‚Heft-in-die-Hand-nehmen' einer einzelnen Schülerin also als etwas Positives. Dies steht im Widerspruch zu den äußert populären Ratschlägen von Klippert (1998), wonach das „Heft in die Hand" nehmen einer Gruppe oftmals aus „schlichter Verzweiflung" (S. 53) erfolgt und eine funktionierende Gruppenarbeit „übergeordnete Funktionen in der Gruppe" benötigt, wie „Gesprächsleiter/in, Fahrplanüberwacher/in, Regelbeobachter/in, Zeitmanager/in" sowie „Präsentator/in" (S. 54). Auch an diesem Beispiel wird die Schwierigkeit der Definition von ‚Teamfähigkeit' oder ‚Kooperationsfähigkeit' und deren Operationalisierung verdeutlicht.

Aufschlussreich ist die Aussage des Lehrers, wonach die Schülerinnen in der Präsentation sprachliche Qualitäten zeigen konnten, auf deren Vorhandensein der Lehrer aus den Leistungen im ‚normalen' Unterricht nicht hätte schließen können.

Der Klassenlehrer gibt an, in der Vorbereitungsphase vor allem bei der Materialbeschaffung (Beschaffen von geeigneter Literatur) den Schülerinnen geholfen zu haben. Noch effektiver wäre die Projektprüfung laut Bekunden des Lehrers dann verlaufen, wenn er bei der Strukturierung, vor allem bei der Eingrenzung des Themas, stärker eingegriffen hätte:

> „Wenn ich's noch mal zu tun hätte, wir sind ja auch Anfänger, würd' ich sagen, bei beiden Projekten müsste man vorher drauf achten, dass die Schüler von der Projektbeschreibung nicht zu sehr ausufern, weil die zur Verfügung stehende Zeit zu gering ist, um da wirklich dran zu arbeiten" (HU_3_L1).

Dieses Beispiel illustriert, dass das Strukturieren und Planen der Projektschritte ein Bereich ist, der stark förderungsbedürftig ist.
Im folgenden Abschnitt werden diejenigen Projekte einer genaueren Analyse unterzogen, von denen die Lehrkräfte der Auffassung sind, dass sie ‚misslungen' sind.

Eine Analyse ausgewählter ‚misslungener' Projekte

Ebenso wie die ‚gelungenen' Projekte werden auch die ‚misslungenen' Projekte gemäß der oben diskutierten Kriterien tabellarisch dargestellt. Unter ‚projektspezifisches Vorwissen' wird, sofern es sich um lehrplanabhängige Themen handelt (vgl. Abschnitt 7.3), ‚Schulstoff' vermerkt. Die Tatsache, dass es sich wie bei Projekt 5_L2_missl. um ein Thema handelt, das zum Zeitpunkt der Themenfindung gerade im Religionsunterricht behandelt wurde („Fremde Länder, fremde Religionen"), sagt nicht zwingend etwas darüber aus, ob die Schüler tatsächlich über projektspezifisches Vorwissen verfügen. Die Bezeichnung ‚Schulstoff' gibt lediglich an, dass die Schüler mit diesen Themen im vorhergegangenen Unterricht in Kontakt gekommen sind.

Tabelle 6: Materialübersicht der ‚misslungenen Projekte

P-NR.	Allg. Grundvorauss. der Gruppe	themenspezif. Vorwissen	Projekterfahrung	Betreuung
1_L2	Heterogen	unterschiedl.	nein	L ab VPh.
2_LG	k.A.	bei einem S. hoch	nein	nicht ab VPh.
3_L2	Homogen	gering	nein	L. ab VPh.
5_L1	k.A.	technisch	nein	ab VPh
5_L2	k.A.	Schulstoff	nein	ab VPh
9_L1	k.A.	Schulstoff	nein	ab VPh
9_L2	k.A.	technisch	nein	ab VPh
10_LG_L2a	homogen schwach	Schulstoff	nein	nicht ab VPh.
10_LG_L2b	homogen schwach	Schulstoff	nein	nicht ab VPh.
11_LG_L6	homogen schwach	ein S. hoch	nein	ab VPh.
13_LG_L1	k.A.	niedrig	nein	ab VPh. (?)
13_LG_L2	homogen schwach	niedrig	nein	ab VPh (?)
14_LG_L2	homogen	Schulstoff	nein	nicht ab VPh.

	schwach; ein S. noch schwächer			
16_LG_L1	k.A.	gering	ja	ab VPh.
16_LG_L2	k.A.	k.A.	ja	ab VPh.
16_LG_L3	homogen schwach	k.A.	ja	ab VPh.
17_L	heterogen, ein S. stark	bei einem S. hoch	nein	ab VPh. (?)
19_LG1_L1	k.A.	gering	ja	ab VPh.
19_LG2_L2	homogen/schwach	gering	ja	ab VPh.
19_LG3_L1	k.A	k.A.	ja	ab VPh.
20_L1	homogen/schwach	gering	nein	ab VPh.

Eine äußerst ungünstigste Konstellation ist die des misslungenen Projekts 10_LG_L2b. Die Schülerinnen der Gruppe werden von der Lehrkraft als leistungsschwach eingeschätzt, das Thema des Projekts ist höchst unspezifisch formuliert („Sport und Gesundheit"). Betreut wird die Gruppe an Schule 10 systematisch erst ab der Durchführungsphase: Lehrkraft HU_10_L2 berichtet, dass die Schülerinnen sich schwer taten, das Thema

> „wirklich einzugrenzen und und zu wissen, was wollen wir da denn eigentlich machen. Da gingen schon mal zwei Einheiten sicher drauf, dass die überhaupt wussten, was machen wir denn, was wollen wir denn überhaupt machen?".

Die in der Vorbereitungsphase notwendige Strukturierung des Projekts war vorher offensichtlich nicht erfolgt. Zwei Projekttage werden für Tätigkeiten in Anspruch genommen, die eigentlich in den Zeitraum der nicht erfolgten Vorbereitungsphase fallen. Die Lehrkraft beklagt die ‚Planlosigkeit' der Schülerinnen:

> HU_10_L2: „Die hatten eigentlich (-) die hatten gar keine richtige Vorstellung. Die machen halt alle gern Sport und dann sollten sie das in ein Thema fassen. Dann haben sie halt gesagt: „Sport & Gesundheit" und das war aber dann noch sehr konfus und. Also nur mit mit mit (-) mit gezielter Hilfestellung

haben sie das ein bisschen eingegrenzt. Ja und dann ging's, aber aber also so richtig mit Projektarbeit hat das noch wenig zu tun gehabt".

Als Faktor, der zum Misslingen des Projekts beiträgt, erachtet die Lehrkraft die ungünstige Gruppenzusammensetzung beider von ihr betreuten Projekte:

„Ich muss auch sagen, ich hab' zwei Gruppen gehabt, die ausschließlich Aussiedlerkinder waren. Die haben also untereinander nur russisch gesprochen. Ich hab' also auch nach mehrmaligem Auffordern waren die nicht bereit, deutsch zu reden, dass ich wusste was reden sie jetzt vom Projekt oder reden sie über ihre Samstagnacht-Erlebnisse oder wie auch immer. Also es war sehr schwierig. Und die und diese zwei Gruppen waren meiner Ansicht nach überfordert. Absolut überfordert. Also die Mädchengruppe, die waren das mit der Entwicklung von 0 bis 3. Die haben ständig gewartet, dass ich ihnen äh (--) ja sag, was sie tun sollen".

Die von der Lehrkraft getätigte Einengung des Projekts erachtet sie prinzipiell als ausreichend. Die Themenformulierung der Projekte („Die Entwicklung des Kindes von 0-3" und „Sport und Gesundheit") erscheinen aufgrund des enormen Umfangs jedoch kaum für eine Projektprüfung geeignet. Folgende Interviewpassage illustriert den Projektverlauf der Gruppe und zeigt, wie die Lehrkraft planerisches Denken verlangt, dieses aber von der Gruppe nicht gezeigt wird.

L1: „Also jetzt die zwei Gruppen, die ich hatte, die waren wirklich meiner Ansicht nach überfordert. Absolut überfordert von von von von der Art des Arbeitens, was Projektunterricht heißt und (-) dann auch die Freiheit. Mit der Freiheit konnten die gar nicht umgehen. Drei Stunden sollen sie jetzt selber sich ein Plan machen, was arbeite ich jetzt in den drei Stunden. Da war oft also eine Stunde, eine Schulstunde mindestens, wo sie rumsaßen. Und dann hab' ich sie gezwungen, hinzuhängen, was sie heut tun wollen und das war alles sehr zäh, sehr. Aber das lag jetzt auch (-) es lag schon jetzt auch an dieser Gruppe, Konstellation, dass es jetzt Aussiedlerkinder waren, die auch teilweise mit der Sprache natürlich noch Probleme haben. Verstehen, haben schon alles verstanden aber, auch so dass sie (-) wie gesagt gar nicht bereit waren jetzt auch deutsch zu reden".

Die Lehrkraft konstatiert das Fehlen des planenden Denkens, bringt dies aber in einen Zusammenhang mit der mangelnden fehlenden Sprachkompetenz in der deutschen Sprache und nicht mit der höchst diffusen Aufgabe,

die sie zu bearbeiten hatten und/oder der mangelnden Vorbereitung und Vorerfahrung mit projektartigem Arbeiten sowie dem (offensichtlichen) Fehlen des themenspezifischen Vorwissens.
Die Hauptursache für das Misslingen des Projekts lokalisiert die Lehrkraft darin, dass die Schülerinnen schlichtweg überfordert waren:

> HU_10_LG_L2: „Ich mein nachdem es nachher ja eingeengt war und ich denen gesagt hab', nur so und so kann es laufen. Und wer was (-) nimmt dann ging das schon. Aber selbst mit dieser Hilfestellung und der Einengung, selbst damit konnte die nicht umgehen. Es es die waren schlicht und ergreifend überfordert. Und die eine Schülerin hat auch am Schluss gesagt wieso haben wir das nicht gemacht wie die letzte Jahre, da war das viel einfacher".

Die starken Eingriffe der Lehrkraft bringen nicht den gewünschten Erfolg und eine Schülerin moniert, dass die ‚alte' fachpraktische Prüfung abgeschafft wurde, in der sie sich bessere Chancen ausgerechnet hätte. Hauptfaktor für das Misslingen des Projekts sind im Urteil der Lehrkraft die fehlenden allgemeinen Fähigkeiten. Auch an einer anderen Schule mit identisch ungünstigen Vorbedingungen (keine Betreuung in der Vorbereitungsphase) attribuieren die Lehrkräfte HU_14_LG_L2 und L3 das Misslingen des Projekts auf stabile Persönlichkeitsmerkmale der Schüler:

> HU_14_L2: „Und jetzt das Negativbeispiel natürlich. Die, die das nicht selbst mitbringen von zuhause aus oder von der Klasse aus. Selbständiges Arbeiten plus erforschen Internet, plus Erkundungen nehmen oder mit Spaß Thema erarbeiten.
> L3: Das war dann meins ((lacht))".

Aufschlussreich ist die Ursachenzuschreibung für das misslungene Projekt von Lehrkraft HU_14_LG_L2: Die für das Projekt erforderlichen Fähigkeiten bringen die Schüler nicht von „zuhause aus" mit. Dies widerspricht dem Prinzip, wonach (mit gutem Gewissen) nur das beurteilt werden kann, was vorher auch vermittelt wurde (vgl. Bohl 2001: 327 f.). Ähnlich wie das Beispiel aus Schule 11 (oben) bearbeiten die Schüler ein sehr unspezifisches Thema („Aids") und sind nicht in den Genuss einer erkennbaren Vorbereitungsphase gekommen:

> L3: „Das waren nur zwei Schüler, wobei der eine eigentlich den noch schlechteren Schüler antreiben musste: ha jetzt machst das, machst des. Und der musste quasi den Ton angeben, was zu machen ist. Der war nicht mal (-) im Stande, irgendwie sich einmal konzentriert mit dem PC zu beschäftigen und aus dem Internet irgendwelche Sachen rauszunehmen.
> L2: Oder einen Text zu lesen aus dem Buch ja. Bei denen gut, bei der guten Gruppe war's klar, man besorgt sich ein Buch, Fachliteratur. Liest sich das durch und weiß, was da drinnen steht. Im anderen Fall liest man sich das durch und sagt, ich hab's gelesen aber drin ist nix. Das heißt die Gliederung war größtenteils von der (Name der Lehrkraft).
> L3: Von uns ja.
> L2: Die Begrifflichkeit auch. Sprich das läuft dann so, dass der Lehrer im Prinzip die Referate macht.

Nicht die fehlende Vorbereitungsphase, in der weder ein geeignetes Thema gewählt und strukturiert wird, noch eine Materialbeschaffung stattfindet, wird als Hauptgrund für das Scheitern des Projekts angeführt, sondern die Tatsache, dass die Schüler die für das Projekt erforderlichen Kompetenzen nicht „mitbringen". Die Schilderungen der Lehrkräfte im Projekt HU_14_LG (oben) lassen darauf schließen, dass vor allem die Internetrecherche und das anschließende sinnentnehmende Lesen die Schüler im konkreten Projekt („Aids") überfordert hat. Kontrastiert werden die Leistungen dieser Gruppe mit einer anderen leistungsstärkeren Gruppe, in der die Schüler offensichtlich über die projektspezifischen Vorkenntnisse (entnehmen von Informationen) verfügen.

Die Beispiele in diesem Abschnitt verdeutlichen, dass vor allem bei leistungsschwachen Schülern das Vorhandensein von themenspezifischem Vorwissen sowie eine klare Strukturierung des Themas notwendig sind. Je höher die metakognitiven Fähigkeiten der Schüler ausgeprägt sind, desto weniger erforderlich ist der Eingriff der Lehrkraft.

Das folgende Projekt illustriert, dass Projekterfahrung allein noch kein Garant dafür ist, dass ein Projekt *nicht* auch scheitern kann und dies, obwohl nicht die mangelnde Motivation der Schüler als Hauptursache angeführt wird. Die Schüler der Schule 16 sind projekterfahren, in dem von den Schülern gewählten Thema verfügen sie aber offensichtlich über kein ausreichendes projektspezifisches Vorwissen. (HU_16_L1):

> HU_16_LG_L1: Ich hab auch 'ne Gruppe gehabt, die meines Erachtens sogar ein dolles Thema gehabt hätte. Und sie haben's eigentlich versiebt in alle Richtungen (-). Immer ständig Chancen durch die Finger gehen lassen.

Also sie haben wirklich die Chance zu dem, das Thema gut zu machen, handgreiflich, da geht selbst die Materialien, die ihnen vorlagen, die haben sie nicht gescheit ausgewertet, fehlinterpretiert, Sachen missdeutet und so was dann. Dann teilweise keine Ahnung gehabt und die hatten das Thema, so 'n Oral History-Thema: ‚Leben im 2. Weltkrieg - wir befragen noch lebende Zeitzeugen'".

Als Hauptgrund für das Scheitern des Projekts erachtet die betreuende Lehrkraft, dass die Schüler sich nicht rechtzeitig um Zeitzeugen gekümmert haben, also nicht in der Lage waren, die Schwierigkeiten des Projekts abzuschätzen. Das Wissen um die Schwierigkeiten bei Befragungen und das Wissen über die Notwendigkeit von rechtzeitigen Feldkontakten hätte die Schüler möglicherweise vor dem Scheitern des Projekts bewahrt:

„Und die hatten den Fehler gemacht, dass sie das wirklich diese Projektwoche auf sich zukommen haben lassen. Und die hätten eigentlich in der Vorphase viel vielfältig Kontakt aufnehmen müssen. Zum Beispiel, sie haben sich eingebildet, sie gehen dann in 'nen Altenheim und fragen dann die Alterlen, die dann da sind. Und die sagen ihnen dann was".

Als positiv erachtet die Lehrkraft, dass zwei Schüler der Gruppe in der Lage waren, die Fehler zu erkennen:

„Also zwei von ihnen sind dann in der (-) Reflexion, nach der Präsentation drauf gekommen, sie hätten da so 'ne Art vertrauensbildende Maßnahme der Forscher machen müssen, dass sie häufiger auftreten (-) dass sie einfach dann Kontakt zu den Leuten haben, die da im Altersheim sind und in einer ganz anderen Situation stehen, als sie selber. Und dass sie sich in deren Situation reinfinden können und dann dadurch dann auch Sachen erfahren können. Dass man ihnen dann bestimmt mehr erzählt als oberflächliches Lari-Fari und so war's dann halt auch".

Die durch projektartiges Arbeiten erworbenen Strategien wie z.B. das Aufstellen eines Plans, das Überwachen des Lernfortschritts und das Präsentieren des Zwischenstandes, das Einholen von Feedback sowie das Reflektieren des Projektverlaufs garantieren noch nicht zwingend, dass diese Fähigkeiten auf ein neues Thema übertragbar sind. Das in obigem ‚misslungenen' Projekt erforderliche Wissen um die Bedeutung des rechtzeitigen Aufnehmens von Feldkontakten war bei den Schülern offensichtlich nicht vorhanden.

Das folgende Projekt (HU_11_LG_L5) illustriert die Gefahr einer leistungsheterogenen Gruppe, in der die Kooperation und Kommunikation sich kontraproduktiv auf das Projektergebnis auswirkt. An Schule HU_11 werden die Gruppen in der Vorbereitungsphase von den jeweiligen Klassenlehrern betreut. Ab der Durchführungsphase betreuen meistens zwei Lehrkräfte durchgehend eine Gruppe. Der anwesende Hauptbetreuer, der Techniklehrer, zeigt sich sehr enttäuscht über die Art und Weise, wie die Prüfung vonstatten geht, vor allem darüber, dass innerhalb der Gruppe keinerlei „Gruppenprozesse" zustande kommen:

> HU_16_LG_L6: „Ich muss nur eins dazu sagen, ich hab' mich eigentlich gesehnt nach meiner alten Technikprüfung. Als ich das gesehen hab', wie die da gearbeitet haben, da hab' ich mich danach gesehnt, dass die die alte Technikprüfung wie sie früher war, jeder noch mal machen sollte für sich selber. Weil es war im Prinzip dann son' son' son' Thema, wo dann jeder sich 'nen Teil von rausgenommen hat und für sich selber das das halt aufgearbeitet hat mit Literatur und so weiter. Und da ist halt der Gruppenprozess gar nicht zustande gekommen, im Grunde. Und da wäre zum Beispiel diese alte Technikprüfung meiner Ansicht nach viel sinnvoller gewesen, wo jeder individuell für sich nur geprüft wird".

Die Begründung für das Scheitern des Projekts sieht die Lehrkraft hauptsächlich darin, dass die drei beteiligten Schüler nicht miteinander kommuniziert haben:

> L6: „Bei uns war die Gruppenarbeit auch net so dynamisch und so. Die Kinder haben wirklich fast nur für sich selber gearbeitet.
> I: Hm hm. Was glauben Sie, woran lag das?
> L6: Ah, an den an der Zusammensetzung der Gruppe, eindeutig. Ich mein', die sind verbal so schwach, die Kinder, die konnten die die können das gar nicht, so miteinander kommunizieren. Also in der Gruppe, in der ich war. Das waren also wirklich drei (...) sehr schwache Schüler in der Kommunikationsfähigkeit".

Der während des Gruppeninterviews anwesende Klassenlehrer (L5), der alleine für die Betreuung während der Vorbereitungsphase zuständig war, schildert die Vorgehensweise der Schüler bei der Gruppenbildung und gibt damit eine ergänzende Erklärung für das Scheitern des Projekts:

> L5: „Ja es gab auch Probleme in der Gruppenfindung. Also das war für uns sehr interessant. Spontan waren plötzlich blitzschnell also die Gruppen besetzt. Ich denk' mal, das war reine Sympathie, die Freundeskreise. Als es dann konkreter wurde, dann haben die Freunde bemerkt: oh, den schleppen wir ja nur mit, der hindert uns. Und dann gab's Rangkämpfe, die teilweise dazu führten, dass man manche Leute wieder rausgeekelt hat. Wir haben also mehrmals Wechsel der Gruppen gehabt.
> L4: Richtig".

Das Ergebnis der Gruppenbildung ist eine hinsichtlich des Interesses am Thema und an den Vorkenntnissen maximal heterogene Gruppe. Zwei Schüler schließen sich einem anderen ‚übrig gebliebenen' an und bearbeiten das Thema „Mofamotor".

> L6: „Das war das, war nämlich genau die Gruppe, die ich zu betreuen hatte. Die haben sich dann nachher zusammengewürfelt, hatten ursprünglich ein ganz anderes Thema sich vorgestellt. Und haben dann von der anderen Gruppe gehört, die machen da was mit Mofa und dann war einer dabei, der auch immer gebastelt hat und der hat dann gesagt: haja, machen wir auch Mofamotor. Und dann hab' ich einen dabei gehabt, der hat auch die schlechteste Note dann bekommen, den hab ich dann nachdem das 'rum war, hab ich gesagt: du hast ja Null Ahnung von dem, absolut keine Ahnung von dem Mofamotor gehabt. Und jetzt auch noch, der hat also absolut keine Ahnung. Hat noch nie 'nen Mofamotor gesehen gehabt (-) geschweige denn auseinander genommen gehabt. Der ist halt in die Gruppe, der hat mir dann ja wörtlich gesagt bei der Reflexion: ich bin in die Gruppe rein gegangen, weil ich sonst keine andere Gruppe gefunden habe".

Derjenige Schüler, der das Thema „Mofamotor" einbringt, überrascht positiv bei der Präsentation, da er auf einmal fähig ist, frei zu präsentieren. Bereits während der Vorbereitungsphase verfügte er gegenüber den anderen beiden Gruppenmitgliedern über eindeutig günstigere Bedingungen, da sein Vater ihn seit Beginn des Projekts unterstützt. Dieses Beispiel weist darauf hin, dass selbst innerhalb einer Gruppe die projektbegleitenden Bedingungen höchst unterschiedlich sein können. Der Schüler, der das Thema ‚Mofamotor' einbringt und die Unterstützung seines Vaters in Anspruch nehmen kann, überrascht interessanterweise die anwesenden Lehrkräfte positiv, da er auf einmal Fähigkeiten, wie das freie Vortragen beherrscht, die er im herkömmlichen Unterricht nicht hatte zeigen können:

> L6: „Und dann, wenn ich dann meine Präsentation angeschaut habe, dann war das halt mehr oder weniger Gestotter außer außer (Name des Schülers), der war
> L4: Ja der war auch, also ist sehr positiv aufgefallen. Also ein Schüler, der sonst wirklich die Zähne nicht auseinander kriegt aus meiner Klasse. Der hat da einen freien Vortrag.
> I: Der war in Ihrer Gruppe?
> L4: Ja.
> L5: Das war derjenige, der das Mofathema dann eingebracht hat und der
> L4: Und der sich auch damit auch auskannte ja.
> L6: Auch schon gebastelt hatte. Und sein Vater hat ihn da sehr unterstützt.
> I: Hm hm.
> L6: In der Vorbereitung für diese Präsentation und für die Prüfung. Und der war halt derjenige, der das gewusst hat und das alles".

Die Fähigkeit (und/oder der Wille) des Schülers, die anderen Gruppenmitglieder an dem Projekt zu beteiligen, war offensichtlich nicht vorhanden. Die Situation der Schüler im obigen Projekt (HU_11_LG) illustriert, dass die Schüler selbst innerhalb einer Gruppe einem hinsichtlich der Komplexität höchst unterschiedlichen Problem ausgesetzt sein können. Im obigen Beispiel (HU_11_LG) verfügt derjenige Schüler, der das Projektthema eingebracht hat, über das erforderliche bereichsspezifische Vorwissen, die anderen beiden Gruppenmitglieder sind dagegen aufgrund des fehlenden Vorwissens einem sehr viel komplexeren Problem ausgesetzt, das, wie in Abschnitt 2.3 dargestellt, den Problemlöser dazu nötigt, ein Versuch-und-Irrtum-Verfahren anzuwenden. In leistungsheterogenen Gruppen, die ein ‚gelungenes' Projekt durchführen, schaffen es die Schüler, die über ein höheres bereichsspezifisches Vorwissen[13] verfügen, ihr Wissen an die Gruppenmitglieder weiterzugeben, bzw. dieses hinsichtlich des angestrebten Projektziels Projekt erfolgreich zu koordinieren. Die Fähigkeit, trotz unterschiedlicher bereichsspezifischer Projektvoraussetzungen ein gemeinsames, koordiniertes, Projekt durchzuführen, kann man als ‚Teamfähigkeit' bezeichnen. Diese Teamfähigkeit jedoch, wie vom MKJS erwünscht (Abschnitt 2.2), als ‚überfachlich' zu erachten, erscheint äußerst gewagt. Der Schüler aus Pro-

---

[13] Im folgenden Abschnitt werden diejenigen Schüler vereinfacht als ‚dominierende Schüler' bezeichnet.

jekt HU_11_LG_missl., der einer Gruppe zugewiesen wurde und ein Thema („Mofamotor') bearbeiten muss, für das er weder über bereichsspezifisches Vorwissen noch über ausreichende Motivation verfügt, hat nahezu keine Chance ‚Teamfähigkeit' unter Beweis zu stellen. Und zwar deshalb, weil der dominierende Mitschüler nicht gewillt oder fähig ist, sein Wissen an die Gruppenmitglieder weiter zu geben bzw. das Projekt zu koordinieren. Bei einer anderen Gruppenkonstellation und einem anderen Projektthema wäre besagter Schüler höchstwahrscheinlich sehr viel eher in der Lage gewesen, Verhaltensweisen zu zeigen, die auf das Vorhandensein von ‚Teamfähigkeit' schließen lassen.

Eine Prämisse für die Projektprüfung ist es demnach, ein Thema zu finden, in dem die Gruppe über ausreichendes bereichsspezifisches Vorwissen verfügt. Je größer das bereichsspezifische Vorwissen ist, desto weniger relevant ist die Fähigkeit des schlussfolgernden Denkens. Daraus folgt, dass vor allem bei ‚leistungsschwachen'[14] Schülern unbedingt darauf zu achten ist, dass die Schüler über ausreichendes projektspezifisches Faktenwissen und projektspezifisches strategisches Wissen verfügen. Die an sechs Schulen geäußerte Überzeugung, dass Hauptschüler ‚eher praktisch' begabt sind, kann möglicherweise dadurch erklärt werden, dass Schüler bei technischen oder hauswirtschaftlichen Projekten durch die schulischen und/oder außerschulischen Vorerfahrungen eher über bereichsspezifisches Vorwissen verfügen.

Beispiel HU_16_LG_miss. illustriert, dass selbst bei projekterfahrenen nicht unmotivierten Schülern ein Projekt dann scheitert, wenn das gewählte Projektthema sich von den bisher durchgeführten Projekten stark unterscheidet. D.h. dass bereichsspezifische Fakten- und Regelkenntnisse nicht vorhanden sind.

Häufiges projektartiges Arbeiten führt vor allem dann zu einer Steigerung der metakognitiven Fähigkeiten und damit einer höheren Selbständigkeit, wenn Fixpunkte, wie z.B.

- das Anfertigen von Notizen über die geleisteten Arbeitsphasen,
- das Organisieren der nächsten Schritte,

---

[14] Wie Projekt 17_L1_gel. zeigt, muss die Einschätzung der Lehrkraft der Leistungsfähigkeit des Schülers nicht zwingend mit der tatsächlichen Fähigkeit des Schülers zum planenden und schlussfolgernden Denkens korrelieren.

- der Ist-Soll-Vergleich zwischen geplanten und den tatsächlich erreichten Schritten,
- das Präsentieren und Reflektieren des Zwischenstandes des Projekts

eingeschoben werden (vgl. Frey 1998: 185). Frey (ibid.) erachtet diese Fixpunkte als vergleichbar mit der Auszeit im Basketball: Die Gruppenmitglieder ziehen sich zurück, um sich später erneut zu sammeln. Der hohe Anteil an Schülern und Lehrern, der angibt, nicht über das Ergebnis und/oder den Projektverlauf reflektiert zu haben (Abschnitt 3.3), illustriert, dass hinsichtlich der Notwendigkeit der Förderung der metakognitiven Fähigkeiten durch Fixpunkte bei den Lehrkräften Förderungsbedarf besteht.

Zusammenfassung

Die Befunde der Einzelanalysen in diesem Kapitel werden hinsichtlich der beim komplexen Problemlösen beteiligten Faktoren (vgl. Frensch/Funke 1995; Abschnitt 2.3) zusammengefasst.

- Die Befunde dieses Kapitels weisen auf die zentrale Bedeutung der Wahl eines geeigneten Themas hin. Da die Schüler ‚möglichst' selbständig auch den Prozess der Themenfindung vornehmen sollen, entscheidet die Wahl des Themas und die sich daraus ergebenden Aufgabenstellungen über die Komplexität des Problems.
- Der einzelne Schüler benötigt im gewählten Thema ausreichende themenspezifische Vorkenntnisse. Dies mag trivial klingen, hat aber weitreichende Konsequenzen hinsichtlich einer ‚freien' Themenwahl. Verfügt der einzelne Schüler nicht über themenspezifische Vorkenntnisse, sind Versuch und Irrtum die Folge, die von den beobachtenden Lehrkräften als ‚Planlosigkeit' und ‚Unstrukturiertheit' wahrgenommen werden (vgl. HU_10_L2_missl.; HU_11_missl.).
- Aus einer Themenstellung ergibt sich erst dann ein ‚griffiges' Projekt, wenn eine Planungs- und Strukturierungsphase vorgeschaltet wird, in der die einzelnen Schritte und die Arbeitsverteilung innerhalb der Gruppe festgelegt werden. Das Ergebnis dieser Planung fließt in eine Projektbeschreibung ein, die quasi der ‚Fahrplan' für das Projekt ist.
- Vor allem bei projektunerfahrenen und/oder leistungsschwächeren Schülern ist eine Betreuung durch die Lehrkraft und/oder Externe vor allem in der Vorbereitungsphase erforderlich.

- Konkrete Themenformulierungen in der Projektbeschreibung (vgl. HU_16_LG_L1_gel.), in welchen das Projekt in wenigen Sätzen beschrieben wird, sind sehr viel eher dazu geeignet, den Schülern einen „roten Faden" für die Durchführung des Projekts zu liefern (HU_16_LG_L2) als die vor allem bei ‚misslungenen' Projekten vorfindbaren ‚globalen' Themenformulierungen wie z.B. „Italien", „Spanien", „Mofamotor", „AIDS", „Entwicklung des Kindes von 0-3" etc.

- Eine konkrete Themenformulierung führt auch dann bei projekterfahrenen Schülern zu einem Scheitern des Projekts, wenn keine ausreichenden themenspezifischen Vorkenntnisse vorhanden sind (vgl. HU_16_LG_L1_missl.).

- Fehlendes themenspezifisches Vorwissen kann nur dann ‚aufgeholt' werden, wenn die Schüler über ein hohes Maß an metakognitiven Fähigkeiten verfügen, was sich darin äußert, dass sie sich über das Vorhandensein des themenspezifischen Defizits bewusst sind und Schritte zur selbständigen Aneignung desselben unternehmen (vgl. HU_16_LG_L1_gel.).

- Diejenigen projektunerfahrenen Schüler, denen ein ‚erfolgreiches' Projekt gelingt, scheinen bei Vorhandensein hoher themenspezifischer Vorkenntnisse über metakognitive Fähigkeiten wie das Planen, Ausführen und Bewerten einzelner Handlungen zu verfügen, obwohl diese nicht systematisch in der Schule vermittelt wurden (HU_17_L_gel.).

- Zentrale Bedeutung kommt ‚sozialen' Fähigkeiten in der Projektgruppe vor allem dann zu, wenn Unterschiede hinsichtlich der themenspezifischen Vorkenntnisse (HU_9_L2_gel.) oder Unterschiede hinsichtlich der ‚metakognitiven Fähigkeiten'[15] des Projekts (HU_3_L_gel.) vorhanden sind. Bei der Bewertung von ‚sozialen' Fähigkeiten gilt es, die Situationsabhängigkeit von sozialem Verhalten zu beachten: Ungünstige Konstellationen wie die im Fall HU_10_missl. können dazu führen, dass das Zeigen von sozialen Fähigkeiten im konkreten Einzelfall sehr erschwert wird.

- Der Beratung des Lehrers kommt vor allem in der Vorbereitungsphase zentrale Bedeutung zu. Vor allem bei der Strukturierung des Themas scheinen Lehrkräfte besonders gefordert zu sein. Dies weist auf einen besonderen Förderungsbedarf der metakognitiven Fähigkeiten hin.

---

[15] Möglicherweise weist die Fähigkeit der dominierenden Schülerin in Projekt HU_3_L_gel., das Projekt strukturieren und koordinieren zu können auf das Vorhandensein von vergleichsweise höheren metakognitiven Fähigkeiten hin.

7.3 Die Auswertung der Schüler- und Lehrerfragebögen

I) Die Schülerfragebögen

Stichprobe

An den 20 Schulen der Hauptuntersuchung wurden 662 Schüler befragt. Der Anteil an weiblichen Befragten liegt bei 42,9 % verglichen mit 44,4 % weiblichen Hauptschülern in 9. Klassen landesweit[16]. Der Anteil an ausländischen Befragten liegt bei 25,1 % im Vergleich zum landesweiten Anteil an ausländischen Hauptschülern von 23,5%[17].

Gruppengröße

Abbildung 5 zeigt die Angaben der befragten Schüler (N = 662) bezüglich der Gruppengröße während der Projektprüfung.

Abbildung 5: Gruppengröße der Projektgruppen in gültigen Prozenten

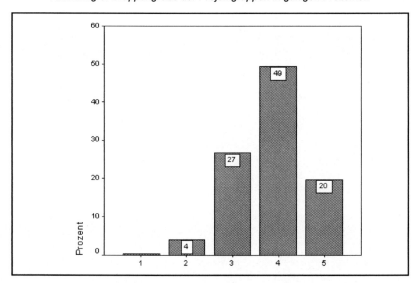

---

[16] Eigene Berechnung auf Basis von: Statistisches Landesamt Baden-Württemberg (2001: 45).
[17] Eigene Berechnung auf Basis von: Statistisches Landesamt Baden-Württemberg (2001: 41) und Statistisches Landesamt Baden-Württemberg (2003b).

Der Anteil an Gruppen mit einer vom MKJS empfohlenen Größe (3-5, Abschnitt 3.3) liegt bei 95,6 % und ist damit sehr hoch. Lediglich 4,1 % der Schüler arbeiten in 2er-Gruppen, 2 Schüler (0,3 %) führen die Prüfung als Einzelprüfung durch, was in genehmigungspflichtigen Ausnahmefällen möglich ist (Abschnitt 3.3).

Zur Themenwahl der Schüler und Schülerinnen

In diesem Abschnitt werden die von den Schülern gewählten Projektthemen hinsichtlich der folgenden Fragen analysiert:

- Welche Themenbereiche werden von den Schülern gewählt?
- Orientieren sich diese Themen überwiegend an dem Lehrplan-Stoff oder werden vom Lehrplan unabhängige Themen gewählt?
- Gibt es geschlechterspezifische/nationalitätenspezifische Präferenzen zugunsten bestimmter Themenbereiche?
- Unterscheiden die Schüler mit unterschiedlichen Themengebieten sich hinsichtlich der Gesamtzufriedenheit mit der Projektprüfung bzw. bezüglich der Zufriedenheit mit ihrer Note?

Tabelle 7 zeigt die Themen, die die Schüler im Rahmen der Projektprüfung im Schuljahr 2001/02 gewählt haben. Das Ergebnis ergibt sich aus der Kategorisierung der 662 Schülerfragebögen; die Vorgehensweise bei der Kategorisierung wird unten näher erläutert.

Tabelle 7: Gewählte Themen in der Projektprüfung nach Häufigkeit und gültigen Prozenten der Schüleraussagen

	Häufigkeit	Gültige Prozente
Länderthemen	139	23,0
Lehrplan unabhängige allgemeine Themen	135	22,4
Lehrplan unabhängige Themen aus dem Bereich „Hobbys"	84	13,9
Technik	71	11,8
fächerverbindende Themen aus Klasse 8	37	6,1
Bio/Chemie	36	6,0
Hauswirtschaft / Textiles Werken (HTW)	26	4,3
Geschichte/Gemeinschaftskunde	20	3,3
HTW mit Länderbezug	19	3,1
fächerverbindende Themen aus Klasse 9	17	2,8
Religiöse Themen	12	2,0
Physik	8	1,3
Gesamt (gültig)	604	100,0
Keine Angabe[18]	56	
Unleserlich	2	
Insgesamt	662	

---

[18] Männliche Schüler geben signifikant häufiger keine Themen an ($p < 0.05$; $N_{ohne\ Themen}$ = 56; $N_{mit\ Themen}$ = 604; Mann-Whitney U test). Hinsichtlich der Gesamtzufriedenheit gibt es keine signifikanten Unterschiede zwischen Schülern mit und ohne Themenangaben ($p > 0.05$; $N_{ohne\ Themen}$ = 55; $N_{mit\ Themen}$ = 597; Mann-Whitney U test); ebenso wenig gibt es signifikante Unterschiede hinsichtlich der Zufriedenheit mit der Note zwischen den beiden Gruppen ($p > 0.05$; $N_{ohne\ Themen}$ = 48; $N_{mit\ Themen}$ = 529; Mann-Whitney U test).

Erläuterungen zur Kategorisierung der Projektthemen

Das Zuweisen der Projektthemen zu einzelnen Fächern soll nicht implizieren, dass der fächerübergreifende Gedanke des Projekts vernachlässigt wird. Das Thema „AIDS" (von 12 Schülern gewählt), beispielsweise, befindet sich als Thema im Bildungsplan der Klasse 9 im „Fachbereich: Biologie" des Fächerverbundes „Biologie/Chemie" (MKJS 1994: 275). Es bietet sich als fächerübergreifendes Projekt durchaus an, wie die Vorgehensweise der Schülerinnen der Voruntersuchung UI (Schule 6, Gruppe 2) belegt. Neben Befragungen von Ärzten und anderen Anlaufstellen wurde weiterhin der Aspekt „AIDS in der Dritten Welt" bearbeitet und unter Verwendung unterschiedlicher Medien präsentiert[19].

Die fächerverbindenden Themen der 8. Klasse sind laut Bildungsplan (MKJS 1994: 197-201):

1. Suchtprävention;
2. Zeitung – ein Massenmedium;
3. Leben in einer Welt;
4. Jugend und Recht;
5. Ernährung und Gesundheit.

Die fächerverbindenden Themen der 9. Klasse sind (MKJS 1994: 265-269):

1. Frieden schaffen und bewahren;
2. Europa auf dem Weg zur Einheit;
3. Die Vereinigten Staaten von Amerika;
4. Leben in der Familie;
5. Merkmale einer Kulturepoche.

Auffällig an den Themen ist der mehrheitlich sehr unspezifische Titel wie z.B. „Italien", „Spanien", „Brasilien" oder „Infektionskrankheiten".
Die Kategorie „Länderthemen" wird als separate Kategorie ausgewiesen, obwohl das Thema „Länder" auch Lehrplanthema der Klasse 9 im Fach Erd-

---

[19] UI_6_Schülerinterview II; sowie Besuch der Präsentation.

kunde ist: „Lehrplaneinheit 3: Wir erarbeiten uns eine Vorstellung von einem Land" (MKJS 1994: 283). Die Aussagen der Lehrer (Abschnitt 7.4) lassen vermuten, dass ein Großteil der unter „Länderthemen" klassifizierten Projektthemen neben erdkundlichen vor allem hauswirtschaftliche und teilweise auch technische Komponenten beinhalten. Es sind nicht zu allen Projektthemen Aussagen von den Lehrern getroffen worden, sondern lediglich zu den „besonders erfolgreichen" und „nicht erfolgreichen" Projekten (siehe Abschnitt 7.2), was eine detailliertere Klassifizierung erschwert.

Eine Trennung nach „Lehrplan unabhängigen allgemeinen Themen" und „Lehrplan unabhängige Themen aus dem Bereich Hobbys" ist nur sehr bedingt möglich und beruht im hohen Maß auf Spekulationen. Das Thema „Break Dance" beispielsweise, wurde unter die Kategorie „Lehrplan unabhängige Themen aus dem Bereich Hobbys" subsumiert, obwohl es sich dabei nicht zwingend um ein Hobby aller Gruppenmitglieder handeln muss. Das Thema „Sofortmaßnahmen" konnte beispielsweise nur deshalb als „Lehrplan unabhängiges Thema aus dem Bereich Hobbys" klassifiziert werden, weil es sich nach Lehreraussagen um ein ‚gelungenes Projekt' (7.2) handelt. Die ergänzenden Informationen der Lehrkraft (HU_11_L1) ergibt, dass die das Projekt durchführenden Schülerinnen aktive und begeisterte „Rotkreuzlerinnen" sind. Da aber, wie oben erwähnt, nicht zu allen Projektthemen Erläuterungen vorliegen, werden die Kategorien „Lehrplan unabhängige allgemeine Themen" und „Lehrplan unabhängige Themen aus dem Bereich Hobbys" bei der statistischen Auswertung zu der Oberkategorie „Lehrplan unabhängige Themen" zusammengefasst.

Die Kategorie Hauswirtschaft/Textiles Werken (HTW) wurde unterteilt in „HTW" und „HTW mit Länderbezug". Unter „HTW mit Länderbezug" wurden diejenigen Themen subsumiert, die sowohl einen hauswirtschaftlichen als auch einen Länderbezug aufweisen: z.B. „Italienische Küche" oder „Türkische Küche und Kultur".

Das Thema „USA" (mit Unterthemen, z.B. ‚New York' oder ‚New York 1900-2001', insgesamt von 10 Schülern gewählt) ist zwar ein Länderthema, wird aber explizit als „fächerübergreifendes Thema der Klasse 9" ausgewiesen. Aus diesem Grund wurde es unter „fächerverbindende Themen aus Bildungsplan Klasse 9" subsumiert.

Im Gegensatz zum Schulversuch Projektprüfung, bei dem die Schüler überwiegend Themen wählten, die einem Leitfach zugeordnet waren, arbeiten

die Schüler im Schuljahr 2001/02 an Themen, die fächerübergreifend oder Fächer unabhängig sind. Ein beträchtlicher Anteil an Themen steht nur sehr indirekt mit den Inhalten des Fächerkanons in Verbindung. Insgesamt 36,3 % der Schüler wählen „Lehrplan unabhängige Themen", d.h. Themen, die nicht im Lehrplan zu finden sind (z.B. „Vergangenheit, Gegenwart und Zukunft des Zeppelin", „Hochbeet anlegen", „60er und 70er Jahre – die Bewegung der Hippies", „Cannabis", „Die 5 Tibeter" etc.).
23,0 % der Schüler wählen ein „Länderthema". Addiert man zu den Länderthemen noch die „länderorientierten HTW-Themen", so erhöht sich der Anteil an Schülern mit ‚länderorientierten Themen[20]' auf 26,1 %. Die erdkundlichen Aspekte der Länderthemen sind zwar Lehrplanthema der Klasse 9, die Schilderungen der gelungenen und misslungenen Projekte (Lehrerinterviews, Abschnitt 7.1) lassen jedoch vermuten, dass ein beträchtlicher Anteil an Länderthemen zumindest auch hauswirtschaftliche Elemente beinhaltet. Bei den Länderthemen handelt es sich um Themen, bei deren Bearbeitung die Schüler auf schulisch erworbene Grundkenntnisse zurück greifen können. Aus diesem Grund werden sie nicht als Lehrpan unabhängige Themen klassifiziert.
Im folgenden Abschnitt werden mittels adäquater inferenzstatistischer Verfahren die Schüler mit Lehrplan unabhängigen Themen mit den sonstigen, sowie die Schüler mit länderorientierten Themen mit den sonstigen Schülern verglichen. Die Bedingungen, die erfüllt sein müssen, damit die von den Schülern gewählten Themen zu einer ‚erfolgreichen' Projektprüfung führen, werden in Abschnitt 7.2 nach der Analyse der Lehrerinterviews ermittelt.

---

[20] Die Kategorien „Länderthemen" und „HTW mit Länderbezug" werden im folgenden Kapitel zur Vereinfachung unter die Kategorie „länderorientierte Themen" subsumiert.

Schüler mit Lehrplan unabhängigen Themen im Vergleich zu den sonstigen Schülern

Ein statistischer Vergleich zwischen Schülern mit Lehrplan unabhängigen Themen und Schülern mit sämtlichen anderen Projektthemen ergibt:

- Lehrplan unabhängige Themen werden hoch signifikant häufiger von männlichen Schülern gewählt ($p < 0.01$; $N_{weibl.} = 284$; $N_{männl.} = 376$; Mann-Whitney U test[21]). Die geschlechtsspezifischen Unterschiede werden ausführlich in unten diskutiert.

- Schüler mit Lehrplan unabhängigen Themen arbeiten hoch signifikant selbständiger in den Projektphasen „Gruppenbildung" und „Materialbeschaffung" ($p < 0.01$; $N_{lehrplanunabh.} = 219$; $N_{sonst.} = 441$; Mann-Whitney U test). Die im Vergleich zu den sonstigen Themen hoch signifikant höheren Selbständigkeits-Werte der Schüler mit Lehrplan unabhängigen Themen in der Projektphase „Gruppenbildung" lassen sich möglicherweise dadurch erklären, dass einer (oder mehrere) Schüler ein besonderes Interesse an einem Thema hat (haben) und aktiv ohne Hilfe des Lehrers eine Gruppe um sich schart (scharen). Die hoch signifikant höheren Werte in der Phase „Materialbeschaffung" lassen sich möglicherweise dadurch erklären, dass aufgrund des Lehrplan unabhängigen Charakters der Themen die Schüler auf selbständige Anstrengungen bei der Materialbeschaffung angewiesen sind.

- Lehrplan unabhängige Themen werden hoch signifikant häufiger von projekterfahrenen Schülern gewählt ($p < 0.01$; $N_{lehrplanunabh.} = 219$; $N_{sonst.} = 441$; Mann-Whitney U test). Projekterfahrene Schüler[22] wissen aufgrund ihrer Vorerfahrung (auch mit bewerteter) Projektarbeit eher, welche Themen sich bei der Durchführung der Projektprüfung eignen. Eine alternative Deutung, weshalb projekterfahrene Schüler hoch signifikant häufiger Lehrplan unabhängige Themen wählen, ist, dass projekterfahrene Lehrer möglicherweise besonderen Wert auf fächerübergreifende, nicht schulstoffspezifische Themen legen. Die Lehrersicht wird in den Abschnitten 7.3-7.4 ausführlich diskutiert.

---

[21] Der Signifikanztest, der in unserer Studie verwandt wird, ist der Mann-Whitney-U-Test (für eine äußerst verständliche und kurzweilige Erklärung des Tests siehe Clegg 1994: 75f.). Der Mann-Whitney-U-Test ist ein parameterfreies Verfahren, das auch dann angewandt werden kann, wenn nicht von einer Normalverteilung ausgegangen wird und/oder Ordinalskalenniveau gegeben ist (vgl. Bühl/Zöfel 2000: 291). Auf das Ausweisen des U-Wertes, mit dessen Hilfe der für Signifikanzen relevante p-Wert bestimmt werden kann, wird aus Gründen der besseren Lesbarkeit verzichtet und direkt der p-Wert angegeben.

[22] Zur Definition von ‚projekterfahren' siehe S. 180f.

Schüler mit länderorientierten Themen im Vergleich zu sonstigen Schülern

Der statistische Vergleich zwischen Schülern mit länderorientierten Themen und Schülern mit sämtlichen anderen Themen ergibt:

- Länderorientierte Themen[23] werden hoch signifikant häufiger von ausländischen Schülern gewählt ($p < 0.01$; $N_{ausländ.}$ = 168; $N_{deutsch}$ = 490; Mann-Whitney U test). Der Schulleiter der Schule HU_16 äußert die Vermutung, dass ausländische Schüler in der Projektprüfung einen „kulturellen Vorteil" besitzen, da sie oftmals ihr ‚Heimatland'[24] als Thema wählen und über dieses sowohl selbst teilweise gut Bescheid wissen als auch relativ einfach Informationen über das betreffende Land bei Verwandten einholen können.

- Länderorientierte Themen[25] werden ebenfalls hoch signifikant häufiger von weiblichen Schülern gewählt ($p < 0.01$; $N_{weibl.}$ = 284; $N_{männl.}$ = 376; Mann-Whitney U test); Schüler mit länderorientierten Themen sind signifikant zufriedener mit ihrer Note ($p < 0.05$; $N_{länderor.}$ = 158; $N_{sonst.}$ = 502; Mann-Whitney U test). Die geschlechtsspezifischen Unterschiede werden unten diskutiert. Die Tatsache, dass Schülerinnen im Vergleich zu Schülern hoch signifikant zufriedener mit der Projektprüfung insgesamt und hoch signifikant zufriedener mit ihrer Note sind (siehe oben), erschwert die Interpretation der signifikant höheren Zufriedenheit von Schülern mit länderorientierten Themen, da weibliche Schüler in dieser Gruppe überrepräsentiert sind.

---

[23] Zur Definition des Begriffs „länderorientierte Themen" siehe Abschnitt 7.3.
[24] Ob die befragten ausländischen Schüler das Land ihrer Vorfahren tatsächlich auch als *ihr* Heimatland erachten, ist fraglich, kann aber an dieser Stelle nicht beantwortet werden.
[25] Zur Definition des Begriffs „länderorientierte Themen" siehe Abschnitt 7.3.

Selbständigkeit der Schüler während der Phasen des Projekts

Die Schüler schätzten auf einer 4-stufigen Ratingskala den Grad ihrer Selbständigkeit während der Phasen der Projektprüfung ein. Der Anspruch an die Items, so verständlich formuliert zu sein, dass auch leseschwächere Schüler problemlos Einschätzungen vornehmen können, machte es erforderlich, den Begriff „Selbständigkeit" zu vermeiden und alternative Formulierungen zu wählen (siehe Anhang).

Tabelle 8 veranschaulicht den Grad der Schüler-Selbständigkeit während den Phasen des Projekts:

Tabelle 8: Schüleraussagen über ihre Selbständigkeit während der Phasen der Projektprüfung in gültigen Prozenten (N = 662)

	Schüler-Selbständigkeit während der Phasen der Projektprüfung	niedrig ---------- hoch				
		0	1	2	3	$(AM)^{26}$
Vorbereitung	Themenfindung	4,1	1,8	22,5	71,6	(2,62)
	Gruppenbildung	3,0	6,6	3,0	87,3	(2,75)
	Materialbeschaffung	0,8	0,9	29,7	68,7	(2,66)
	Projektbeschreibung[27] erstellen	2,6	3,1	23,8	70,6	(2,62)
Durchführung	Material auswerten	3,1	2,8	18,3	75,8	(2,67)
	Realisierung	0,2	0,9	13,7	85,2	(2,84)
	Präsentation vorbereiten	0	0,8	17,6	81,7	(2,81)
	Ergebnis präsentieren	1,4	2,7	9,1	86,8	(2,81)

---

[26] Das arithmetische Mittel (AM) ist erst ab Intervallskalenniveau ein zulässiges Maß. Ob Rating-Skalen ein Intervallskalenniveau erreichen oder nicht, wird unter eher ‚konservativen' und ‚liberalen' Sozialwissenschaftlern heftig debattiert (vgl. Bortz/Döring 2002: 180f.).

[27] 11,4 % der Befragten machen keine Angabe zum Item „Die Projektbeschreibung haben wir alleine erstellt". Viele Schüler scheinen mit dem Begriff „Projektbeschreibung" relativ wenig anfangen zu können. Dies wird auch dadurch verdeutlicht, dass während der Befragungen in jeder Klasse mindestens ein Schüler nachfragte, was unter dem Begriff zu verstehen ist.

Die Schüler schätzen sich insgesamt als sehr selbständig ein: Auf einer 4-stufigen Ratingskala ist die Kategorie, die den höchsten Grad an Schüler-Selbständigkeit angibt bei allen Phasen die mit großem Abstand am häufigsten gewählte. Die Phase ‚Materialbeschaffung' ist diejenige, in der die Schüler die Kategorie, die den höchsten Grad an Selbständigkeit angibt, am vergleichsweise seltensten angeben. Beim Item „Das Material haben wir alleine beschafft" geben 68,7 % die Kategorie „stimmt" an. Mit Ausnahme der Projektphase ‚Gruppeneinteilung' arbeiten die Schüler in den Teilphasen der Vorbereitungsphase (Themenfindung, Materialbeschaffung und Projektbeschreibung erstellen) deutlich weniger selbständig als während der Teilphasen der Durchführungsphase und der Präsentation.

Eine ausführliche Diskussion über die Kategorie „Selbständigkeit" erfolgt in Abschnitt 7.3 nach der Analyse des Lehrerdatensatzes zur Schülerselbständigkeit.

Die Diskussion über die neben der Phase ‚Ergebnis präsentieren' zur Präsentationsphase gehörenden Phasen ‚Ergebnis reflektieren' und ‚Prozess reflektieren' erfolgt im folgenden Abschnitt.

‚Reflexion des Ergebnisses' und ‚Reflexion des Prozesses'

Tabelle 9: Reflexion des Ergebnisses und Reflexion des Prozesses

	Gesamtpopulation	projekterfahrene Schüler	projektunerfahrene Schüler
Reflexion des Ergebnisses erfolgt	78,5 %	90,0 %	72,8 %
Reflexion des Prozesses erfolgt	61,0 %	71,2 %	55,9 %

Die in obiger Tabelle ausgewiesenen Unterschiede zwischen projekterfahrenen und projektunerfahrenen Schülern hinsichtlich der Häufigkeit der erfolgten Reflexion des Ergebnisses sind hoch signifikant ($p < 0.01$; $N_{projekterfahren}$ = 220; $N_{projektunerfahren}$ = 437; Mann-Whitney U test). Auch hinsichtlich der Häufigkeit der erfolgten Reflexion des Prozesses ergeben sich hoch signifikante Unterschiede zwischen projekterfahrenen und projektunerfahrenen Schülern ($p < 0.01$; $N_{projekterfahren}$ = 219; $N_{projektunerfahren}$ = 438; Mann-Whitney U test) sind jeweils hoch signifikant.

„Ergebnis reflektieren" und „Prozess reflektieren" sind laut MKJS verbindliche Teile der Projektprüfung und deshalb auch „bei der Bewertung eines Projektes maßgeblich" (MKJS 2001a: 6; vgl. Abschnitt 3.3). Auf dieser Folie überrascht der relativ hohe Anteil an Schülern, der angibt, über das Ergebnis und den Prozess *nicht* reflektiert zu haben (21,5 % bezogen auf die Reflexion des Ergebnisses; 39 % bezogen auf die Reflexion des Prozesses).

Die Tatsache, dass projekterfahrene Schüler im Anschluss an die Präsentation hoch signifikant häufiger das Ergebnis und den Prozess reflektieren, ist ein möglicher Indikator dafür, dass projekterfahrene Schulen eine im Vergleich zu projektunerfahrenen Schulen ‚gehaltvollere' Projektprüfung durchführen[28]. Es ist davon auszugehen, dass projekterfahrene Lehrkräfte aufgrund des ‚freiwilligen' vorzeitigen Beschäftigens mit Projektarbeit über die Relevanz von sogenannten ‚Fixpunkten', zu denen man auch die Reflexion des Prozesses und des Ergebnisses zählt, vergleichsweise besser informiert sind. Darum wurden möglicherweise schon in der Vergangenheit die Schüler zu Reflexionen aufgefordert und ermuntert.

Zum Kriterium ‚Projekterfahrung'

Die Teilnahme der Schulen am Schulversuch ‚Projektprüfung' des Schuljahres 2000/01 erwies sich als wenig stabiler Indikator für die Projekterfahrung der Schüler und Lehrer des Schuljahres 2001/02. An drei Schulen wurden zwar Projektprüfungen im Rahmen des Schulversuchs 2000/01 (fächergebunden) durchgeführt, die befragten Schüler und Lehrer der 9. Klassen hatten jedoch vor der Projektprüfung keine Erfahrungen mit fächerübergreifender Projektarbeit gesammelt. Zwei Schulen, die *nicht* am Schulversuch des

---

[28] Siehe dazu auch die Lehrerinterviews, Abschnitte 7.4.

Schuljahres 2000/01 teilgenommen hatten, konnten dafür ‚Projekterfahrung' vor der Projektprüfung vorweisen. An diesen beiden Schulen wird seit Jahren projektartiges Arbeiten durchgeführt und auch bewertet; eine dieser beiden Schulen hat Projektarbeit als Teil des selbst erstellten Schulprogramms integriert.

Als ‚projekterfahren' werden im folgenden Abschnitt diejenigen Schüler und Lehrer eingestuft, die vor Durchführung der Projektprüfung ein bewertetes, fächerübergreifendes Projekt durchgeführt haben, in dem alle Phasen berücksichtigt wurden[29]. *Bewertete* Projektarbeit als Kriterium für Projekterfahrung zugrunde zu legen, erscheint aufgrund der Tatsache, dass es sich um eine Abschlussprüfung handelt, notwendig. Es ist davon auszugehen, dass die Transparenz der Notengebung sehr viel eher dann gegeben ist, wenn die Schüler nicht nur über das Procedere der Bewertung von Projektarbeit belehrt wurden, sondern es selbst im Rahmen von Projekten erfahren haben.

An beiden Schulen, die am Schulversuch ‚Projektprüfung' des Schuljahres 2000/01 eine themenorientierte Projektprüfung durchgeführt hatten, verfügten die Schüler und Lehrer über Projekterfahrung. Bei diesen beiden Schulen handelt es sich um ‚Pionierschulen', die vorzeitig in der Versuchsphase an Projektprüfungen beteiligt waren und an denen die Projektprüfung vorzeitig auf das gesamte Kollegium ‚ausgestrahlt' hat. An beiden Schulen ist Projektarbeit seit Jahren verbindlicher Bestandteil in allen Klassen.

Projekterfahrene und projektunerfahrene Schüler unterscheiden sich folgendermaßen:

- Projekterfahrene Schüler arbeiten in der Phase „Materialbeschaffung" hoch signifikant selbständiger als projektunerfahrene Schüler ($p < 0.01$; $N_{projekterfahren} = 220$; $N_{projektunerfahren} = 441$; Mann-Whitney U test).
- Projekterfahrene Schüler geben hoch signifikant häufiger an, das Ergebnis reflektiert zu haben ($p < 0.01$; $N_{projekterfahren} = 220$; $N_{projektunerfahren} = 437$; Mann-Whitney U test) und den Prozess der Projektarbeit reflektiert zu haben ($p < 0.01$; $N_{projekterfahren} = 219$; $N_{projektunerfahren} = 438$; Mann-Whitney U test).

---

[29] Die Bewertung der ‚Probeprojekte' erfolgte in den Schulen je nach Fächeranteil in einem Fach, da vor der Projektprüfung für fächerübergreifende Leistungen keine separate Note ausgewiesen werden konnte.

- Außerdem geben projekterfahrene Schüler hoch signifikant häufiger an, vor der Projektprüfung in Gruppen gearbeitet zu haben ($p < 0.01$; $N_{projekterfahren} = 218$; $N_{projektunerfahren} = 433$; Mann-Whitney U test).

Die Phase ‚Materialbeschaffung', nach Lehreraussagen ein häufiges Defizit bei misslungenen Projekten (Abschnitt 7.1), scheint projekterfahrenen Schülern weniger Probleme zu bereiten als projektunerfahrenen. Die Vorerfahrung mit projektartigem Arbeiten hat die Schüler dahingehend befähigt, vergleichsweise selbständiger die Materialbeschaffung vorzunehmen. Der hoch signifikant höhere Anteil an Gruppenarbeit vor der Projektprüfung ist ein Indikator dafür, dass es sich bei den projekterfahrenen Schulen um reformfreudige Schulen handelt, was sich in einem höheren Anteil an offenen Lernformen äußert.

Gesamt-Zufriedenheit mit der Projektprüfung und Zufriedenheit mit der Note

Die Einschätzung der Gesamtzufriedenheit mit der Projektprüfung und der Zufriedenheit mit der Note erfolgte auf einer 6-stufigen Ratingskala. Von den 662 Befragten machen acht Schüler (1,2 %) keine Angaben zur Gesamtzufriedenheit und 84 Schüler (12,7 %) keine Angaben zur Zufriedenheit mit der Note. Der hohe Anteil an fehlenden Werten beim Item ‚Zufriedenheit mit der Note' lässt sich dadurch erklären, dass zum Zeitpunkt der Befragungen an zwei Schulen die Noten den Schülern noch nicht bekannt gegeben worden waren und an einer Schule lediglich den Schülern einer Klasse die Noten für die Projektprüfung vorlagen. Von den 84 Schülern, die keine Angabe zur Zufriedenheit mit der Note treffen, kommen 85,7 % von diesen drei Schulen. Folgende Grafiken veranschaulichen die Schülergesamtzufriedenheit und die Zufriedenheit der Schüler mit den Noten:

Abbildung 6: Schüler-Gesamtzufriedenheit mit der Projektprüfung

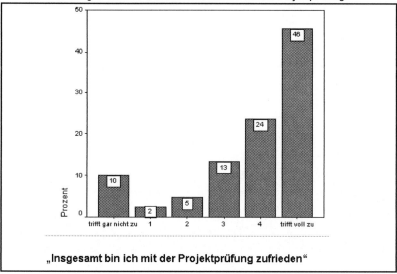

„Insgesamt bin ich mit der Projektprüfung zufrieden"

Abbildung 7: Schülerzufriedenheit mit der Note

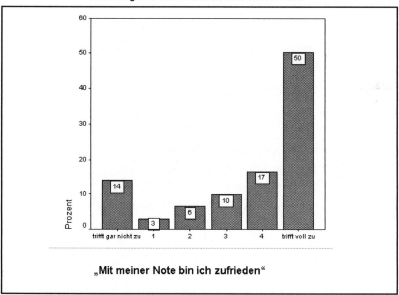

„Mit meiner Note bin ich zufrieden"

- Es besteht kein signifikanter Unterschied zwischen projekterfahrenen und projektunerfahrenen Schülern hinsichtlich der Gesamtzufriedenheit mit der Projektprüfung ($p > 0.05$; $N_{projekterfahren}$ = 219; $N_{projektunerfahren}$ = 435; Mann-Whitney U test) und hinsichtlich der Zufriedenheit mit der Note ($p > 0.05$; Nprojekterfahren = 219; Nprojektunerfahren = 359; Mann-Whitney U test).

- Schülerinnen sind im Vergleich zu Schülern hoch signifikant zufriedener hinsichtlich der Gesamtzufriedenheit mit der Projektprüfung ($p < 0.01$; $N_{weiblich}$ = 281; $N_{männlich}$ = 373; Mann-Whitney U test) und hinsichtlich ihrer Zufriedenheit mit der Note ($p < 0.01$; $N_{weiblich}$ = 249; $N_{männlich}$ = 329; Mann-Whitney U test).

- Schüler mit länderorientierten Themen sind signifikant zufriedener mit ihrer Note als Schüler mit allen anderen sonstigen Themen ($p < 0.05$; $N_{länderorient.}$ = 133; $N_{sonstig.}$ = 444; Mann-Whitney U test, s.o.).

Fasst man die zwei Kategorien, die den höchsten Grad an Zufriedenheit wiedergeben (4 und 5), die mittleren Kategorien (2 und 3) und die niedrigsten zwei Kategorien (0 und 1) zusammen, so ergibt sich:

- 69,3 % sind mit der Projektprüfung zufrieden;
- 18,2 % sind mit der Projektprüfung teilweise zufrieden und
- 12,5 % sind unzufrieden mit der Projektprüfung.

Die Zufriedenheit mit der Note fällt folgendermaßen aus:

- 66,8 % sind mit ihrer Note zufrieden;
- 16,3 % sind mit der Note teilweise zufrieden und
- 16,9 % sind unzufrieden mit ihrer Note.

Hinsichtlich der Gesamtzufriedenheit mit der Projektprüfung und der Zufriedenheit mit der Note gibt es große Unterschiede zwischen den Schulen:
Den höchsten Wert an Zufriedenheit mit der Projektprüfung erreicht Schule 14, an der 92,9 % mit der Projektprüfung zufrieden sind (7,1 % unzufrieden), den geringsten Anteil an zufriedenen Schülern weist Schule 5 auf, an der 47,7 % mit der Projektprüfung zufrieden und 29,5 % unzufrieden sind.
Den höchsten Wert an Zufriedenheit mit der Note erreicht Schule 18 mit 82,6 % zufriedenen Schülern mit der Note (17,4 % Unzufriedene), den nied-

rigsten Wert Schule 2, an der lediglich 41,4 % der Schüler mit ihren Noten zufrieden und 37,9 % unzufrieden sind.

Der Zusammenhang zwischen Gesamtzufriedenheit und Zufriedenheit mit der Note fällt überraschend gering aus. Die Korrelation zwischen Gesamtzufriedenheit mit der Projektprüfung und Zufriedenheit mit der Note beträgt 0.63 (Spearman-Rho; N = 573).

Wie obige Grafiken zeigen, sind jeweils mehr als 2/3 der befragten Schüler mit der Projektprüfung insgesamt und mit ihrer Note zufrieden. Möglicherweise kommt projektartiges Arbeiten den schulischen Bedürfnissen der Schüler besonders entgegen. Diese These wird indirekt auch durch den relativ schwachen Zusammenhang zwischen Zufriedenheit insgesamt und Zufriedenheit mit der Note [Korrelation von .63 (s.o.)] gestützt. Bemerkenswert ist die Anzahl von 21 Schülern, die mit ihrer Note ‚unzufrieden' sind, trotzdem aber angeben, mit der Projektprüfung ‚zufrieden' zu sein.

‚Projekterfahrene' Schüler unterscheiden sich nicht signifikant von projektunerfahrenen Schülern hinsichtlich der Gesamtzufriedenheit mit der Projektprüfung und hinsichtlich der Zufriedenheit mit ihrer Note. Projekterfahrene Schüler, so sollte man annehmen, sind aufgrund ihrer Vorerfahrung mit projektartigem Arbeiten mit den projektspezifischen Arbeitsweisen vertraut und deshalb in der Lage, ein qualitativ hochwertigeres Projekt durchzuführen. Dies, so könnte man spekulieren, äußert sich dann in einer höheren Zufriedenheit mit der Projektprüfung. Dass projekterfahrene Schüler tatsächlich im Vergleich zu projektunerfahrenen Schülern über die projektnotwendigen Arbeitsweisen verfügen, legt der Befund nahe, dass sie hoch signifikant selbständiger in der Phase ‚Materialbeschaffung' arbeiten (s.o.).

Möglicherweise kompensiert der Reiz des Neuen bei projektunerfahrenen Schülern die vergleichsweise niedrigeren projektspezifischen Kompetenzen und führt dazu, dass keine signifikanten Unterschiede zwischen projektunerfahrenen und projekterfahrenen Schülern bezüglich der Zufriedenheit festzustellen sind.

Interessanterweise ist der Zusammenhang zwischen der Gesamtzufriedenheit mit der Projektprüfung und der Zufriedenheit mit der Note bei projekterfahrenen Schülern deutlich höher als bei projektunerfahrenen Schülern. Tabelle 10 verdeutlicht die unterschiedlich starken Korrelationen zwischen der ‚Gesamtzufriedenheit mit der Projektprüfung' und der ‚Zufriedenheit mit der Note', unterschieden nach projekterfahrenen und projektunerfahrenen Schülern.

Tabelle 10: Korrelation (Spearman-Rho) zwischen ‚Gesamtzufriedenheit mit der Projektprüfung' und ‚Zufriedenheit mit der Note'

	Korrelation
Projekterfahrene Schüler (N = 218)	.74
Projektunerfahrene Schüler (N = 355)	.56
Schüler insgesamt[30] (N = 573)	.63

Projekterfahrene Schüler erachten Projektarbeit als gewohnten (und notenrelevanten) Bestandteil des schulischen Lernens und definieren ihre Zufriedenheit mit der Projektprüfung deshalb verglichen mit projektunerfahrenen Schülern in höherem Maße über die Note.
Eine alternative Deutung lautet: Die höhere Effektivität der projekterfahrenen Schüler führt deshalb nicht zu einer höheren Zufriedenheit, weil projekterfahrene Lehrkräfte die Projekte im Vergleich zu projektunerfahrenen Lehrkräften strenger beurteilen.
Projekterfahrene Lehrer vermuten, dass an ihrer Schule das ‚Niveau' der Prüfungen vergleichsweise höher, die Bewertung der Projektprüfung dagegen aber auch sehr viel strenger gehandhabt worden ist als an Schulen ohne Projekterfahrung. Außerdem weisen manche projektunerfahrene Lehrer darauf hin, dass sie aufgrund einer gewissen Unsicherheit mit der neuen Maßnahme Projektprüfung möglicherweise ‚zu gut' bewertet haben. Der Aspekt der Bewertung der Schülerleistungen wird ausführlicher in Abschnitt 7.4 diskutiert.

Arbeitsverteilung innerhalb der Projektgruppen

Die Arbeitsverteilung innerhalb der Projektgruppen wurde von den Schülern auf einer 4-stufigen Ratingskala eingeschätzt. Das Ergebnis wird durch Abbildung 8 veranschaulicht.

---

[30] Berücksichtigt werden von den insgesamt 662 befragten Schülern nur diejenigen, die Angaben zu ihrer Gesamtzufriedenheit mit der Projektprüfung und ihrer Zufriedenheit mit der Note gemacht haben.

Abbildung 8: Arbeitsverteilung innerhalb der Projektgruppen (N = 661)

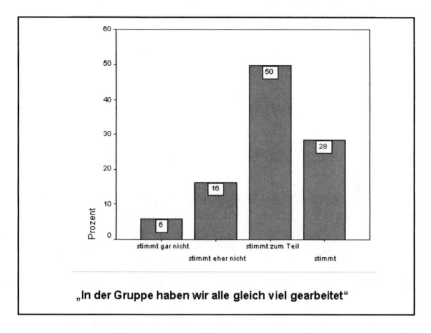

„In der Gruppe haben wir alle gleich viel gearbeitet"

- Ausländische Schüler geben signifikant häufiger an, in der Gruppe „gleich viel" gearbeitet zu haben (p < 0.05 $N_{ausländ.}$ = 165; $N_{deutsch}$ = 493; Mann-Whitney U test).

Infolge der Itemformulierung ist es nicht direkt möglich, die bei Gruppenarbeiten häufig geäußerte ‚Trittbrettfahrerthese' zu überprüfen. 50 % der Befragten sind der Auffassung, dass sie in der Gruppe „zum Teil" alle gleich viel gearbeitet haben. Dies könnte man dahingehend interpretieren, dass die Einschätzung, in der Gruppe mehr als andere gearbeitet zu haben, zwar existiert, jedoch nicht besonders stark ausgeprägt ist.

Zur Vorerfahrung mit Gruppenarbeit

Die Schüler gaben auf einer 6-stufigen Ratingskala an, wie häufig sie vor der Projektprüfung in Gruppen gearbeitet haben. Abbildung 9 illustriert die Ergebnisse:

Abbildung 9: Vorerfahrung der Schüler mit Gruppenarbeit vor der Projektprüfung in gültigen Prozenten

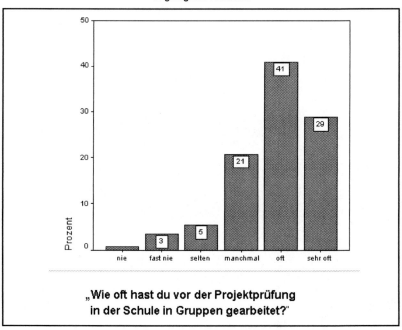

Die Schüler sind der Auffassung, vergleichsweise häufig vor der Projektprüfung in Gruppen gearbeitet zu haben. Studien zum Gebrauch von Unterrichtsmethoden (Bohl 2000: 216; und der ‚Klassiker' von Hage et al. 1985) belegen, dass Gruppenarbeit diejenige Unterrichtsmethode ist, die nach dem Frontalunterricht, wenngleich mit sehr großem Abstand, am zweithäufigsten im Unterrichtsalltag zu finden ist. Hage (1985: 47) beziffert den Anteil der Gruppenarbeit am gesamten Unterricht auf 7,43 %. Vorliegende Studie belegt, dass Gruppenarbeit als Unterrichtsform vergleichsweise stabil auch in den Hauptschulen Baden-Württembergs verankert zu sein scheint.

Schülerinnen und Schüler im Vergleich

Tabelle 11: Schülerinnen und Schüler im Vergleich

	Selbständigkeit / Themenfindung	Selbständigkeit / Präsentation vorbereiten	Länderorientierte Themen	Lehrplanunabh. Themen	Gesamtzufriedenheit	Zufriedenheit mit Note
Schülerinnen	+ + N = 284	- N = 283	+ + N = 284	- - N = 284	+ + N = 281	+ + N = 249
Schüler	- - N = 377	+ N = 377	- - N = 376	+ + N = 376	- - N = 373	- - N = 329

Erläuterungen:

+ + : hoch signifikant höher (p < 0,01);

- - : hoch signifikant niedriger (p < 0,01);

+ : signifikant höher (p < 0,05);

- : signifikant niedriger (p < 0,05).

Die höhere Selbständigkeit der Schülerinnen in der Phase „Themenfindung" kann man möglicherweise dahingehend interpretieren, dass Schülerinnen sich vergleichsweise früher um die Projektprüfung kümmern und daher weniger auf die Hilfe des Lehrers bezüglich der Themenfindung angewiesen sind.

Die hoch signifikant häufigere Wahl von länderorientierten Themen der Schülerinnen hängt höchstwahrscheinlich damit zusammen, dass länderorientierte Themen zu einem großen Anteil hauswirtschaftliche Elemente enthalten. Das Fach HTW wird überwiegend von Mädchen gewählt, was die hoch signifikant höhere Quote von Schülerinnen bei länderorientierten Themen erklärt.

Quasi spiegelbildlich dazu wählen Schüler hoch signifikant häufiger Lehrplan unabhängige Themen. Viele Lehrplan unabhängige Themen lassen die Vermutung zu, dass es sich bei ihnen im besonderen Maß um Themen handelt, die aus Jungendomänen stammen, wie z.B. „Fußball-WM",

"Skateboard", "ISS-Raumstation" etc.

Die signifikant niedrigeren Werte, die Schülerinnen bei der Projektphase „Präsentation vorbereiten" angeben, lassen sich folgendermaßen interpretieren:
Die Schilderungen der Lehrerinterviews legen nahe, dass die Präsentationen oftmals multimedial erfolgten. Möglicherweise sind männliche Schüler eher den Umgang mit technischen Geräten gewöhnt als Mädchen, was die signifikant höheren Werte der männlichen Befragten in Punkto Selbständigkeit in der Phase „Präsentation vorbereiten" plausibel erscheinen lässt.

Die hoch signifikant höhere Zufriedenheit der weiblichen Schüler sowohl mit der Projektprüfung insgesamt als auch mit ihrer Note kann unterschiedliche Ursachen haben, über die spekuliert werden kann:

- These 1: Schüler sind mit der Projektprüfung insgesamt und mit ihrer Note hoch signifikant weniger zufrieden als Schülerinnen, da innerhalb der Hauptschüler eine Gruppe besonders depriviert ist[31]. Diese These lässt sich auch durch die Ergebnisse vorliegender Studie bestätigen. Von denjenigen 72 Hauptschülern, die angeben, mit der Projektprüfung unzufrieden zu sein (Kategorien 0 und 1 zusammengefasst), sind 81 % männlich; von denjenigen 98 Hauptschülern, die angeben, mit ihrer Note unzufrieden zu sein, sind 68, 4 % männlich.

- These 2: Schülerinnen sind generell mit der Schule und mit ihren Noten zufriedener als Schüler.

---

[31] Die Habilitation von Mägdefrau (i. Ersch.) weist darauf hin, dass besonders unter der Gruppe der männlichen Hauptschuljugendlichen ein beträchtlicher Anteil unter mangelnden (auch schulischen) Möglichkeiten der Bedürfnisverwirklichung leidet. Darüber hinaus sind männliche Hauptschüler an sich schon drastisch an Hauptschulen überrepräsentiert und das nicht nur in absoluten Zahlen, sondern auch bezüglich des Anteils an Schulabbrechern: Im Jahr 2001/02 besuchten landesweit 211.331 Schüler öffentliche Hauptschulen in Baden-Württemberg. Davon waren lediglich 93.251 (44,1 %) weiblich (Eigene Berechnung auf Basis von: Statistisches Landesamt Baden-Württemberg 2003a). Ein weiterer Indikator für die strukturelle Benachteiligung von männlichen Schülern an Hauptschulen ist der Anteil der Nichtversetzten. Insgesamt wurden im Schuljahr 2000 [aktuellere Daten lagen zum Zeitpunkt der Erstellung dieses Kapitels (April 2003) nicht vor] 6103 Schüler an den öffentlichen und privaten Hauptschulen nicht versetzt. Der Anteil an männlichen Nichtversetzten (bezogen auf alle Hauptschüler) liegt bei 67,64 % (Eigene Berechnung auf Basis von: Statistisches Landesamt Baden-Württemberg 2001: 53). Für vorliegende Studie noch relevanter ist die folgende Statistik: Von den insgesamt 3.415 Abgängern des Schuljahres 2001/02 ohne Hauptschulabschluss (berücksichtigt werden nur die Abgänger ohne Abschluss an Hauptschulen) waren lediglich 35,5 % weiblich (Eigene Berechnung auf Basis von: Statistisches Landesamt Baden-Württemberg 2003c).

II) Die Lehrerfragebögen

Zusätzlich zu den 53 Lehrkräften, die mündlich und schriftlich befragt wurden, werden bei der Auswertung der Fragebögen auch diejenigen vier Schulleiter berücksichtigt, die als Lehrkräfte in der Projektprüfung eingesetzt wurden. Die Schulleiterinterviews fanden getrennt von den Lehrerinterviews statt.

Schülerselbständigkeit nach Projektphasen

Die Lehrkräfte wurden gebeten, auf einer 6-stufigen Ratingskala den Grad der Schülerselbständigkeit (0-5) während den Phasen der Projektprüfung einzuschätzen (siehe Anhang).

Tabelle 12: Aussagen der Lehrkräfte über die Selbständigkeit der Schüler während den Phasen der Projektprüfung (PP) in gültigen Prozenten

Schüler-Selbständigkeit während den Phasen der PP	niedrig					hoch	(AM^{32})	N
	0	1	2	3	4	5		
Themenfindung	0	12	4	28	36	20	(3,4)	50[33]
Gruppenbildung	2	2	8	14	42	32	(3,9)	50
Materialbeschaffung	0	7,4	5,6	16,7	50	20,4	(3,7)	54
Projektbeschreibung erstellen	3,8	18,9	20,8	34,0	17,0	5,7	(2,6)	53
Material auswerten	0	5,5	12,7	23,6	52,7	5,5	(3,4)	55
Realisierung	3,7	5,6	24,1	48,1	0	18,5	(3,7)	54
Präsentation vorbereiten	0	3,6	5,5	20	40	30,9	(3,9)	55
Ergebnis präsentieren	0	5,5	3,6	10,9	34,5	45,5	(4,1)	55

---

[32] Vgl. Fußnote 12.
[33] Keine Aussagen erfolgen von sieben Lehrkräften mit dem Hinweis, dass für die Vorbereitungsphase die Klassenlehrkraft zuständig war.

Die Lehrereinschätzungen der Schülerselbständigkeit fallen für alle Phasen geringer aus als die Schülerselbsteinschätzungen. Abbildung 10 visualisiert den Unterschied zwischen Schüler- und Lehraussagen hinsichtlich der Schülerselbständigkeit während der Phasen der Projektprüfung:

Abbildung 10: Schülerselbständigkeit während der Phasen der Projektprüfung: Schüleraussagen (N = 662) und Lehreraussagen (N = 57) im Vergleich[34] (arithmetisches Mittel; minimaler Wert: 0, maximaler Wert: 3)

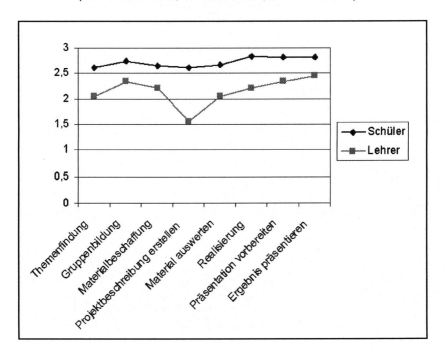

Die Schüler schätzen sich durchgehend selbständiger ein als die Lehrer sie einschätzen. Vergleicht man die Ränge der einzelnen Phasen, so erkennt man Parallelen zwischen Schüler- und Lehreraussagen. Die Schüler schätzen sich während der Teilphasen der Vorbereitungsphase (Ausnahme Gruppenbildung) weniger selbständig ein als während der Teilphasen der

---

[34] Nach einer linearen Transformation.

Durchführungsphase. Analog schätzen die Lehrer ihre Schüler während der Teilphasen der Vorbereitungsphase (Ausnahme Gruppenbildung) weniger selbständig ein als während der Teilphasen der Durchführungsphase. Die einzige Ausnahme bildet die Teilphase „Material auswerten" (Durchführungsphase), für die die Lehrer einen relativ geringen Grad an Schüler-Selbständigkeit angeben. ‚Material auswerten' ist eine Phase, die Lehrer vor allem häufig bei misslungenen Projekten negativ erwähnen[35] (vgl. Abschnitt 7.1). Einen deutlichen ‚Ausreißer' stellt die Phase ‚Projektbeschreibung erstellen' dar. Die Lehrereinschätzung hinsichtlich der Schülerselbständigkeit fällt für diese Phase mit großem Abstand am niedrigsten aus. Die Schüler schätzen sich während dieser Phase ebenfalls am vergleichsweise wenigsten selbständig ein (ranggleich mit Themenfindung). Die Lehrereinschätzungen in den Fragebögen legen den Schluss nahe, dass die Lehrer hauptsächlich beim Erstellen der Projektbeschreibung als Berater und Helfer gefordert waren. Die herausragende Bedeutung der Planung eines Projekts, an deren Ende die Projektbeschreibung steht, wurde in Abschnitt 3.3 angesprochen und wird in Abschnitt 7.4 nach der Ergebnisdarstellung der Lehrerinterviews vertieft. Es ist möglich, dass die niedrigen Selbständigkeits-Werte in der Phase ‚Projektbeschreibung erstellen' durch den vergleichsweise hohen Beratungsbedarf der Lehrkräfte in der Planungsphase (die nicht direkt Teil der ministeriellen Phasenfolge ist, Abschnitt 3.3) zu erklären sind.

---

[35] Mehrere Lehrer haben im Anschluss an die Interviews beim Ausfüllen der Fragebögen darauf hingewiesen, dass eine Einschätzung letztendlich nur bezogen auf eine einzelne Gruppe und nicht auf die ganze Klasse möglich ist.

Zur Reflexion des Ergebnisses und des Prozesses

- 87,7 % der Befragten geben an, dass die Schüler im Anschluss an die Präsentation das Ergebnis reflektiert haben, 8,8 % verneinen dies; 3,5 % der Befragten kreieren eine nicht vorgesehene Kategorie „teilweise".

- 80,7 % der Befragten geben an, dass die Schüler im Anschluss an die Präsentation den Prozess des Projekts reflektiert haben, 14 % der Befragten sind gegenteiliger Auffassung; 5,3 % der Befragten kreieren erneut die Kategorie „teilweise".

Die Lehrer geben im Vergleich zu den Schülern zwar vergleichsweise häufiger an, dass die Schüler im Anschluss an die Präsentation das Ergebnis und den Prozess reflektiert haben, der Anteil an Lehrern, der angibt *nicht* die obligatorischen Phasen des Projekts durchlaufen zu haben, ist jedoch trotzdem beträchtlich, wenn man sich den obligatorischen Charakter der Phasen ‚Ergebnis reflektieren' und ‚Prozess reflektieren' bewusst macht.

Vergleich zwischen den Schülerleistungen in der Projektprüfung und den geschätzten Leistungen der Schüler unter der abgelösten Prüfungsordnung

Die Lehrer wurden während der Interviews aufgefordert, einen Vergleich zwischen alter und neuer Prüfungsordnung vorzunehmen. Darüber hinaus wurden die Lehrer im ergänzenden Fragebogen gebeten, die Schülerleistungen der Projektprüfung mit den (hypothetischen) Schülerleistungen zu vergleichen, die die Schüler unter der alten Prüfungsordnung erbracht hätten.

Abbildung 11: Vergleich zwischen den Schülerleistungen in der Projektprüfung und den geschätzten Leistungen der Schüler unter der abgelösten Prüfungsordnung in gültigen Prozenten (N = 57)

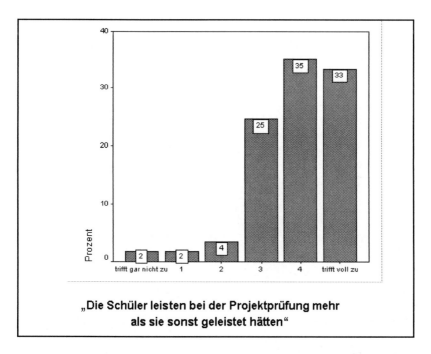

„Die Schüler leisten bei der Projektprüfung mehr als sie sonst geleistet hätten"

Fasst man die Kategorien 0 und 1; 2 und 3, sowie 4 und 5 zusammen, so ergibt sich:

- 68 % der Lehrer sind der Auffassung, dass die Schüler in der Projektprüfung mehr leisten als sie unter der abgelösten Prüfungsordnung erbracht hätten,
- 29 % sind diesbezüglich unentschieden und
- 4 % sind der Auffassung, dass die Schüler unter der abgelösten Prüfungsordnung höhere Leistungen erbracht hätten.

Die Analyse der Lehrerinterviews (Abschnitt 7.4) ergibt, dass die Lehrer teilweise sowohl während des Vergleichs zwischen der Projektprüfung mit der abgelösten Prüfungsordnung, als auch während des Ausfüllens der Fragebögen (bezogen auf obiges Item) den Sachverhalt ‚Leistung' sehr differenziert kommentieren und teilweise den Vergleich zwischen alter und neuer Prüfungsordnung als nicht praktikabel erachten. Zwei unterschiedliche Arten von Kommentaren haben Lehrkräfte bezüglich obiger Items (Abbildung 14) geäußert:

a) Man könne die erwünschten fächerübergreifenden Kompetenzen wie z.B. ‚Teamfähigkeit', die bei der Projektprüfung gefordert werden, nicht mit den überwiegend fachlichen Leistungen der herkömmlichen mündlichen Prüfungen vergleichen.

b) Die Zensuren, die für die Projektprüfung erteilt wurden, sind zwar im Vergleich zur abgelösten Prüfungsordnung besser, die Ursache dafür sind aber weniger die erbrachten Schülerleistungen, als vielmehr eine zu großzügige Bewertungspraxis, die aus der Unsicherheit mit der ungewohnten Prüfungsform resultiert.

Beide Aspekte werden ausführlich im Rahmen der Ergebnisdarstellung der Lehrerinterviews thematisiert. Trotz dieser beiden Einschränkungen ist der überwiegende Anteil der Lehrkräfte mit der Projektprüfung hoch zufrieden, was folgende Grafik illustriert.

Die Lehrer-Gesamteinschätzung der Projektprüfung

Abbildung 12: Lehrer-Gesamteinschätzung der Projektprüfung
(nach gültigen Prozenten) (N = 57)

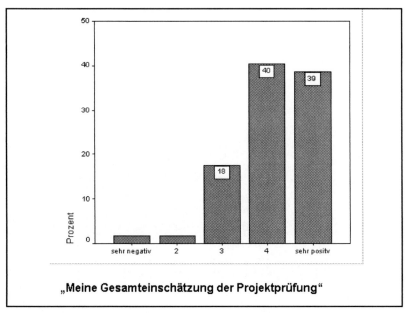

Hinweis: Kategorie 1 wurde von keiner Lehrkraft angegeben und fehlt daher in Abbildung 12.

Fasst man die Kategorien 0 und 1; 2 und 3, sowie 4 und 5 zusammen, so ergibt sich:

- 79 % der befragten Lehrer sind mit der Projektprüfung zufrieden,
- 18, 2 % sind teilweise zufrieden und
- 1, 8 % sind unzufrieden.

Die Begründungen für die Zufriedenheit bzw. Unzufriedenheit werden in Abschnitt 7.4 ausführlicher dargestellt.

Vorerfahrung der Klasse mit Gruppenarbeit

Abbildung 13: Vorerfahrung der Lehrer mit Gruppenarbeit in der Prüfungsklasse in gültigen Prozenten (N = 57)

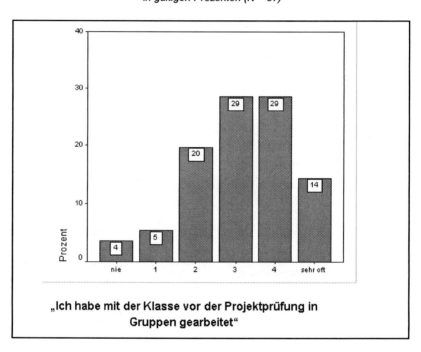

„Ich habe mit der Klasse vor der Projektprüfung in Gruppen gearbeitet"

Ähnlich wie die Schüleraussagen lassen die Lehreraussagen vermuten, dass Gruppenarbeit als Unterrichtsform vergleichsweise regelmäßig an Hauptschulen Baden-Württembergs praktiziert wird. Die im Vergleich zu den Schülerangaben niedrigeren Lehrerwerte zur Vorerfahrung mit Gruppenarbeit lassen sich aufgrund einer differierenden Bezugsnorm erklären. Die Schüler geben die Vorerfahrung mit Gruppenarbeiten insgesamt an, d.h. die Schüler beziehen sich auf ihre Erfahrungen mit Gruppenarbeiten in allen Fächern, die Lehrer dagegen geben lediglich an, wie häufig sie in ihrem Fach (ihren Fächern) in der Abschlussklasse Gruppenarbeit praktiziert haben.

Vorerfahrung der Lehrer mit Projektarbeit in der Abschlussklasse

Abbildung 14 zeigt, wie häufig die befragten Lehrer mit der Klasse vor der Projektprüfung Projektarbeit praktiziert haben.

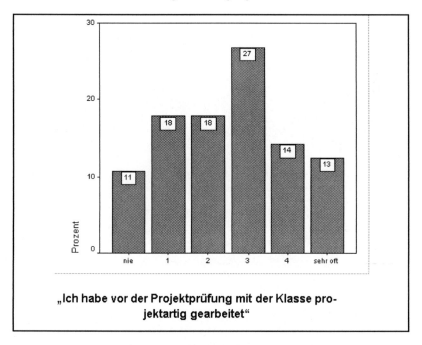

Abbildung 14: Vorerfahrung der Lehrer mit Projektarbeit in der Prüfungsklasse in gültigen Prozenten

„Ich habe vor der Projektprüfung mit der Klasse projektartig gearbeitet"

Beträchtlich ist der Anteil an Lehrern, der angibt, ‚nie' (11 %) oder höchst selten (Kategorie 1: 18 %) projektartig gearbeitet zu haben. Die Kommentare der Lehrer in den Interviews weisen darauf hin, dass die Vorstellung dessen, was unter ‚projektartigem Arbeiten' zu verstehen ist, zwischen den Lehrern höchst divergent ausfällt. ‚Projektartiges Arbeiten' variiert im Urteil der Lehrer von einer einstündigen Gruppenarbeit, deren Ziel das Erstellen eines Arbeitsblattes ist (HU_9_LG1_L2), bis hin zum bewerteten Probeprojekt, das eine gesamte Woche beansprucht (HU_7). Diese Variation erschwert eine detaillierte Analyse obiger Grafik.

7.4 Die Auswertung der Lehrerinterviews

Entgegen der in Abschnitt 7.1 beschriebenen (vorwiegend) induktiven Vorgehensweise bei der Auswertung der ‚gelungenen' und ‚misslungenen' Projekte, erfolgt die Kategorisierung der verbleibenden Interviewpassagen überwiegend deduktiv. Vor Beginn des ersten Materialdurchgangs werden die folgenden Oberkategorien gebildet:

Abbildung 14: Oberkategorien vor dem ersten Materialdurchgang sowie Paraphrasen nach erstem Materialdurchgang zur Kategorie „Urteil über die Projektprüfung" aus Interview HU_7

Codesystem	112
00) Allgemein	0
01) Vorbereitungsphase	0
02) Durchführungsphase	0
1) Beobachten/Betreuen	0
2) Bewertung	0
4) Gespräche mit Schülern/Beratung	0
5) Schülerselbstbeobachtung/Protokolle	0
6) Präsentation	0
7) Vorbereitung auf PP	0
8) Kollegium	0
9) Aufwand	0
B10) Urteil über PP	0
1) Schülerleistungen/Vgl. alte PP	0
nicht vergleichbar	1
2) Vergleich PP/alte PO	0
spiegelt Arbeit an HS besser wieder	1
Entlastung für Sch., da nur noch 4 Prüfungen	1
gerechtere Beurteilung von Sch. bei PP	1
Jahresleistung zählt nun mehr (pos.)	1
mit neuer PO fallen Sch. eher durch (pos. beurteilt)	1
PP entspricht eher den Neigungen der Sch.	1
3) Zufriedenheit mit Schulleitung	0
ja	0
haben freie Hand	1
lässt Freiräume und bestärkt Kollegen	1
B12) Aussagen über Schüler	0
B13) Konferenz nach PP	0

Die Oberkategorien sind überwiegend dem Interviewleitfaden entnommen (vgl. Abschnitt 6.9), zusätzlich sind die Phasen des Projekts als weitere Kategorien zugrunde gelegt worden. Die Vorgehensweise zwischen dem ersten Materialdurchgang und der Paraphrasierung der inhaltstragenden Teile sind identisch mit den in Abschnitt 7.1 ausführlich dargestellten Schritten. Der aufgeklappte ‚Code-Baum' unter Kategorie „B10[36] Urteil über Projektprüfung" in Abbildung 14 illustriert den Stand der Analyse nach der Paraphrasierung.

Die Paraphrasen aller 31 Interviews werden in eine Kurzform gebracht und für jede Oberkategorie separat tabellarisch dargestellt.

Vergleich zwischen neuer und abgelöster Prüfungsordnung

Die Lehrkräfte wurden in den Interviews gefragt, für welche Prüfungsordnung sie sich entscheiden würden, wenn sie die Wahl zwischen neuer und abgelöster Prüfungsordnung hätten. Tabelle 13 gibt die Häufigkeiten der kategorisierten Lehreraussagen wieder.

---

[36] Für die Verwendung des Zusatzes „B" gibt es keine inhaltliche Begründung; sie dient lediglich dazu, die automatische Sortierfunktion des Programm MAX-QDA dahingehend zu unterstützen, die Ziffer 1 vor der Ziffer 10 aufzuführen.

Tabelle 13: Vergleich zwischen Projektprüfung und abgelöster Prüfungsordnung

Wahl zwischen Projektprüfung und abgelöster Prüfungsordnung	Häufigkeit
Für Projektprüfung	32
Unentschieden	10
Gegen Projektprüfung	3
Insgesamt	**45**

„Wenn Sie die Wahl hätten zwischen neuer und alter Prüfungsordnung, für welche würden Sie sich entscheiden?[37]"

Die Aussagen in den Lehrerinterviews lassen erkennen, dass die neue Prüfungsordnung vom überwiegenden Anteil der Lehrer der abgelösten vorgezogen wird. Begründet wird dies mit mehreren Argumenten. Vier Typen von Argumentationen lassen sich aus den Lehrerinterviews extrahieren:

1. Die abgelöste Prüfungsordnung (PO) wird rückblickend als unbefriedigend erachtet (Kritik an abgelöster PO).
2. Die PP entlastet die Schüler, da Prüfungen wegfallen (Entlastung der Schüler).
3. Die Arbeitsformen beim projektartigen Arbeiten werden als geeignet für Schüler erachtet und/oder führen zu einem Arbeitsprozess, der im Vergleich zur abgelösten PO als qualitativ hochwertiger erachtet wird (projektartiges Arbeiten als besonders schülergemäße Arbeitsform).
4. Durch die Projektprüfung werden ‚Schlüsselqualifikationen' gefördert und überprüft, die den Schülern für ihr späteres Berufsleben nützlich sind (qualifikatorische Begründung).

Zu 1.: Unter diese Kategorie fallen diejenigen Textstellen, in denen die Präferenz der Projektprüfung gegenüber der abgelösten Prüfungsordnung mit Schwächen der alten Prüfungsordnung begründet werden. Ankerbeispiel zu ‚Kritik an abgelöster Prürungsordnung':

---

[37] Diese Frage ist dem Interviewleitfaden für die Lehrerinterviews entnommen.

HU_9_L4: „Und wie oft müssen wir, mussten wir denen, wie man sagt, Würmer aus den Nasen ziehen".

Vergleichbar argumentiert Lehrkraft 1 in HU_16_LG. Sie weist darauf hin, dass die „alte" Prüfungsordnung „langweilig" war, da man in „Biologie immer das Auge oder das Gehirn" zu prüfen hatte.

Zu 2.: Unter diese Kategorie fallen diejenigen Äußerungen, die den Vorteil der neuen Prüfungsordnung mit organisatorischen Vorteilen begründen. Ankerbeispiel zu ‚Entlastung der Schüler':

> HU_7_LG_L1: „Ja wenn man vorher sieht, das waren mindestens sechs Prüfungen, die ein Schüler machen musste, drei schriftliche plus Technik, HTW plus diesen musisch-ästhetischen Bereich plus dann noch die Sachfächer. Also einfach sechs Prüfungen jetzt sind es vier, vielleicht noch eine mündliche noch dazu. Ist das schon auch irgendwo 'ne Entlastung für die Schüler".

Zu 3.: Unter diese Kategorie fallen diejenigen Textstellen, in denen der Vorteil der Projektprüfung mit den Vorteilen des projektartigen Arbeitens begründet wird. Diese Vorteile umfassen entweder:

a) veränderte Schüler-Kompetenzen, die die Schüler zeigen können;
b) einen für Schüler und/oder Lehrer befriedigenderen Arbeitsprozess.

Ankerbeispiel zu a):

> HU_15_LG_L3: „Ja. Wird nicht nur irgendwelches Fachwissen abgefragt ja, es wird einfach der ganze Bereich Kopf, Herz und Hand.
> L'in 1: Und ich denk Schüler
> I: Hm.
> L'in 1: Die die selber gut einschätzen können, die haben wirklich Vorteile. Wir haben ja jetzt die (Name eine Schülerin), die hat sich ein Thema gewählt, das für ihre Fähigkeiten, die nicht unbedingt kopfbetont sind, richtig war, rausgesucht und hat eine optimale Leistung hingebracht. Das hätte sie in keinem Schulfach hingebracht, in keinem. Glaub' 1.8 oder was hat sie 1.9 oder irgend sowas".

Ankerbeispiel zu b):

> HU_1_L1: "Also die, das Ergebnis das ist gut, aber die Erarbeitung das macht denen viel mehr Spaß wie wenn ich jetzt, wie wenn sie jetzt so sich stur jeder für sich selbst auf 'nen bestimmtes Thema vorbereiten, ja und da jeder in seinem Kämmerlein rumwurschtelt und auswendig lernt oder so, ja. Das ist einfach vom Arbeiten her für die Schüler interessanter".

Zu 4.: Unter diese Kategorie fallen diejenigen Interviewpassagen, in denen der Vorteil der Projektprüfung mit qualifikatorischen Vorteilen der neuen Prüfungsform (z.B. Förderung von ‚Schlüsselqualifikationen bzw. ausbildungsrelevanten Kompetenzen) begründet wird.

> "HU_16_LG_L2: Naja ich denk weil's weil's die Schüler auch entgegen kommt. Und weil die Schüler durch so Projektprüfung mehr für's Leben haben, mehr für Ausbildungsreife tun als mit sinnlosem Repetieren von Wissen".

Das am häufigsten geäußerte Argument für die Projektprüfung ist Begründung 3 (Projektprüfung als Unterrichtsform, die den Schülern besonders entgegenkommt) gefolgt von Begründung Nr. 4 (qualifikatorische Begründung)[38]. Kritisiert wird der wirtschaftliche Impetus der Projektprüfung lediglich von zwei Lehrkräften, von denen eine Lehrkraft sich für die abgelöste Prüfungsordnung entscheiden würde und die andere Lehrkraft ‚unentschieden' ist.

Es überrascht der hohe Grad an prinzipieller Zustimmung zu Prüfungen. Lediglich eine Lehrkraft äußert fundamentale Kritik an Abschlussprüfungen und dies unter Verwendung einer problematischen Metapher:

> HU_3_L1: „Ich bin ein Feind von Prüfungen. Ich muss die aber immer machen. ((lacht)).
> I: Das ist ja interessant, warum sind Sie ein Feind von Prüfungen?
> L: Ah ja man kann 'ne Sau noch so oft wiegen, sie wird davon nicht fetter, sagt der Schwabe".

---

[38] 36 Lehrer äußern sich positiv über die gezeigten Schülerleistungen im projektartigen Arbeiten; 11 Lehrer begründen ihre Präferenzen zugunsten der PP damit, dass die PP einen Beitrag zur Berufsbildung leistet; 10 Lehrer äußern Kritik an der abgelösten PO; 2 Lehrkräfte äußern, dass die Schüler durch die PP entlastet werden (Mehrfachnennungen möglich).

Zusammenfassung:
Die pädagogischen und qualifikatorischen Begründungen für die Einführung der Projektprüfung, die das MKJS angibt (vgl. Abschnitt 2.2), ergänzen die Lehrer durch eine sich an dem Defizit der alten Prüfung orientierenden Argumentation sowie einer pragmatischen (Wegfall zweier Prüfungen).

Die Schülerleistungen in der Projektprüfung

Die Lehrer wurden in den Interviews aufgefordert, einen Vergleich zwischen der neuen (Projektprüfung) und der abgelösten Prüfungsordnung vorzunehmen. Im Anschluss daran wurden die Lehrkräfte gebeten, das Niveau der gezeigten Schülerleistungen in der Projektprüfung mit dem (hypothetischen) Niveau der Schülerleistungen unter der abgelösten Prüfungsordnung zu vergleichen. Im abschließenden Teil der Lehrerbefragungen nahmen die Lehrer dann auf einer 6-stufigen Ratingskala eine Einschätzung bezüglich der gezeigten Schülerleistungen im Vergleich zur abgelösten Prüfungsordnung vor (Abschnitt 6.9). Im Fall einer Nachfrage wurde die Einschätzung dahingehend spezifiziert, dass sich die 6-stufige Skala auf den Aspekt der Bewertung bezieht. Tabelle 14 zeigt die Antworten der 45 Lehrkräfte, die sich zu diesem Themenkomplex äußern.

Tabelle 14: Niveau der gezeigten Schülerleistungen bei der PP im Vergleich zu den geschätzten Schülerleistungen unter der alten Prüfungsordnung

Niveau	Häufigkeit
nicht vergleichbar	24
höher	15
gleich	4
niedriger	2
insgesamt	**45**

24 der 45 Lehrkräfte, die sich zu diesem Themenkomplex äußern, glauben, dass die Schülerleistungen der Projektprüfung nicht mit denen der herkömmlichen mündlichen und fachpraktischen Prüfungen vergleichbar

lichen mündlichen und fachpraktischen Prüfungen vergleichbar sind. Als Hauptgrund wird angeführt, dass in der Projektprüfung andere Kompetenzen wie ‚Teamfähigkeit' und ‚Ausdauer' verlangt werden, die bei der herkömmlichen Prüfung nicht erforderlich waren. Zehn dieser 24 Lehrkräfte empfinden die gezeigten Schülerleistungen jedoch im Vergleich zur abgelösten Prüfung vielfältiger. Stellvertretend dazu HU_7_L2:

> I: „Würden Sie jetzt sagen, dass das Niveau der gezeigten Schülerleistungen in der Projektprüfung eher niedriger oder eher höher ist im Vergleich zur alten Prüfungsordnung.
> L2: Anders ist sie. Also ich denk', dass die Schüler, die sich drauf vorbereitet haben bei jeder Prüfung irgendwo ihre Stärken zeigen konnten. Hier können Sie vielleicht in einem Moment mehr ihre Stärken zeigen. Es ist einfach eine andere Art".

Später gibt Lehrkraft L1 dann eindeutig zu verstehen, dass sie die gezeigten Schülerleistungen in der Projektprüfung als im Vergleich zur herkömmlichen Prüfung vielfältiger erachtet:

> HU_7_L1: „Und ich denk einfach auch, dass es die Arbeit an der Hauptschule widerspiegelt, die neue Prüfungsordnung. Vor allem die Projektprüfung dann, dass unsere Arbeit doch anders angelegt ist, eben. Wie ich vorher schon gesagt hab, als nur fachliche Inhalte dann zu vermitteln".

Vierzehn Lehrkräfte erachten die gezeigten Schülerleistungen in der Projektprüfung als nicht vergleichbar mit den bisher erbrachten Leistungen, ohne die neuen Leistungen, die die Projektprüfung von den Schülern abverlangt, als vielfältiger zu erachten. Bei diesen Lehrkräften schwingt mehrheitlich latente Kritik an der Abschaffung der Technik- und HTW-Prüfungen mit. Die fachpraktischen Fächer HTW und Technik werden als „Profilfächer" der Hauptschulen erachtet. Mit der Abschaffung der fächergebundenen Prüfungen geht die Angst einher, dass der Stellenwert von Technik und HTW sinkt. Als Ankerbeispiel dazu HU_11:

> L2: „Profil der Hauptschule war eben Technik und Hauswirtschaft. Und das ist bisschen eigentlich verloren gegangen durch die Projektprüfung. Was ich auch bisschen vermisse, diese praktischen Prüfungen BK [Bildende Kunst; M.S.], Sport und Zeichnen hat den Schülern auch immer sehr viel gebracht

und so weiter. Das ist auch, das fällt jetzt auch weg, also das bedauer' ich sehr".

Ähnlich äußert sich Lehrer 2 aus Schule HU_19_LG3:

„L2: Bissle schade fand ich dann, dass die praktischen Prüfungen wegfallen. Also grad Sport oder HTW, Technik ja. Das fand ich immer ganz gut. Dass da haben wir bisschen drauf hingearbeitet und da hat man jetzt zum Schluss noch mal zeigen können, vor allem Technik. Denk' also wenn ich vom Technikbereich komm', dass so was hab ich gelernt und jetzt in 'ner abgegrenzten Zeit einfach mal Leistung bringen. Fand ich OK.
I: Hm hm.
L2: Das find ich bisschen schade. Wobei ich die Projektprüfung nicht madig machen will".

Aufgrund des hohen Anteils an Lehrern, der angibt, dass das Niveau der erbrachten Schülerleistungen bei der Projektprüfung nicht mit dem der abgelösten Prüfungen vergleichbar ist, überraschen die in Abschnitt 7.3 dargestellten Ergebnisse der zusätzlich erfolgten schriftlichen Lehrerbefragung. Die Tatsache, dass 68 % der befragten Lehrer angeben, dass die Schüler in der Projektprüfung mehr leisten, als sie unter der abgelösten Prüfungsordnung geleistet hätten, kann man folgendermaßen interpretieren:

a) Die Schülerleistungen sind vielfältiger, da zusätzlich zu den fachlichen auch die überfachlichen Kompetenzen als Leistungen mit eingebracht werden können.

b) Die Leistungen der Projektprüfung werden besser bewertet, da die Lehrkräfte mit der Bewertung der neuen Prüfungsform unerfahren sind.

Für beide Interpretationen gibt es Belege aus den Lehrerinterviews. Als Ankerbeispiel für These a) wird ein Zitat von Lehrkraft L2 aus HU_7_LG ausgewiesen:

„Ja ich denk, es ist eine gerechtere Beurteilung des Lehrers äh Schülers. Weil ich den über einen längeren Zeitraum beobachten kann. Viel mehr Qualifikationen sehe, nicht unbedingt stur auf ein Themengebiet mich beschränken muss und den Schüler einfach rund um als Schüler, als Mensch besser beurteilen kann".

These b) wird von Lehrkraft 1 (HU_8) aufgestellt:

I: „OK. Jetzt wenn Sie das Niveau der Schülerleistungen vergleichen, die Projektprüfung im Vergleich zu den herkömmlichen Prüfungen. Ist das Niveau dann eher höher oder eher niedriger oder eher gleich?
L: Eher höher. Wenn ich die Schnitte, ich hab jetzt seit Jahren schon viele Hauptschulabschlussprüfungen doch im Kopf und auch mit durchgeführt. Oft 9er gehabt, immer wieder Prüfung gemacht ... Da müsste man 2, 3 solcher Prüfungen erst einmal hinter sich haben und dann könnte ich Ihnen sagen [weshalb das Niveau in der Projektprüfung höher ist; M.S.] wir haben am Anfang vielleicht, weil's noch neu war, manche Schüler besser eingestuft und benotet als wir's jetzt machen würden".

Die Ergebnisse des Bereichs ‚Beobachtung und Bewertung' der Schülerleistungen werden in Abschnitt 7.4 ausführlicher dargestellt.

Wie die Lehrkräfte den durch die Projektprüfung verursachten Aufwand im Vergleich zu dem der abgelösten Projektprüfung empfinden

Im letzten Teil der mündlichen Befragungen wurden die Lehrkräfte aufgefordert, den durch die Projektprüfung verursachten Aufwand mit dem der abgelösten Prüfungsordnung zu vergleichen. 36 Lehrer äußern sich bezüglich des Aufwands. Von diesen 36 Lehrern sind 30 der Auffassung, dass die Projektprüfung einen höheren Aufwand erforderlich macht, drei Lehrkräfte meinen, dass der Aufwand vergleichsweise geringer ausfällt, drei Lehrkräfte glauben, dass der Aufwand nicht vergleichbar ist.

Im Experteninterview II der Voruntersuchung wies ein Ministerialbeamter darauf hin, dass rein rechnerisch die Projektprüfung im Vergleich zu den bisherigen mündlichen und fachpraktischen Prüfungen für die Schulen eine zeitliche Entlastung darstelle. Es ist davon auszugehen, dass der durch die Projektprüfung verursachte Aufwand tendenziell eher auf einzelne Lehrer verlagert wird, vor allem dann, wenn die Hauptlast auf die Klassenlehrkraft delegiert.

Die Tatsache, dass die überwiegende Mehrheit der Lehrkräfte angibt, einem erhöhten Aufwand im Vergleich zur abgelösten Prüfungsordnung ausgesetzt worden zu sein, aber trotzdem die Projektprüfung der abgelösten Prüfungsordnung vorzieht, deutet darauf hin, dass die Projektprüfung bei einer beträchtlichen Anzahl der Lehrkräfte ‚Selbstwirksamkeitssehnsüchte' auszulösen scheint (Strittmatter 1999: 323 in Anlehnung an Bandura, vgl. Abschnitt 6.3). Die in Abschnitt 6.2 diskutierte These, wonach Lehrkräfte sich vor allem dann von Neuerung überzeugen lassen und einen etwaigen Mehraufwand in Kauf nehmen, wenn die Schüler durch die Innovationen als ‚besser' empfundene Leistungen oder Verhaltensweisen zeigen, scheint sich in unserer Studie zu bestätigen.

Die Vorbereitung der Schulen auf die Projektprüfung

Die in diesem Kapitel berücksichtigten Vorbereitungsmaßnahmen der Schulen beziehen sich auf die Unterrichtsebene (Durchführung von Probeprojekten), die Schülerebene (Vorerfahrungen mit Arbeitsweisen, die beim projektartigen Arbeiten erforderlich sind), sowie auf die Lehrerebene (Besuch von internen und externen Fortbildungsmaßnahmen, Konferenzen an der eigenen Schule).

Zur Vorbereitung der Lehrkräfte

An 5 der 20 Schulen geben die befragten Lehrkräfte an, keine externe Fortbildungen besucht zu haben. Dienstbesprechungen mit unterschiedlicher Häufigkeit und Intensität fanden vor Durchführung der Projektprüfung an allen 20 Schulen statt (vgl. Abschnitt 7.4). Die Qualität der externen Fortbildungsmaßnahmen wird unterschiedlich bewertet. Mehrheitlich äußern sich die befragten Lehrkräfte nicht hinsichtlich des durch den Besuch der externen Fortbildung erworbenen Nutzens. An 5 Schulen geben die befragten Lehrkräfte an, dass sie mit den Veranstaltungen unzufrieden sind. Begründet wird die Unzufriedenheit (Mehrfachnennungen möglich) an 4 Schulen damit, dass die Fortbildungen inhaltlich mangelhaft waren. In 3 Fällen wird beklagt, dass die zuerst fächerorientierten Fortbildungen (in HTW und Technik) aufgrund des später veränderten Modells der themenorientierten fächerübergreifenden Prüfung „über den Haufen geworfen wurden" (HU_13_LG_L1). An 3 Schulen wird explizit darauf hingewiesen, dass die Fortbildungen gewinnbringend für die Durchführung der Projektprüfung gewesen sind. An 12 Schulen werden interne oder externe Maßnahmen dann positiv (mit Ausnahme von Schule 5[39]) kommentiert, wenn sie einen Impuls für einen gemeinsamen Austausch *innerhalb* des Kollegiums liefern (vgl. Abschnitt 7.4).

Zur Vorerfahrung mit projektartigem Arbeiten

Sieben Schulen erfüllen in unserem Verständnis das Kriterium von ‚Projekterfahrung' (die Schüler haben vor der Projektprüfung ein fächerübergreifendes Probeprojekt durchgeführt, in dem alle Phasen des Projekts bei der Bewertung berücksichtigt wurden. Darüber hinaus praktizieren alle Schulen mit Projekterfahrung auch in anderen Fächern projektartiges Arbeiten und/oder in sonstigen Betätigungsfeldern wie z.b. bei Theater-Events oder Schülerfirmen.

An den 14 Schulen ohne ‚Projekterfahrung' variiert der Grad der Vorerfahrung mit projektspezifischen Arbeitsmethoden erheblich. Lehrerin 2 (HU_13_LG) antwortet auf die Frage, welche Maßnahmen an ihrer Schule getroffen wurden, um auf die Projektprüfung vorbereitet zu sein, dass sie neben dem Besuch von Fortbildungsmaßnahmen, den Schülern die Aufgabe gestellt hat, eine „halbe Seite aus dem Buch" frei vorzutragen, damit

> „die schon mal vor der Klasse stehen müssen. Und da hab ich dann erlebt, dass einer schlotternd ankam und hat gesagt er hat das gemacht, aber er kann nicht vor der Klasse stehen. Also das haben wir dann schon durchgedrückt".

Lehrkraft 2 (HU_9_LG) erachtet es als Vorbereitungsmaßnahme für die Projektprüfung, dass sie die Schüler ein Diktat hat erstellen lassen. Die in diesem Interview ebenfalls anwesende Klassenlehrkraft 1 (HU_9_LG) ist der Auffassung, dass ein Probeprojekt nicht sinnvoll gewesen wäre, da die Schüler „sonst ihr Pulver verschossen hätten". An 17 der 20 Schulen geben die Lehrkräfte an, dass zumindest in einem Fach ‚projektartig' gearbeitet wurde. Die quantitativen Angaben zur Projekterfahrung wurden bereits in Abschnitt 7.3 diskutiert.

---

[39] Lehrer HU_5_L1 gibt selbstkritisch zu bedenken, dass die von ihm und seiner Kollegin erworbenen Erkenntnisse aus gemeinsamen Treffen zwar an das Kollegin im Rahmen einer Konferenz weitergegeben wurden, sie aber im Prinzip nur berichten konnten, „was im Heftle" (der Broschüre MKJS 2000a) stand.

Wie die Projektprüfung vom Kollegium aufgenommen wird

Die Lehrkräfte wurden am Ende der Interviews gebeten, einzuschätzen, wie die Maßnahme Projektprüfung von dem Kollegium aufgenommen wurde (vgl. Interviewleitfaden). An 10 Schulen geben die Lehrkräfte an, dass nach der Durchführung der Projektprüfung die Akzeptanz innerhalb des Kollegiums gestiegen ist. Als Ankerbeispiel HU_14_LG:

> I: „Glauben Sie, dass jetzt die Akzeptanz eher steigen wird in Zukunft oder bleibt das gleich oder sinkt's eher?
> L3: Ja ich glaub das wird sich noch steigern.
> L1: Ja ich glaub auch. Glaub ich auch.
> L3: Mein die Referendarinnen die waren schon begeistert von der von dieser Prüfungsordnung. Mein' die haben auch jetzt noch mehr dazu gelernt, von der Projektprüfung.
> I: Hm.
> L3: Das ist für die auch Neuland gewesen. Mein ich bin jetzt motiviert, dass in der 5. und 6. Klasse halt auch mal anfange 'nen kleines Projekt zu machen.
> L1: Ja".

An 3 Schulen erfolgen zur Akzeptanz der Projektprüfung innerhalb des Kollegiums keine Aussagen.

An 7 Schulen geben die befragten Lehrkräfte an, dass nach der Durchführung der Projektprüfung die Akzeptanz unverändert geblieben ist. HU_2_LG:

> I: „Glauben Sie jetzt, dass mittelfristig die Akzeptanz der Projektprüfung gegenüber bei Ihnen im Kollegium eher steigen oder sinken wird?
> L3: Ich kann mir's nit vorstellen, dass es steigt".

Die befragten Lehrer von 5 dieser 7 Schulen berichten von einer Einstellung der Kollegen, die man mit der Paraphrase: ‚Zum-Glück-trifft-es-mich-nicht' umschreiben könnte: HU_12_L:

> I: „Hm. Glauben Sie, dass durch die Durchführung der Projektprüfung sich irgendwas geändert hat an der Einstellung? Eher jetzt noch größere Ablehnung, oder ist die Akzeptanz gestiegen?
> L: Von wem?

I: Von Kollegen
L: ((lacht)). Ja. Ehm, ich will's mal ganz vorsichtig sagen. Ich hab's vorhin ja schon angedeutet. Die Kollegen, die als nächstes dran sind, haben sich sehr zurückgehalten. Das heißt, die haben das Problem noch mal um ein Jahr verdrängt durch ihre Passivität in der Prüfung.
I: Hm hm.
L: Die hätten wenn sie Interesse gehabt hätten, hätten sie sich mehr drum kümmern können, müssen in meinen Augen sogar".

Das angeblich mangelnde Interesse des Kollegiums an der Projektprüfung wird durch die Organisation der Ergebnispräsentation unterstützt: An 5 der 7 Schulen, an denen die Akzeptanz nach der Projektprüfung im Kollegium unverändert geblieben ist, nehmen lediglich die als Prüfungskommission eingeteilten Lehrer an den Präsentationen teil. An diesen Schulen beklagen die befragten Lehrkräfte, dass Kollegen nicht an den Präsentationen als ‚Gäste' teilnehmen konnten, da sie regulären Unterricht erteilen mussten.

Zur Präsentation der Ergebnisse

Gemäß der Vorgaben haben mindestens zwei Prüfer als Mitglieder der Prüfungskommission während der Präsentation anwesend zu sein (vgl. Abschnitt 3.3). Wie die Diskussion in Abschnitt 3.3 ergibt, ist eine wie auch immer geartete ‚Öffentlichkeit' vom MKJS erwünscht, jedoch für den abschließenden Prozess der Notenfindung auszuschließen. Im folgenden Abschnitt wird der Frage nachgegangen, wie viele Schulen eine öffentliche Präsentation durchführen und wie dieses Modell der Präsentation von den Lehrern eingeschätzt wird. Als Schule mit ‚öffentlicher' Präsentation wird in unserem Verständnis eine Schule dann erachtet, wenn bei mindestens der Hälfte der Projektgruppen neben der Prüfungskommission Externe (Eltern, nicht an der Projektprüfung beteiligte Lehrer, Schüler oder Sonstige) anwesend sind.

An 12 der 20 Schulen findet die Präsentation der Projektprüfung (nahezu[40]) ausschließlich vor der Prüfungskommission und somit nicht-öffentlich statt. An denjenigen 8 Schulen mit öffentlichen Präsentationen setzt sich die ‚Öf-

---

[40] An diesen 12 Schulen finden nur im Einzelfall auch Prüfungen unter Anwesenheit von maximal einem (nicht an der PP beteiligtem) Lehrer, Elternteil oder des Schulleiters statt.

fentlichkeit' überwiegend aus nicht direkt an der Prüfung beteiligten Lehrern zusammen. An 7 der 8 Schulen, an denen eine öffentliche Präsentation stattfindet, sind auch Lehrkräfte anwesend. An 3 Schulen findet die Präsentation vor anderen Schülern statt. 4 Schulen geben zum Zeitpunkt der Befragung an, eine oder mehrere zusätzliche öffentliche Präsentationen nach der ‚eigentlichen' Prüfungs-Präsentation durchgeführt zu haben oder diese zu planen.

An den Schulen HU_7 und HU_15, beides projekterfahrene Schulen, finden die Präsentationen vor einem größerem Auditorium statt. An Schule HU_7 sind neben Schülern, dem Schulrat, Vertretern des Oberschulamts, Elternvertretern auch nicht an der Projektprüfung beteiligte Lehrer an der Präsentation anwesend. Bei dieser Schule handelt es sich um eine projekterfahrene Schule, an der die Lehrkräfte angeben, seit vier Jahren Erfahrungen mit Projektprüfungen zu haben. Diese Schule kann man als ‚Pionier- und Vorzeigeschule' bezeichnen, was sich auch darin äußert, dass die Klassenlehrkraft der 9. Klasse für die Organisation (v.a.) der Projektprüfung eine Verfügungsstunde vom Schulleiter erhält. Diese Schule ist neben Schule 9 die einzige, an der Lehrkräfte angeben, dass das in Abschnitt 6.2 diskutierte innovationsförderliche Investieren von ‚offizieller' Zeit praktiziert wird[41]. Die Lehrkräfte erachten den öffentlichen Charakter der Präsentationen als Vorteil für die Schüler, geben aber an, den Prüflingen die Wahl gelassen zu haben, die Öffentlichkeit nach Wunsch auszuschließen:

> L1: „Ich hab' aber auch nicht gesagt: ihr müsst. Ich hab' gesagt, wenn jemand größte Bedenken hat, dann sagt er mir das bitte, dann ist da halt niemand dabei. Und ich hab' am Elternabend dann auch den Eltern auch so vorgestellt gehabt und hab' gesagt, das klären Sie aber bitte daheim mit Ihren Kindern. Wenn die sagen, sie möchten es einfach nicht, dass Mama und Papa dabei ist, dann stopp. Und (-) aber wenn jemand von außen noch mal sagt, das habt ihr gut gemacht und das habt ihr toll gemacht. Und das ist noch mal was anderes wie das nur von uns dann einfach kommt".

---

[41] Darüber hinaus findet während der Vorbereitungsphase an Schule 7 kein ‚regulärer' Unterricht statt; die Zeit wird ausschließlich für das Vorbereiten des Projekts verwandt. Eine andere Schule investiert ebenfalls ‚offizielle' Zeit während der Vorbereitungsphase, in dem die einzelnen Projektgruppen eine separate Einzelberatung durch die Lehrkraft an einer Randstunde erhalten, währenddessen die anderen Schüler nach Hause geschickt werden.

Als vorteilhaft wird eine öffentliche Präsentation von den Lehrkräften der Schule 7 deshalb erachtet, weil durch den erweiterten Zuschauerkreis eine ‚andere Atmosphäre' herrscht, die sich motivierend auf die Schüler auswirkt. Ferner wird auf das positive Feedback hingewiesen, das nun zusätzlich von den anwesenden Externen verteilt wurde:

> L1: „Da müssen sie einfach noch stärker zeigen, was sie drauf haben. Und das war dann auch sehr spannend zu sehen. Also es war dann noch der Elternbeiratsvorsitzende mit da, der dann auch 'ne tolle Rückmeldung gegeben hat auch an die Schüler, jetzt einfach noch mal von der Seite noch mal. Es waren Eltern mit da, es waren andere Schüler mit da. Klar Oberschulamt, Schulamt war mit da, wobei sie den (Namen des Schulrats) einfach schon kennen, den haben sie schon öfters gesehen. Aber das schafft noch mal ne andere Atmosphäre denke ich".

Die Schüler davon zu überzeugen, tatsächlich öffentlich zu präsentieren, war nach Angaben von Lehrkraft HU_7_L2 eher unproblematisch. Als Grund gibt HU_7_L2 an, dass die Schüler die Situation des Präsentierens gewohnt sind und bereits vorab andere Projekte vor bis zu 40 Eltern vorgestellt haben.
Schule 15, eine Schule mit Projekterfahrung, praktiziert ebenfalls ein außergewöhnlich ‚öffentlichkeitsfreundliches' Modell mit insgesamt drei Präsentationen. Nach Lehrerwunsch sollte ursprünglich *eine* Präsentation vor Schülern, Vertretern der Stadtverwaltung, Sponsoren, Elternvertretern, Vertretern der örtlichen Presse sowie weiteren Lehrkräften stattfinden. Nach Intervention der Schüler einigte man sich auf ein Modell, das man als dreistufig bezeichnen könnte: Zuerst fand quasi eine Probepräsentation vor Schülern statt; danach die ‚eigentliche' Präsentation vor der Prüfungskommission und weiteren Lehrkräften und als ‚Krönung' eine weitere ‚Vorführung' vor Eltern, Vertretern der Stadtverwaltung, Sponsoren und Vertretern der lokalen Presse.
Die drei befragten Lehrkräfte an Schule 16, ebenfalls einer Pionierschule mit Projekt- und Projektprüfungserfahrung, geben an, es als Manko empfunden zu haben, dass nur ausgewählte Projekte öffentlich präsentiert wurden.
An Schule 18, einer Schule mit Projekterfahrung, gibt die befragte Lehrerin an, dass aufgrund von Versäumnissen des Schulleiters andere interessierte Kollegen nicht an der Präsentation teilnehmen konnten, da sie von ihrem Unterricht nicht freigestellt wurden.

An Schule 19 sollten die Präsentationen vor Schülern stattfinden, was jedoch bei den Prüflingen blankes Entsetzen hervorrief und deswegen verworfen wurde.
An Schule 6, einer Schule mit Projekterfahrung, fand die Präsentation vor Lehrern und in Einzelfällen auch vor Schülern und einem Elternteil statt. Ein Projekt (Theaterstück) soll bei der Abschlussfeier aufgeführt werden.
An keiner Schule mit Projekt- und/oder Projektprüfungserfahrung sind die Lehrkräfte prinzipiell gegen ‚öffentliche Präsentationen'. Lediglich an Schule 18 gibt die befragte Lehrkraft an, dass ein Mitglied der Prüfungskommission der Auffassung sei, dass öffentliche Prüfungen nicht gestattet seien, was aber eher ein Indikator dafür ist, dass auch projekterfahrene Lehrkräfte teilweise mangelhaft über die Vorgaben informiert sind.
Die Anzahl derjenigen Schulen, an denen öffentliche Präsentationen stattfinden, steht in einem Missverhältnis zu dem Wunsch der Lehrer, öffentlich zu präsentieren. Lehrkräfte an 13 Schulen geben an, dass sie gerne öffentlich präsentiert hätten[42]. An 5 dieser Schulen machen die Lehrkräfte das verwandte organisatorische Modell der Schulleitung dafür verantwortlich, dass Lehrer, die nicht bei der Betreuung der Projektprüfung beteiligt waren, den Präsentationen fernblieben. An zwei Schulen beklagen Lehrkräfte gar, dass sie selbst nicht bei allen von ihnen betreuten Gruppen bei der Präsentation teilnehmen konnten (!)[43], da sie von der Schulleitung zur Erteilung von ‚regulärem' Unterricht verpflichtet wurden.
Explizit gegen öffentliche Präsentationen sprechen sich lediglich Lehrkräfte dreier Schulen aus. Begründet wird dies damit, dass sich die Schüler durch die Anwesenheit von Externen irritiert fühlen.

---

[42] Lediglich Lehrkräfte an drei Schulen sprechen sich explizit gegen öffentliche Präsentationen aus. An vier Schulen erfolgen diesbezüglich keine Aussagen oder die Lehrkräfte sind hinsichtlich öffentlicher Präsentationen unentschlossen.

[43] Beim persönlichen Besuch der Präsentationen außerhalb des Untersuchungszeitraums erlebte ich einen ähnlichen Fall. Ein Lehrer, der eine Projektgruppe gemeinsam mit der Klassenlehrkraft betreut hatte, konnte an der Präsentation nicht teilnehmen, da er von der Schulleitung zum Erteilen von ‚regulärem' Unterricht eingeteilt worden war. Als die Klassenlehrkraft die Schulleitung daraufhin ansprach, bekam sie zur Antwort: „Aber Frau (Name der Klassenlehrkraft), sie kennen ihre Schüler doch!" Den Aspekt der Bewertung und die diesbezüglich unterstellte Fähigkeit der Lehrkraft „seine Schüler doch zu kennen" wird in Abschnitt 7.4 näher thematisiert.

Zur Betreuung, Beobachtung und Bewertung der Projektprüfung

Bezogen auf die hohe Gesamtzufriedenheit der befragten Lehrkräfte mit der Projektprüfung (Abschnitt 7.3 und 7.4) wird der Bereich ‚Beobachtung, Betreuung und Bewertung' von den Lehrkräften als verhältnismäßig problematisch eingeschätzt. In 17 der 31 Interviews[44] äußern Lehrkräfte Kritik bezüglich der Bereiche ‚Beobachtung', ‚Betreuung' oder ‚Bewertung'. Die Kritik bezieht sich mehrheitlich auf organisatorische Aspekte: In 14 Interviews beklagen Lehrkräfte, zu wenig Zeit für die Betreuung der Schüler gehabt zu haben. Stellvertretend dazu HU_13_L1:

„Viele waren oben im Computerraum, haben Information aus dem Internet runtergeholt. Einige waren im Musiksaal, andere in den Klassenzimmern. Und da ist man also sich manchmal vorgekommen wie so 'ne Flipperkugel, die bloß rumherum schießt und man konnt' eigentlich also mir hat's an Intensität gefehlt. Ja ich wär' gern mal bei einer Gruppe länger dann geblieben und hätt' noch mit den noch gesprochen oder diskutiert wie könnt ihr's machen, was halt ich auch für überflüssig meinetwegen oder wie auch immer. Einfach so ne beratende Geschichte da. Aber das war aufgrund der Fülle war das einfach net machbar".

Die Lehrkraft empfindet es offensichtlich als unbefriedigend, aufgrund der zu hohen Anzahl an Gruppen, die sie zu betreuen hatte, permanent in Bewegung zu sein. An Schule 13 betreuten überwiegend zwei Lehrkräfte alle Gruppen beider 9. Klassen. Zusätzlich waren diejenigen Lehrkräfte zur Beobachtung eingeteilt, die ohnehin gemäß des regulären Stundenplans Unterricht in den Klassen erteilt hätten. Ähnliche Metaphern wie die der „Flipperkugel" (HU_13_L2) ist die des „Pendels" (HU_3_L2) oder des „Kilometergelds", das man für die geleistete Laufarbeit hätte erhalten müssen (HU_4_L1).

In 10 der 17 Interviews, in denen Kritik bezüglich Bewertung geäußert wird, beziehen die Lehrkräfte diese eindeutig auch darauf, aufgrund von man-

---

[44] Die Angaben beziehen sich in diesem Fall auf die Anzahl der Interviews und nicht auf die Anzahl der interviewten Lehrkräfte, da, um einen flüssigen Gesprächsverlauf zu gewährleisten, nicht immer alle Lehrkräfte zu ihrer Meinung befragt werden konnten. Um diese methodischen Probleme zu vermeiden, waren ursprünglich Einzelinterviews geplant. Aus organisatorischen Gründen waren Gruppeninterviews teilweise jedoch nicht zu vermeiden (vgl. Abschnitt 6.8).

gelnden Beobachtungszeiten keine ausreichende Basis für die Bewertung gehabt zu haben. In 14 der 17 Interviews, in denen die ‚Intensität' der Betreuung als unzureichend erachtet wird, äußern Lehrkräfte auch Kritik bezüglich der Notengebung. Besonders aufschlussreich sind nach Miles/Huberman (1994: 270) vor allem die „*extreme cases*", in unserem Beispiel also diejenigen vier Lehrkräfte, die zwar über die mangelnde Intensität der Betreuung klagen, dies aber nicht als problematisch hinsichtlich der Beobachtung und der damit zusammenhängenden Notengebung empfinden. Einer dieser ‚extremen Fälle' ist Lehrkraft (HU_13_L1):

> „Ja wir sind da auch immer gut zu einem Konsens gekommen. Ja also es gab gar nicht so unterschiedliche Meinungen für die Bewertung".

Lehrkraft HU_13_L1 beklagt zwar die mangelnde Zeit für der Betreuung der Schüler, beklagt aber nicht die mangelnde Zeit für die Beobachtung der Schülerleistungen, um zu einem vertretbaren Resultat zu gelangen. Den einzigen Kritikpunkt bezüglich der Bewertungspraxis an ihrer Schule sieht Lehrkraft HU_13_L1 darin, dass bedingt durch zu viele Präsentationen innerhalb eines zu kurzen Zeitraums den Schülern zu wenig Zeit für die Reflexion zur Verfügung stand.
Auch die Lehrkräfte HU_8, HU_9_L1 sowie HU_13_LG_L2 beklagen, zu wenig Zeit für die Betreuung der Schüler zur Verfügung gehabt zu haben, äußern jedoch keine Kritik in Punkto ‚Bewertung der Schülerleistungen in der Projektprüfung'.

Die Zufriedenheit mit der eigenen Bewertungspraxis in Abhängigkeit von der Anzahl der zu betreuenden Gruppen

Die Anzahl an Lehrkräften, die während der Durchführungsphase eingesetzt wird, variiert zwischen den Schulen beträchtlich. Die personalintensivste Variante während der Durchführungsphase praktiziert Schule 11, in der für jede Gruppe permanent eine Lehrkraft zur Betreuung und Beobachtung eingesetzt wird, die in mehr als 50% aller Fälle eine zweite Lehrkraft unterstützt. Während der Vorbereitungsphase, jedoch, waren nur die jeweiligen Klassenlehrer für alle Gruppen ihrer Klasse zuständig. Dies wird von beiden befragten Klassenlehrern als Manko beurteilt.

Die am wenigsten personalintensive Variante wird von den Schulen 5 und 8 praktiziert. Dort betreut jeweils nur eine Lehrkraft alle Gruppen der Klasse ab der Vorbereitungsphase und während der Projektwoche (Schule 8) bzw. während der einzelnen Projekttagen (Schule 5). Unterstützt werden die Projekt-Betreuer noch in einzelnen Stunden von denjenigen Lehrkräften, die ohnehin zum Zeitpunkt der Durchführungsphase in der Klasse Unterricht erteilt hätten bzw. in Ausnahmefällen noch von weiteren Lehrkräften. Während der Vorbereitungsphase waren auch an diesen Schulen jeweils nur die Klassenlehrer für alle Gruppen ihrer Klasse zuständig.

Die Vorgabe des MKJS, nämlich dass sich während aller Phasen des Projekts mehr als eine Lehrkraft über den Verlauf „kundig macht", wird von den Schulen ebenfalls höchst unterschiedlich umgesetzt:

In 6 der 31 Interviews geben die Lehrkräfte an, durchgängig alleine für die Betreuung ihrer Projektgruppe(n) zuständig gewesen zu sein. In 10 Fällen geben sie an, durchgängig eine oder mehrere Gruppen mit einer oder mehreren Lehrkräften gemeinsam betreut zu haben. In 11 der 31 Interviews geben die Lehrkräfte an, in weniger als der Hälfte der Stunden während der Durchführungsphase von einer zweiten Lehrkraft unterstützt worden zu sein, in vier Fällen in über der Hälfte der Stunden.

Die Anzahl der Lehrkräfte bezogen auf eine Klasse hängt nicht unmittelbar damit zusammen, ob tatsächlich die Lehrer in Teams arbeiten. Schule 3, beispielsweise, praktiziert ein personalintensives Modell (für jede Projektgruppe permanent ein Betreuer während der Durchführungsphase) mit nur sporadischer Team-Komponente (gelegentlich eine zweite Lehrkraft für eine Stunde am Tag). Schule 13 dagegen wählt ein nicht-personalintensives Modell und arbeitet trotzdem durchgehend in Lehrerteams während der Durchführungsphase (2 Lehrkräfte betreuen gemeinsam alle Gruppen zweier Klassen und werden sporadisch von denjenigen Fachlehrern unterstützt, die während des herkömmlichen Unterrichts in der Klasse eingeteilt sind).

Ein Vergleich der ‚extremen Fälle' zeigt, dass das subjektive Empfinden der Lehrkräfte, die Projektprüfung ‚gerecht' bewerten zu können, in keinem direkten Zusammenhang mit der tatsächlichen Anzahl der betreuten Schüler und/oder der Tatsache steht, ob alleine oder mit einem Kollegen betreut wird. Lehrkraft HU_5_L1 betreut alleine alle Gruppen der gesamten Klasse mit zeitweiliger Unterstützung wechselnder Lehrkräfte in weniger als 50 % der gesamten Durchführungsphase und betrachtet die Bewertung der Projektprüfung als nicht problematisch:

Lehrkraft (HU_5_L1):

> I: „Das heißt gleichzeitig waren Sie nie, Sie und die Kollegin
> L: Nein, nein.
> I: Also immer nur ein Lehrer.
> L: Immer nur ein Lehrer.
> I: In der Klasse für dann die ganze Klasse.
> L: Ja. Ich muss aber auch sagen, das reicht. Und da braucht man nicht zusätzliche Lehrerstunden verbraten".

An einer anderen Stelle des Interviews gibt die Lehrkraft (HU_5_L1) dann zu verstehen, dass sie als Klassenlehrer den Vorteil habe, „meine Schüler ja zu kennen".
Diese Auffassung bezüglich der eigenen Leistungsbeurteilungskompetenz könnte man mit der Paraphrase ‚ich kenne meine Schüler ja' bezeichnen.
Ein weiteres Beispiel für die ‚ich-kenne-meine-Schüler-ja-Einstellung' liefert Lehrkraft HU_3_L1:

> „Also einige Kollegen hab ich gesehen, die haben sich Stichpunkte gemacht. Ich hatte den Vorteil, dass ich ja die Klasse gut kenne und die Schüler auch gut kenne. Ich hab sie also so beobachtet und hab mir also keine Stichpunkte gemacht. Nachher bei der Bewertung, wir haben ja diese Bewertungskriterien gehabt. Und dann bin ich da durchgegangen und hab gesagt, hat er sich so engagiert, war er motiviert, hat er Eigeninitiative ergriffen, hat er Problemlösungen gefunden? Äh ich habe das eben nicht aufgeschrieben, weil ich die Klasse, weil ich die Schüler gut kannte".

Diese Lehrkraft ist die einzige, die angibt, keinen Beobachtungsbogen eingesetzt zu haben. Es ist davon auszugehen, dass die ‚ich-kenne-meine-Schüler-ja-Einstellung' relativ häufig bei den Lehrkräften vertreten ist, v.a. bei denjenigen, die ohne durchgehende Unterstützung anderer Lehrkräfte alle Gruppen der Klasse zu betreuen haben und trotzdem keinerlei Kritik hinsichtlich der Bewertung der Schülerleistungen äußern.
Ein weiterer ‚extremer Fall', ist Lehrkraft HU_11_L3, die während der Durchführungsphase lediglich eine Gruppe betreut und dabei in über 50 % der Zeit von einer zweiten Lehrkraft unterstützt wird:

> L3: „Ich hab das schon bemängelt, als der Kollege mal raus musste, zwei, drei Mal und gerade in diesen Phasen da war's so wichtig, da haben sich einige Schüler so gezeigt, so. Und da hab ich gedacht, schade dass er das

nicht sieht. Also auch wegen der Objektivität her denk ich schon, wenn Prüfung ist, dann ist Prüfung und dann muss man es auch so machen, dass man auch den Schülern gerecht wird".

Trotz der im Vergleich zu anderen Schulen ‚luxuriösen' Lehrerversorgung während der Durchführungsphase erachtet Lehrkraft HU_11_L3 zwei Lehrkräfte pro Gruppe für unabdingbar, um eine objektive Prozessbeobachtung zu gewährleisten. Das Problem der schulinternen Vergleichbarkeit der Schüleleistungen (s.o.) erachtet Lehrkraft HU_11_LG_L3 ebenfalls als problematisch. Ihrer Auffassung nach wurde in Konferenzen versäumt, sich darüber zu verständigen, wie weit die Schüler-Betreuung geht. Kollegen, die ihres Erachtens weniger geholfen haben als andere, haben mit einem Notenbonus gearbeitet. Lehrkraft HU_11_L3 wünscht sich „Kriterien, die für alle verbindlich sind" (s.o.).

An 6 Schulen berichten Lehrkräfte von starken Differenzen mit Kollegen bei der Notengebung[45]. Neben Problemen, die weniger mit dem Wesen der neuen Projektprüfung zu tun haben (an 3 Schulen unterstellen Lehrkräfte Kollegen Antipathien gegenüber einzelnen Schülern), ergeben sich an 3 Schulen dadurch Probleme, dass der Grad des „Betreuens" oder „Helfens" der Schüler an den Schulen höchst unterschiedlich gehandhabt wird. An Schule 11 kritisieren Lehrkräfte (in einem Gruppeninterview), dass Kollegen nach der Bewertung mit einem „Notenbonus" gearbeitet haben. Der Notenbonus wurde dafür gegeben, dass sie im Vergleich zu anderen Kollegen den Schülern weniger „geholfen" haben:

> HU_11_L3: „Gut aber einigen sollte man sich dahin gehend, eh dass man nicht über einen Notenbonus später arbeitet. Weil dann weiß man nicht mehr, wie man benoten soll. Dann bin ich dafür lieber direkt in der Gruppe einzugreifen. Gut dann hab ich geholfen, dann kann ich mir in meinem Tagesbericht da aufschreiben: nur mit Hilfe möglich. Dann zieh ich da von de 4 Punkte 1 oder 2 mal ab, dann ist das schon rausgerechnet. Aber am Schluss dann zu sagen, weil wir nicht eingegriffen haben, bekommen die alle jetzt einen Notenbonus, das find ich für nicht haltbar".

An Schule 10 äußert Lehrkraft 1, dass es „nicht sein könne", dass diverse Kollegen über den Projektverlauf jammern, sich während der Prüfung „einen

---

[45] Es ist davon auszugehen, dass, sofern nur Einzelinterviews stattgefunden hätten, der Anteil an Kritik mit der Bewertungspraxis von Kollegen höher ausgefallen wäre.

schlauen Lenz machen" und nachher trotzdem relativ gute Zensuren vergeben werden. Die Vermutung, dass die Bewertung der Projektprüfung (bei anderen Gruppen ihrer Schule) tendenziell zu gut ausfällt, äußern zwei Lehrkräfte aus Schule 10 in separaten Interviews. Lehrkraft 1 trifft sowohl negative Aussagen über die Kooperation innerhalb des Kollegiums als auch über die Kommunikation zwischen Schulleitung und Kollegium. Das Niveau der gezeigten Schülerleistungen an der eigenen Schule, vor allem das der nicht von ihm betreuten Projektgruppen, erachtet Lehrkraft 1 (HU_10) als im Vergleich zu anderen Schulen „lächerlich". Lehrkraft 1 wundert sich über die guten Noten der anderen Projektgruppen, die in keiner Weise mit den Aussagen der Kollegen über den Projektverlauf zusammen hängen. Auch Lehrkraft 2 aus Schule 10 äußert den Verdacht, dass an ihrer Schule die Bewertungen zu gut ausfallen und begründet dies ebenfalls mit der mangelnden Übereinstimmung zwischen negativen Aussagen der Kollegen über den Projektverlauf und der Note. Die befragten Kollegen an Schule 10 kritisieren somit die mangelnde interne und externe Vergleichbarkeit der Noten. An Schule HU_3 äußert eine Lehrkraft den Verdacht, dass ein Kollege mehr am Produkt beteiligt gewesen sei, als die Schüler, außerdem kritisiert sie die Tatsache, dass sie nicht bei der Notengebung der anderen Gruppen beteiligt war, obwohl sie für die Vorbereitungsphase zuständig gewesen ist.

Möglicherweise besteht ein Zusammenhang zwischen der Art der Kooperation der Lehrer während der Projektprüfung und dem Empfinden, schulintern ‚gerecht' bewerten zu können. An keiner der Schulen, an denen *keine* negativen Aussagen über die Kooperation innerhalb des Kollegiums getroffen werden (Ausnahme: Schule 11), wird Kritik hinsichtlich der mangelnden schulinternen Vergleichbarkeit geäußert.

Lehrkräfte an vier Schulen äußern massive Kritik hinsichtlich der fehlenden Vergleichbarkeit der Schülerleistungen zwischen den Schulen (externe Vergleichbarkeit). Zwei Lehrkräfte an Schule 2 führen dies unter anderem auf das Fehlen von offiziellen Vorgaben zurück.

L1: „Weil es ist mir auch nit ganz klar, wie es funktionieren soll. Jede Schule beurteilt anders. So etwas ist eine eine recht subjektive Beurteilung. Ich kann zwar meine Schlagworte und alles dahaben, aber die Beurteilung als

solches ist subjektiv. Da heißt nachher wer von der Schule kommt, der hat die Noten und der von jener Schule kommt, da läuft das so und so.
L2: Und ist halt schon ne gewichtige Sache mit praktisch 'ne Viertel Note von der Gesamtnote".

An Schule HU_16 ist man aufgrund der Tatsache, die Projektprüfung bereits zum zweiten Mal fächerübergreifend durchgeführt und bewertet zu haben, der Auffassung, „mittlerweile Profi" in Sachen Bewertung zu sein. Allerdings schätzen die befragten Lehrkräfte die erbrachten Projektleistungen der eigenen Schüler im Vergleich zu Schülern anderer projektunerfahrener Schulen als deutlich höher ein:

L1: „Also ich denk ich denk, dass wenn wenn wir dann anfangen, dann 'nen landesweiten Vergleich zu starten, dass, dann werden wir ganz arg unglücklich und dann tut mir jeder 4er leid, den ich hier im Haus erteilt hab'".

Lehrkraft 1 aus Schule 10 dagegen erachtet die gezeigten Leistungen an seiner Schule im Vergleich zu den Projektleistungen an anderen Schulen als „lächerlich" (s.o.).

Zeigen die Schüler Reaktanzeffekte durch die Beobachtung der Lehrkräfte?

In 8 der 31 Interviews berichten die Lehrkräfte von Schülerverhalten, das darauf schließen lässt, dass die Schüler sich durch die Beobachtungen der Lehrkraft irritiert fühlen und deshalb möglicherweise ein verändertes Verhalten zeigen. Zu etwaigen Reaktanzeffekten wurden die Lehrkräfte in den Interviews nicht direkt befragt. Diesbezügliche Lehreräußerungen wurden überwiegend im Rahmen von *4. Gespräche zwischen Schüler(innen) und Lehrer(innen) während aller Phasen des Projekts* (siehe Interviewleitfaden, Anhang) getroffen.
Lehrkraft HU_9_L1 äußert die These, dass sich Schüler, die *nicht* erst ab der 9. Klasse mit projektartigem Arbeiten beginnen, sich durch die Anwesenheit der Lehrkraft weniger „gestört" fühlen. Die Tatsache, dass an 4 derjenigen 6 Schulen mit Projekterfahrung Lehrkräfte berichten, dass sich Schüler durch

die Anwesenheit der Lehrer irritiert fühlen können, spricht jedoch gegen diese These. An diesen 4 Schulen mit Projekterfahrung waren die Lehrkräfte mit der Betreuung und Beobachtung von mehreren Projektgruppen befasst, was zu einem „Pendeln" zwischen den Gruppen führt. Etwaige Reaktanzeffekte stellen Lehrkräfte dann fest, wenn sie das Klassenzimmer betreten und die Schüler sie bemerken. An denjenigen 3 Schulen, an denen die Lehrer alleine, teilweise zu zweit, durchgehend eine Gruppe betreuen, haben die Lehrer keinerlei Vergleich zwischen dem Verhalten der Schüler mit und ohne dem Bewusstsein, beobachtet zu werden. Darum überrascht es nicht, dass die Lehrkräfte dieser 3 Schulen über keinerlei Reaktanzeffekte berichten.

An Schule HU_7, einer Schule, an der seit Jahren auch bewertete fächerübergreifende Projektarbeit durchgeführt wird, berichtet Lehrkraft HU_7_LG_L1, dass manche Schüler durch die wahrgenommene Anwesenheit der Lehrer ein „anderes Verhalten" zeigen.

> L1: „Es ist auch nicht gut, wenn man die ganze Zeit daneben steht. Weil die Schüler sich ganz anders verhalten, wenn man die ganze Zeit daneben steht. Deswegen bin ich auch mit rausgegangen. Ich hab auch festgestellt, dass es reicht, wenn ich komm. Und manchmal ist wirklich dieser erste Eindruck aha, da sitzt jetzt einer z.B. an der Seite und spricht mit den anderen nimmer. Dann geht man einmal hin und fragt nach, also das habe ich immer gemacht, wenn ich solche Sachen beobachtet habe".

Lehrkraft HU_7_LG_L1 schildert die für sie gezogenen Schlüsse hinsichtlich der ‚idealen' Beobachter-Rolle:

> L1: „Das reicht manchmal nur, wenn man einfach mal vorbeikommt und sie sehen dann, man ist da. Aber ich bin, also ich hab mich mehr zurückgezogen als die Jahre davor.
> L2: Kann ich auch ergänzen. Also ich hab's im Prinzip gemacht wie ein guter Schiedsrichter, der das Spiel beobachtet, aber eigentlich Luft ist. Und ich denke das trifft es ganz gut. Also man schon mal rumlaufen, ist auch schon mal wichtig wegen den Beobachtungsbögen".

Lehrkraft 1 gibt an, aufgrund der Projekterfahrung sich mehr als in den vorigen Jahren während der Vorbereitungsphase zurückgezogen zu haben. Dies lässt auf eine subjektive Theorie bezüglich kooperativen Arbeitens in Gruppen schließen, was zumindest dem Typ 2 (Abschnitt 3.4.) zuzuordnen

ist. Lehrkraft 2 liefert eine aufschlussreiche Metapher für den ihres Erachtens ‚idealen' Projekt-Beobachter, und zwar die des ‚guten Schiedsrichters', der ‚Luft' ist.
Die Tatsache, dass die Lehrer nicht direkt nach möglichen Reaktanzeffekten befragt wurden, erschwert die Analyse. Eine detaillierte Analyse dieses Aspekts hätte eine Konzentration auf diesen Bereich bedeutet und ein anderes Forschungsdesign (z.B. Videoanalysen) erforderlich gemacht.
Die ‚freiwillig' erfolgten vergleichsweise häufigen freiwilligen Äußerungen der projekterfahrenen Lehrkräfte zu Reaktanzeffekten sind möglicherweise eher ein Indikator dafür, dass die in der Studie befragten projekterfahrenen Lehrkräfte aufgrund ihres Vorwissens über projektartiges Arbeiten in der Lage sind, vergleichsweise vielfältigere Schilderungen zu liefern, die auch etwaige Probleme mit der Doppelrolle ‚Betreuer und Beobachter' beinhalten.

Wie die Lehrkräfte den Beratungsbedarf während der Phasen des Projekts beurteilen

Die Resultate der ergänzenden schriftlichen Lehrerbefragungen (Abschnitt 7.3) belegen, dass vor allem während der Vorbereitungsphase und besonders beim Erstellen der Projektbeschreibung die Selbständigkeit der Schüler am vergleichsweise niedrigsten eingeschätzt wird. In den mündlichen Lehrerbefragungen wurden die Lehrkräfte darüber hinaus gebeten, Stellung zu nehmen, zu welchen Phasen ihre Beratung besonders nachgefragt wurde (vgl. Lehrerleitfaden, Anhang).
Auch die Ergebnisse der mündlichen Befragungen zeigen, dass der überwiegende Teil der Lehrkräfte vor allem die Beratung während der Vorbereitungsphase als zentral wichtig für das Gelingen der Projekte erachtet. Hinsichtlich dessen, in wieweit Beratung überhaupt ‚gestattet' ist, gehen die Meinungen jedoch stark auseinander. Vor allem an jenen 3 Schulen, wo die jeweiligen Klassenlehrer für die Vorbereitungsphase verantwortlich waren und keine Materialbeschaffung und Projektstrukturierung stattgefunden hat, geben die befragten Lehrer an, dass die Schüler ungünstig betreut worden sind: An Schule 2 geben zwei der befragten Lehrkräfte an, dass manche Gruppen in der Vorbereitungsphase ‚ungünstig' betreut worden sind, und dass deswegen das nächste Mal die Durchführungsphase zugunsten der

Vorbereitungsphase gekürzt werden sollte (HU_2_LG). An Schule 10 monieren in separaten Interviews alle befragten Lehrkräfte, dass eine Betreuung während der Vorbereitungsphase das Gruppenergebnis positiv beeinflusst hätte. HU_10_L1 beklagt, dass er kurzfristig ein „Technikprojekt aufs Auge gedrückt bekommen hätte", Lehrkraft HU_10_L2 gibt an, dass die Schüler bei der Themenwahl nicht „clever genug" gewesen waren und infolgedessen ein Thema gewählt wurde, das die Schüler nicht richtig interessiert hat. An dieser Schule wurden die Schüler aufgefordert, innerhalb von zwei Stunden eine Projektbeschreibung zu erstellen, die dann vom Schulleiter entweder genehmigt wurde, oder zu einer Zuweisung zu einer anderen Gruppe führte. Besonders die projekterfahrenen Lehrkräfte betonen die Wichtigkeit einer intensiven Betreuung während der Vorbereitungsphase vor allem bei leistungsschwachen Schülern:

- An Schule 4 betonen die befragten zwei Lehrkräfte, dass die Beratung in der Vorbereitungsphase am wichtigsten ist und eine ausführliche Projektbeschreibung die „Selbständigkeit" der Schüler unterstützt.
- Die befragte Lehrkraft an Schule 6 gibt an, dass vor allem ihre Beratung bei den zusätzlichen Nachmittagsterminen während der Vorbereitungsphase vonnöten war.
- An Schule 7 gibt Lehrer 1 an, dass die Projektbeschreibung ein „Knackpunkt" für das Gelingen eines Projekts ist, und dass vor allem bei der Strukturierung und Eingrenzung des Themas Lehrerhilfen erforderlich sind. Beide befragten Lehrkräfte dieser Schule geben an, dass bei „fehlendem Können" die Strukturierung in Form einer detaillierten Projektbeschreibung auch kein „Garant" für das Gelingen eines Projekts ist.
- Lehrer HU_15 gibt an, dass die Beratung „um die Projektbeschreibung herum" am intensivsten nachgefragt wurde. Die Projektbeschreibung wurde mehrfach besprochen und modifiziert, da das „Einschätzen des Zeitaufwands" selbst für Lehrer schwierig ist.
- An Schule 16 geben zwei der befragten drei Lehrkräfte an, dass die Mehrheit der Gruppen aufgrund der Vorerfahrung den „roten Faden" (L1) zur Projektstrukturierung besitzen. Trotzdem setzt Lehrer 1 für jede Gruppe einen separaten Nachmittagstermin zur Strukturierung an:

L1: „Wir haben ehm Nachmittagstermine mit denen ausgemacht. Jede Gruppe hat mindestens ein Mal 1 ½ Stunden Beratung gekriegt bei mir. Separater Termin ist natürlich super zeitaufwändig bei 7 Gruppen. Ging aber einfach nicht anders, meines Erachtens, weil ich denk, dass die Projektbeschreibung, die dann auch eingereicht wird, das ist die Aufgabenstellung, die muss wohl überlegt sein".

- Lehrerin HU_19_L1 gibt an, dass die Qualität der Projektbeschreibung ein Qualitätsindikator für ein Projekt ist. Sie räumt ein, die Relevanz der Projektbeschreibung jedoch unterschätzt zu haben

Wie die Lehrkräfte ihre Beobachtungen festhalten

Die Mehrheit der 53 befragten Lehrkräfte hält sich explizit oder implizit an die Empfehlungen des MKJS und protokolliert die Beobachtungen auf einem ‚leeren' Bogen. Acht Lehrkräfte geben an, einen Bogen mit vorab definierten Kategorien und/oder Skalierungen verwandt zu haben. Von diesen 8 Lehrkräften sind 3 dazu übergegangen, während der Durchführungsphase einen ‚offenen' Beobachtungsbogen zu verwenden. Sieben Lehrkräfte geben an, dass andere Kollegen an ihren Schulen mit vorgefertigten Kategorien und/oder Skalierungen gearbeitet haben.

Die gängigste Methode ist demnach das schriftliche Fixieren der beobachteten Verhaltensweisen der Schüler auf einem leeren Beobachtungsbogen. Die Empfehlungen des MKJS (vgl. Abschnitte 3.3 und 3.5) werden demnach in diesem Bereich durchgehend befolgt. Lehrkraft HU_7_L1, die innerhalb ihres Schulamts Fortbildungen zur ‚Projektprüfung' durchführt, schildert anschaulich den Grund, weshalb die vom MKJS empfohlene Vorgehensweise, ‚leere Bögen' zu verwenden, an den Schulen praktiziert wird:

> L1: „Also wir haben vor vier Jahren mal angefangen, da erinnere ich mich noch gut. Wir haben nämlich zusammen angefangen und haben uns so einen Katalog erstellt mit plus plus plus, durchschnittlich, minus, minus und haben da jeden Tag für jeden Schüler so einen Bogen ausfüllen müssen. Bist ja wahnsinnig geworden und haben dann sehr schnell gemerkt, das funktioniert so nicht. Man kann son' Schüler nicht in so eine Leiste reinpressen. Inzwischen ist es so, dass wir im Prinzip einen leeren Zettel haben, da steht 'nen Datum trägt man dann vorne ein und dahinter dann die Beobachtung".

Wie die Lehrkräfte die Kriterien der Notengebung definieren und gewichten

Alle 53 befragten Lehrkräfte geben an, vor Beginn der Prüfung die Kriterien der Notengebung in Dienstbesprechungen thematisiert zu haben. Dies entspricht formal den Richtlinien. Der Umfang der Vorarbeit und der Erprobung variiert allerdings erheblich: Lediglich an 4 der 20 besuchten Schulen geben die Lehrkräfte an, die in der Projektprüfung verwandten Bögen auch vorher getestet zu haben. Die Teilnahme am Schulversuch ‚Projektprüfung' ist nicht gleichbedeutend damit, dass die Bögen eine Testphase durchlaufen haben, da die zum Zeitpunkt der Befragung (2002) beteiligten Lehrer nicht mit denen am Schulversuch ‚Projektprüfung' beteiligten (Schuljahr 2000/01 oder früher) identisch sein müssen.

An 16 Schulen geben die Lehrkräfte an, die Bögen ohne vorheriges Testen aus Vorlagen (aus dem Internet, aus Fortbildungen oder aus sonstigen informellen Kanälen) übernommen oder modifiziert zu haben.

Die in der Studie berücksichtigten Schulen verwenden folgende Modelle:

a) Es werden vorab einzelne Kompetenzen (z.B. Eigeninitiative, Selbständigkeit, fachliche Kompetenz etc.) ausgewiesen und die pro Kompetenz erreichbare maximale Punktzahl festgelegt. Die Gesamtnote ergibt sich aus der Summe der erreichten Punkte und wird mittels Umrechnungstabelle[46] festgesetzt.

b) Einzelne Kategorien (z.B. ‚Projektarbeit', ‚Projektergebnis' und ‚Präsentation') werden per Dezimalnote ausgewiesen. Das arithmetische Mittel der Teilkompetenzen ergibt die Gesamtnote.

c) Es werden sowohl einzelne Kompetenzen als auch einzelne Phasen des Projekts ausgewiesen und die pro Kompetenz erreichbare maximale Punktzahl festgelegt. Die Gesamtnote ergibt sich aus der Summe der erreichten Punkte und wird mittels Umrechnungstabelle festgesetzt.

d) Es werden sowohl einzelne Kompetenzen als auch einzelne Phasen des Projekts ausgewiesen und mit einer Teilnote bewertet. Das arithmetische Mittel der ausgewiesenen Kategorien ergibt die Gesamtnote.

---

[46] Vgl. Schlemmer (2001: 12-15).

Die von den Schulen für die Bewertung zugrunde gelegten Kategorien unterscheiden sich erheblich. Der am wenigsten konkrete Bogen weist zwei leere Felder auf, in denen die Dezimalnote für die Phasen Durchführung und Präsentation sowie Raum für ergänzende Kommentare vorgesehen ist. Der ausführlichste Bogen enthält Stichworte, die die zu bepunktenden Kompetenzen grob beschreiben. Unter dem Stichwort „Methodische Kompetenz" finden sich auf dem Bogen von Schule HU_8 vier Stichpunkte:

- „Kenntnis verschiedener Methoden,
- Auswahl und Anwendung gemäß dem Handlungsschritt und Projektziel,
- Sichere Anwendung der Methode,
- Reflexion".

Die Operationalisierung des Konstrukts „Methodische Kompetenz", die Schule 8 aus Vorlagen übernommen hat, verdeutlicht die Schwierigkeit der Bewertung von Kompetenzen, die gemäß des MKJS beanspruchen, ‚überfachlich' zu sein. Es erscheint äußert fraglich, ob die „methodische Kompetenz", die beim Erstellen einer „Holzbank für den Pausenhof" erforderlich ist mit der bei einem eher abstrakten Thema wie z.B. „AIDS" zu vergleichen ist. Die Berücksichtigung von ‚überfachlichen Kompetenzen' soll aber gemäß der ministeriellen Vorgaben (Abschnitt 2.2) durch die Projektprüfung gewährleistet werden. Auf die Tatsache, dass die Definition von überfachlichen Kompetenzen und vor allem deren Operationalisierung und Diagnose ein wissenschaftlich äußerst komplexes Unterfangen darstellt, wurde in Abschnitt 2.2 mehrfach hingewiesen.

Zum Kriterium: ‚Beobachten aller Phasen der Projektprüfung'

Gemäß den Vorgaben des MKJS müssen alle Phasen des Projektes beobachtet und bei der Bewertung berücksichtigt werden (Abschnitt 3.3). An sechs der 20 Schulen geben Lehrkräfte an, die Vorbereitungsphase bei der Bewertung *nicht* berücksichtigt zu haben. Dies lässt sich teilweise durch das von der Schulleitung gewählte organisatorische Modell erklären. Lehrkräfte, die erst ab der Durchführungsphase einer (oder mehrerer) Projektgruppe(n) zugewiesen werden, können an sich keine beurteilungsrelevanten Punkte für die Vorbereitungsphase vergeben. Diese (zwar nicht den Vorgaben entsprechende) Variante erscheint noch deutlich vertretbarer als folgendes Modell, das in Interview HU3 von Lehrkraft1 geschildert wird:

> „Und die Vorbereitungsphase, die haben wir eigentlich beurteilt äh tja da ist das ganz große Problem gewesen in meinen Augen. Die Vorbereitungsphase konnten die Beratungslehrer ja nur bedingt beurteilen.
> I: Das heißt da waren hauptsächlich Sie als Klassenlehrerin gefordert?
> L: Sie konnten also. Da war ich eigentlich. Aber ich hab bei der Vorbereitungsphase, bei der Notengebung hab ich kein Einfluss gehabt".

Den einzigen Kontakt, den die Lehrkräfte während der Vorbereitungsphase mit den Schülern hatten, umfasste nach Aussagen von HU_3_L1 Hilfen beim Erstellen der Projektbeschreibung, die zwischen „Tür und Angel" und im besten Fall in Freistunden der Betreuer stattgefunden hat.

Zur Kooperation der Lehrkräfte

Im folgenden Abschnitt wird der Frage nachgegangen, wie die an der Projektprüfung beteiligten Schulen den Anforderungen des kooperativen Arbeitens in der Projektprüfung nachkommen (vgl. Abschnitt 6.2). Es soll geklärt werden, in wieweit die Kooperationsanforderungen an die Lehrer einer „gelebte[n] und bejahte[n] Zusammenarbeit" (Bauer et al. 1999: 246) entspricht oder der „Erfüllung einer formalen Regel" (Ulich 1996: 143; vgl. Abschnitt 6.2).
Die Kooperation der Lehrkräfte bezieht sich gemäß der Vorgaben (Abschnitt 3.3) auf die Bereiche:

1. Vorbereitung auf die Projektprüfung (Erstellen der Notenkriterien, transparent Machen der Notenkriterien) und
2. Durchführung der Projektprüfung (nach Möglichkeit zwei Lehrkräfte während aller Phasen des Projekts).

Zu 1.: Wie oben erwähnt, geben alle 53 befragten Lehrkräfte der 20 in der Hauptuntersuchung berücksichtigten Schulen an, vor Beginn der Prüfung in Besprechungen die Kriterien der Notengebung erörtert sowie Bewertungs-

und Beobachtungsbögen erstellt zu haben. Wie in Abschnitt 7.4 erwähnt, wurden an lediglich vier der 20 Schulen die Bögen vorab in einem Probeprojekt getestet.

An 13 der 20 Schulen bewerten Lehrkräfte diese zusätzlichen Sitzungen[47]. Die projekterfahrenen Lehrkräfte dreier Schulen berichten von umfangreichen Vorbereitungen auf die Projektprüfung (interne und externe Lehrerfortbildungen und unterschiedliche Konferenzen), ohne diese zu kommentieren[48]. Die Vorbereitungsmaßnahmen der Lehrkräfte und vor allem die vergleichsweise häufig stattfindenden gemeinsamen Sitzungen werden an diesen ‚Reform-gewohnten Schulen' anscheinend als nichts Außergewöhnliches erachtet. Diese 3 Schulen sind offensichtlich Schulen, an denen Neuerungen flankiert durch umfangreiche interne und externe Fortbildungsmaßnahmen durchgeführt werden.

An 7 der 13 Schulen, an denen die zusätzlichen schulinternen Sitzungen kommentiert werden, erfolgen positive Äußerungen dahingehend, dass die speziell für die Projektprüfung einberufenen Sitzungen hilfreich für das Durchführen der Projektprüfung gewesen sind.

An sechs Schulen kritisieren die Lehrkräfte die für die Projektprüfung einberufenen Sitzungen. Die Kritik bezieht sich bemerkenswerter Weise nicht auf den zusätzlichen zeitlichen Aufwand, sondern auf ein als nicht befriedigend empfundenes Ergebnis.

An 2 Schulen wird darüber hinaus Kritik am Führungsstil der Schulleitung geäußert. Kritisiert wird sowohl die Tatsache, dass die Schulleitung die Bewertungskriterien diktiert, als auch die Praktikabilität der Kriterien.

Da Konferenzen jedoch nichts genuin projektprüfungsspezifisches sind, erscheint es aufschlussreicher, diejenigen Aussagen einer Analyse zu unterziehen, die sich auf das gemeinsame Arbeiten der Lehrkräfte *während* der Projektprüfung beziehen.

Zu 2.: Die Diskussion in Abschnitt 3.3 ergab, dass mindestens zwei Lehrkräfte sich während aller Phasen des Projekts ‚kundig' machen sollen, dass das MKJS es aber als ‚besser' erachtet, wenn permanent mehr als eine Lehrkraft die Gruppen beobachtet und betreut.

---

[47] Diese Kommentare erfolgten ‚freiwillig' (vgl. Leitfaden der Lehrerinterviews, Anhang).
[48] An einer dieser drei Schulen mit Projekterfahrung wird lediglich die *kick-off*-Fortbildung des Schulrats vor drei Jahren erwähnt, in der er das Kollegium „wie eine Dampfwalze" überfahren habe (HU_16_L1).

Zur Betreuung während der Vorbereitungsphase

Im Licht der Vorgaben überrascht die relativ geringe Zahl an Schulen, an denen die Lehrer bei der Betreuung und Beobachtung der Projektgruppen in Gruppen arbeiten. An lediglich 4[49] der 20 Schulen wird ab der Vorbereitungsphase mehr als eine Lehrkraft zu Betreuung und Beobachtung eingesetzt[50]. In der Vorbereitungsphase ist überwiegend (an 16 Schulen) lediglich der Klassenlehrer für die Betreuung der Projekte zuständig. Von diesen 16 Schulen findet an 3 Schulen (HU_11, HU_13 und HU_14) nur sehr eingeschränkt überhaupt eine Vorbereitungsphase statt. Dies äußert sich darin, dass die Materialbeschaffung nicht in der Vorbereitung stattgefunden hat. An Schule 13 werden die Schüler aufgefordert, sich in Gruppen zusammen zu finden, ein Thema zu überlegen und innerhalb von zwei Stunden eine ‚Projektbeschreibung' zu erstellen, die dann dem Schulleiter zur Genehmigung vorgelegt wird. Bei Ablehnung des Themas erfolgte eine ‚Zwangszuweisung' zu einer anderen Projektgruppe.

An Schule 14 erfolgt in der Vorbereitungsphase ebenfalls keine Materialbeschaffung und Strukturierung des Projekts. An Schule 14 wird ab der Durchführungsphase pro Gruppe eine Lehrkraft eingesetzt, die die Betreuung der Gruppe aber neben dem gewöhnlichen Deputat zu leisten hat. An Schule 13 erfolgt ebenfalls keine Strukturierung des Projekts in der Vorbereitungsphase, was durch folgende Interviewpassage illustriert wird (L1 ist die ab der Durchführungsphase eingesetzte Lehrerin):

> L 1: „Ja du sagtest grade, dass die halbe Woche ist so verstrichen. Ich stell' mir das für die Zukunft vor, wenn man da vorher ein Termin festlegen wür-

---

[49] An einer Schule wird lediglich eine 9. Klasse ab der Vorbereitungsphase von einem Lehrer-Tandem betreut.

[50] Der Grad der Betreuung durch die zweiten Lehrkraft während der Vorbereitungsphase ist aus den Interviews nicht immer eindeutig zu entnehmen. Als Schulen, die ab der Vorbereitungsphase mehr als eine Lehrkraft zu Betreuung und Beobachtung einsetzen (insgesamt 4) werden lediglich diejenigen gezählt, an denen die Lehrkräfte von einer systematischen und vorab geplanten Betreuung entweder im Rahmen oder außerhalb des ‚regulären' Unterrichts von *allen* Gruppen berichten. Aus eigener Begleitung einer Projektprüfung außerhalb des Untersuchungszeitraums (Schuljahr 2002/3) sind mir Formen bekannt, an denen lediglich *eine* eher technisch orientierte Prüfung auch im Rahmen des Unterrichts während der Vorbereitungsphase betreut wird.

de, jetzt nachdem die Gruppen sich auf ein Thema geeinigt haben, erstellt doch bitte alle ein Mindmap. Was gehört zu diesem Thema und dann was könnte man davon bearbeiten, muss ja nicht alles bearbeitet werden. Und wenn sie sich die Schüler einfach darüber klar wären, könnten sie auch viel gezielter Unterlagen beschaffen. Aber das sollte meiner Meinung nach vor der Durchführung der Projektprüfung sein. Also dieses Mindmap und vielleicht 'nen Arbeitsplan".

Lehrkraft HU_13_L1 schlägt vor, dass die für die Vorbereitungsphase notwendigen Arbeitsphasen (Strukturierung des Themas und Materialbeschaffung sowie Fixpunkte in Form des Vorstellens des geplanten Vorgehens) besser vor der Durchführung erfolgt wären.

Aus den Lehrer-Interviews lässt sich nicht durchgehend eindeutig entnehmen, mit welcher Intensität andere Betreuer ab der Vorbereitungsphase die Projektgruppen mitbetreut haben. An Schule 3 beispielsweise, gibt der Klassenlehrer an, dass die betreuende Lehrkraft zwischen „Tür und Angel" die Gruppen in der Vorbereitungsphase betreut hätte. Schule 3 illustriert die Nachteile einer fehlenden Lehrer-Kooperation: Die Betreuung und Beobachtung durch den Klassenlehrer während der Vorbereitungsphase wurde nicht bei der Bepunktung berücksichtigt. Vergleichsweise günstiger erscheint das Modell, das Schule 16 praktiziert. An Schule 16 werden die Schüler ab Beginn des Projekts aufgefordert, sich einen „kompetenten" Betreuer zu suchen. Die Klassenlehrer betreuen (nahezu) alle Projekte ihrer Klasse, zusätzlich suchen sich die Schüler einen weiteren Betreuer, von dem ab der Vorbereitungsphase (überwiegend nachmittags) Beratung eingefordert werden kann.

Zur Betreuung während der Durchführungsphase

An 10 der 20 Schulen betreuen und beobachten die Lehrer während der Durchführungsphase ‚im Lehrerteam'.
Als ‚Lehrerteam' wird die Zusammenarbeit der Lehrkräfte in unserem Verständnis dann erachtet, wenn mindestens zwei Lehrkräfte während mehr als der Hälfte der Zeit der Durchführungsphase gemeinsam eine oder mehrere Projektgruppen betreuen bzw. beobachten[51].

---

[51] Es geht aus den Interviews nicht immer klar hervor, mit welcher Intensität die Kooperation innerhalb der Lehrergruppe erfolgt. Die Tatsache, dass gleichzeitig zwei Lehrkräfte für die

Neben den 4 Schulen[52], an denen bereits ab der Vorbereitungsphase mehr als eine Lehrkraft an der Betreuung und Beobachtung der Schüler beteiligt sind, setzen sechs Schulen während der Durchführungsphase in mehr als der Hälfte der Betreuungszeit mehr als eine Lehrkraft für die Betreuung von einer oder mehreren Projektgruppen ein.

An 5 der 10 Schulen, an denen ab der Durchführungsphase in Lehrer-Teams gearbeitet wurde, wird die Teamarbeit explizit positiv bewertet. An einer Schule (HU_11) erfolgen sowohl positive als auch negative Aussagen bezüglich der Lehrer-Kooperation.

Die Aussagen der Lehrkräfte bezüglich der Lehrerkooperation während der Durchführung des Projekts

- An Schule HU_2 wird das verwandte Modell (drei Lehrkräfte beobachten fünf Gruppen) als „gerechter" empfunden, da die Chancen der Schüler steigen, bei drei Lehrern einen fachkundigen Betreuer zu finden. Außerdem ist Lehrkraft HU_2_L1 der Auffassung, dass es bei drei Lehrern immer eine Mehrheit gibt.

- An Schule 7 und Schule 19 wird die Tatsache, die Beobachtungen mit einem Kollegen abstimmen und anschließend diskutieren zu können, als Erleichterung für die spätere Bewertung erachtet.

- An Schule 12 ist die Lehrkraft der Auffassung, dass die Bewertung insgesamt „in Ordnung" ging, da pro Vormittag 3-4 Kollegen die Gruppen einer Klasse beobachten konnten. Außerdem erwies sich die relativ hohe Anzahl an Kollegen bei einer Streitigkeit mit einem Kollegen als vorteilhaft[53].

- An Schule 15 ist man der Auffassung, dass sich die gewohnte Vorgehensweise bewährt hat. An Schule 15 ist projektartiges Arbeiten Teil des Schulprofils und alle sind Klassen mit projektartigem Arbeiten vertraut.

- An Schule 11 sind die Lehrer der Auffassung, dass durchgehend zwei Betreuer pro Projektgruppe während der Durchführungsphase erforderlich sind (s.o.) und bemängeln, dass dies teilweise nicht der Fall war.

Der Klassenlehrkraft der einen 9. Klasse empfindet es als angenehm, nicht

---

Betreuung von mehreren Gruppen eingeteilt sind, muss noch nicht zwingend dazu führen, dass Beobachtungen abgestimmt und besprochen werden.

[52] An eine dieser vier Schulen (HU_19) wird lediglich eine Klasse ab der Vorbereitungsphase im Lehrertandem betreut.

[53] Ein Schüler sollte eine 6 erhalten, die Kollegen waren aber der Auffassung, dass die Schüler nicht für die „Versäumnisse" des Klassenlehrers bestraft werden können.

wie Lehrer an anderen Schulen „rumhopsen" zu müssen, sondern bei einer Gruppe verweilen zu können.

Die Lehrkräfte der anderen fünf Schulen, an denen Lehrerteams eingesetzt werden, kommentieren die Kooperation folgendermaßen:

- An den Schulen 4 und 13 wird die große Anzahl an zu betreuenden Gruppen beklagt; Lehrer HU_13_L1 betont jedoch trotzdem, dass es bei der Notenfeststellung mit dem Kollegen keinerlei Problem gegeben hat (s.o.).
- An Schule 17 trifft der Lehrer keinerlei Äußerungen über die Kooperation mit den Kollegen, außer einer Auseinandersetzung mit einem Kollegen, der zwei Schülern eine „fünf" geben wollte.
- An Schule 18 wird die Kooperation mit dem Kollegen nicht kommentiert, die befragte Lehrkraft bemängelt nur, dass die aus dem Vorjahr projekterfahrene HTW-Lehrerin nicht für die Betreuung der Projektprüfung eingesetzt wurde.

Die Lehrkräfte derjenigen Schulen, an denen keine Arbeit in Lehrerteams stattgefunden hat, äußern sich zum Thema Lehrerkooperation folgendermaßen:

- Lehrkräfte dreier Schulen hätten sich Lehrerteams gewünscht. Begründet wird dies mit einer höheren Objektivität der Notengebung (HU_5_L1; HU_10_L2 und HU_20_L1).
- Die Lehrkräfte der anderen sieben Schulen, an denen ebenfalls keine Lehrerteams zur Betreuung eingesetzt werden, äußern sich nicht zu etwaigen Lehrerteams.

Zusammenfassung

- Die ‚Projektprüfung' wird von den Lehrkräften rückblickend überwiegend positiv bewertet. Die Begründungen, sortiert nach der Häufigkeit der Nennungen, sind:
  - Im Vergleich zur abgelösten Prüfungsordnung vergleichsweise höhere bzw. vielfältigere Schülerleistungen,
  - ‚qualifikatorische' Begründungen, in denen die Projektprüfung als Beitrag zur Berufsqualifizierung erachtet wird,
  - Begründungen, die sich auf das Defizit der abgelösten Prüfungsordnung beziehen.
  - Eine Entlastung der Schüler durch den Wegfall der fachpraktischen und mündlichen Prüfung.
- Der wirtschaftliche Impetus des Reformkonzepts ‚Impulse Hauptschule', dessen Teilbereich die Projektprüfung ist, wird von den Lehrern mehrheitlich getragen, was die hohe Anzahl an ‚qualifikatorischen' Argumenten für die Projektprüfung illustriert.
- Hauptkritikpunkt an der Projektprüfung ist der Wegfall der bisherigen fachpraktischen Prüfungen. Der Wegfall der mündlichen Prüfungen wird dagegen sehr viel weniger beklagt.
- Prüfungen erfreuen sich generell einer äußerst hohen Beliebtheit. Lediglich eine der befragten 53 Lehrkräfte gibt an, prinzipiell gegen Prüfungen zu sein.
- Der überwiegende Anteil an Lehrkräften schätzt den durch die Projektprüfung verursachten Aufwand als deutlich höher ein, zieht die Projektprüfung aber trotzdem der alten Prüfungsordnung vor.
- Der Grad der Vorerfahrung mit projektartigem Arbeiten variiert sehr stark zwischen den Schulen. Die Bandbreite reicht von mehrwöchigen Projekten und Schülerfirmen bis zu Lehrkräften, die angeben, als ‚Vorbereitung' in einem Fach die Schüler einen halbseitiger Text aus dem Schulbuch vor der Klasse präsentiert haben zu lassen.
- Die Lehrkräfte aller 20 Schulen geben an, in Dienstbesprechungen die Kriterien der Notengebung erörtert und Beobachtungs- und Bewertungsbögen erstellt zu haben. Das Definieren und die Einschätzung der ‚überfachlichen' Kompetenzen wird von keiner Lehrkraft problematisiert.
- Erprobt werden die Bögen vor der Projektprüfung lediglich an vier Schulen.
- An zehn Schulen geben die befragten Lehrkräfte an, dass nach der Projektprüfung die Akzeptanz gegenüber der neuen Prüfungsform gestiegen ist; an sieben Schulen verneinen die Lehrkräfte dies. An denjenigen Schulen, an

denen die Akzeptanz unverändert niedrig geblieben ist, berichten die befragten Lehrer von einer „Zum-Glück-trifft-es-mich-nicht-Einstellung" der Kollegen.

- An lediglich acht der 20 Schulen finden öffentliche Präsentationen statt. Von den sechs projekterfahrenen Schulen führt lediglich eine Schule keine öffentlichen Präsentation durch. An fünf Schulen geben Lehrkräfte an, dass Kollegen an den Präsentationen teilgenommen hätten, sofern sie von der Schulleitung nicht zum gleichzeitigen Erteilen von ‚regulärem' Unterricht verpflichtet worden wären.

- In 17 der 31 Interviews wird der Bereich „Betreuung und Bewertung" kritisiert. In 14 Interviews beklagen die Lehrkräfte, dass aufgrund einer zu hohen Anzahl von zu betreuenden Schülern nicht ausreichend Zeit für Beratung zur Verfügung gestanden hat.

- Das subjektive Empfinden, nicht ausreichend Zeit für die Betreuung der Gruppe(n) zu haben, steht ebenso in keinem direkten Zusammenhang mit der Überzeugung ‚gerechte' Noten erteilen zu können wie die Anzahl der zu betreuenden Gruppen.

- Lehrkräfte, die zwar beklagen, zu wenig Zeit für die Beratung der Gruppe(n) gehabt zu haben, aber trotzdem der Auffassung sind, gerechte Zensuren für die Projektprüfung erteilen zu können, sind offensichtlich der Meinung, aufgrund der Überzeugung ‚die Schüler ja zu kennen' gerechte Noten erteilen zu können. Es ist anzunehmen, dass die ‚Dunkelziffer' der Lehrkräfte mit einer ‚ich-kenne-meine-Schüler-ja' Einstellung sehr viel höher ist: An drei Schulen betreuen Lehrkräfte alleine alle Projekte der Klasse, ohne Kritik hinsichtlich der Praktikabilität des Einschätzens von ‚Schlüsselqualifikationen' und ‚fachlichen Kompetenzen' zu äußern; an zwei Schulen erteilen die Lehrkräfte Punkte für die Vorbereitungsphase, obwohl sie während dieser Phase nur sehr sporadisch an der Betreuung und Beobachtung der Schüler beteiligt waren.

- Der Grad der Vorerfahrung mit der Beobachtung und Bewertung von projektartigem Arbeiten ist zumeist niedrig. Lediglich an vier Schulen werden Bewertungs- und Beobachtungsbögen verwandt, die vorab getestet wurden.

- Die Lehrkräfte verwenden mehrheitlich, wie vom MKJS empfohlen, ‚leere' Beobachtungsbögen, d.h. Bögen ohne Kategorien- und/oder Zeichensystem (vgl. Abschnitt 3.5).

- Die Beobachtungen ‚fließen' in einen Bewertungsbogen ein, der zumeist nur grobe Kategorien wie z.B. einzelne Phasen oder ‚Kompetenzen' enthält.

- Die Definition der ‚überfachlichen Kompetenzen', sofern sie überhaupt erfolgt, wird überwiegend von kursierenden Bögen übernommen.

- Der Bereich ‚Betreuung, Beobachtung und Bewertung' der Projektprüfung ist derjenige, den die Lehrer am vergleichsweise häufigsten kritisieren. Besonders kritisiert wird die als zu gering empfundene Zahl an betreuenden

Lehrern (in 14 der 31 Interviews). Als problematisch empfinden die Lehrkräfte in 10 Interviews eine nicht als ausreichend erachtete Datenbasis für die Bewertung.

- An sechs Schulen wird die fehlende schulinterne, an vier Schulen die fehlende externe Vergleichbarkeit der Schülerleistungen kritisiert. Konflikte ergeben sich dann, wenn der Grad der Betreuung der einzelnen Gruppen, d.h. Lehrerhilfe im unterschiedliche Maße gegeben wird.

- Die Kritik der Lehrkräfte bezieht sich insgesamt weniger auf die Bewertung von projektartigen Arbeiten per se, als auf zu beseitigende organisatorische Mängel wie die zu geringe Anzahl an zur Verfügung gestellten Lehrkräften während der Durchführungsphase.

- Einen Beratungsbedarf der Schüler konstatieren die Lehrkräfte überwiegend für den Zeitraum der Vorbereitungsphase, vor allem beim Erstellen der Projektbeschreibung.

- Die Tatsache, dass zur Vorbereitung auf die Projektprüfung zusätzliche Sitzungen einberufen werden, wird von der überwiegenden Mehrheit der Lehrer positiv bewertet und mitgetragen. Diese Art der ‚induzierten Kollegialität' wird überwiegend positiv bewertet. Sofern Kritik bezüglich der Sitzungen geäußert wird, bezieht sich diese auf die mangelnde Intensität, auf den Führungsstil der Schulleitung oder auf die Tatsache, dass die Sitzungen zu selten stattfinden.

- Die Durchführung der Vorbereitungsphase obliegt in der überwiegenden Mehrheit der Fälle dem Klassenlehrer. An drei Schulen findet sie nur sehr eingeschränkt, ohne systematische Materialbeschaffung, statt.

- Die Lehrerversorgung während der Durchführungsphase ist an den Schulen ungleich höher als während der Vorbereitungsphase, obwohl die Lehrer angeben, dass während der Vorbereitungsphase der Beratungsbedarf am höchsten ist.

- Selbst Schulen, die während der Durchführungsphase einen vergleichsweise hohen Personalaufwand betreiben (wie Schulen 1 und 3), nutzen dies nicht zwingend dazu, Lehrer-Teams einzusetzen, sondern setzen eine Lehrkraft zur Dauerbetreuung einer Projektgruppe ein.

- Als gewinnbringend wird der Einsatz von mehreren Betreuern, sofern praktiziert, hauptsächlich deshalb erachtet, weil er nach Auffassung der Lehrer zu einer höheren Objektivität der Notengebung führt. An denjenigen Schulen, an denen vehement Kritik hinsichtlich der internen Vergleichbarkeit der Schülerleistungen geäußert wird (Schulen HU_3 und HU_10), sind die Lehrer während der Durchführungsphase alleine mit der Betreuung eines Projekts beauftragt[54].

- An sechs Schulen werden die Schülerleistungen in der Vorbereitungsphase nicht bei der Bewertung berücksichtigt, obwohl dies den Vorgaben gemäß notwendig ist.

- Zwei Schulen (5 und 14) berücksichtigen die Schülerleistungen während der Vorbereitungsphase bei der Notenfeststellung, obwohl die bewertenden Lehrkräfte nur sporadisch Einblick über die Verhaltensweisen der Schüler während der Vorbereitungsphase gewinnen konnten.

---

[54] An Schule 10, einer Schule die während der Durchführungsphase Lehrerteams einsetzt, wird ebenfalls Kritik hinsichtlich der internen Vergleichbarkeit der Schülerleistungen geäußert. Als Grund nennen die Lehrkräfte, dass der Grad des ‚Helfens' vor der Projektprüfung nicht geklärt wurde und Kollegen mit einem Notenbonus operieren, um nachträglich die verweigerten Hilfen zu kompensieren.

8. Zusammenfassung

Im Mittelpunkt dieser Studie stand die Frage, wie das Ministerium für Kultus, Jugend und Sport Baden-Württemberg (MKJS) die Einführung der Projektprüfung begründet und wie das Mehrebenensystem Schule diese neue Maßnahme umsetzt. Die Analyse der offiziellen Vorgaben (vgl. Abschnitt 2.2) ergibt, dass Projektarbeit als Teil einer veränderten pädagogischen Arbeit erachtet wird. Die Notwendigkeit einer veränderten pädagogischen Arbeit wird mit dem „gesellschaftlichen und wirtschaftlichen Wandel" und „veränderten Bedingungen der Ausbildungs- und Arbeitswelt" begründet (MKJS 2000a: 8). Von der Projektprüfung erhofft sich das MKJS das Überprüfbarmachen sogenannter ‚überfachlicher Kompetenzen', die synonym (im ministeriellen Wortgebrauch) auch als ‚Schlüsselqualifikationen' bezeichnet werden.

Die Analyse der Vorgaben, die sich auf die konkrete Durchführung der Projektprüfung beziehen (vgl. Abschnitt 3.2f.), ergibt, dass diese zwar größtenteils vage gehalten sind, dass das MKJS jedoch teilweise eindeutige Präferenzen zu erkennen gibt wie z.B.:

- Möglichst hohe Schülerselbständigkeit während aller Phasen des Projekts,
- Team-Teaching nach Möglichkeit während aller Phasen des Projekts (vgl. Abschnitte 3.2f.) sowie
- öffentliche Präsentationen (mit Ausnahme der Notenfindung).

Im Idealfall würden die Anpassungen, die durch die Vorbereitung und Durchführung der Projektprüfung erforderlich sind, kooperative Verhaltensweisen von Schülern *und* Lehrern sowie die Öffnung der Schule bewirken.
Ziel der empirischen Studie war, zu evaluieren, wie die Akteure des Systems Schule die Vorgaben zur Projektprüfung umsetzen und wie die Maßnahme rückblickend bewertet wird.
Nach Durchführung einer Vorstudie im Zeitraum zwischen April 2000 und Juli 2001 an acht Schulen, die freiwillig am Schulversuch ‚Projektprüfung' teilgenommen hatten, wurden in der Hauptuntersuchung im Schuljahr 2001/02, dem Start der obligatorischen Einführung der Projektprüfung, 20 Schulen in zwei Oberschulamtsbezirken berücksichtigt. Insgesamt wurden 662 Schüler schriftlich und 53 Lehrkräfte schriftlich und mündlich befragt.

Allgemeine Befunde

Die Ergebnisse der schriftlichen Lehrer- und Schülerbefragung (vgl. Abschnitt 7.3) ergeben einen hohen Grad an Schüler-Selbständigkeit und entsprechen damit den Wunschvorstellungen des MKJS. Ob die diagnostizierte Schüler-Selbständigkeit während einer Projektprüfung aber tatsächlich auf andere Bereiche transferierbar ist, und somit gemäß der Vorgaben Aufschluss über überfachliche Kompetenz gibt, bleiben meine Daten eine Antwort schuldig.

‚Kooperationsfähigkeit', eine weitere ‚Schlüsselqualifikation', die in der Projektprüfung abgeprüft werden soll, scheint im Urteil der Lehrkräfte eine eher untergeordnete Rolle zu spielen (vgl. Abschnitt 7.1).

Ein anderes Ziel der Projektprüfung, nämlich im Idealfall eine Öffnung der Schule zu bewirken, wird lediglich von einem Teil der Schulen erfüllt. Für diesen Teil der Schulen wird die Projektprüfung als Möglichkeit der öffentlichen Profilierung genutzt. Öffentliche Präsentationen werden jedoch mit einer Ausnahme ausschließlich an denjenigen Schulen praktiziert, die bereits vor der Einführung der Projektprüfung Projektarbeit praktizierten (s.u. unter „Schulebene").

An anderen Schulen dagegen besteht die Gefahr, dass die Projektprüfung eine zeitintensive Maßnahme von dazu verpflichteten Einzelkämpfern darstellt. Darauf deutet die hohe Zahl an Lehrkräften hin, die angeben, dass sie entweder während der Vorbereitungs- und Durchführungsphase weitestgehend auf sich alleine gestellt waren und/oder interessierte, nicht direkt an der Projektprüfung beteiligte Lehrkräfte von der Präsentation ausgeschlossen waren. Offensichtlich besitzt an diesen Schulen die Projektprüfung keinen ausreichenden Stellenwert, um ‚offizielle' Zeit beanspruchen zu können. An diesen Schulen wird die Möglichkeit, durch die Präsentationen einen Impuls für einen schulinternen Austausch zu setzen, nicht genutzt.

Der Vorstellung des MKJS, dass möglichst während aller Phasen des Projekts die Lehrer im Team agieren, wird von den meisten in dieser Studie berücksichtigten Schulen nicht entsprochen (vgl. Abschnitt 7.4).

Der Bereich der Beobachtung und Bewertung der Schülerleistungen ist derjenige, in dem Anspruch und Wirklichkeit am weitesten auseinander klaffen. Dies verdeutlicht die hohe Anzahl der Lehrer, die entweder nicht alle Phasen des Projekts bei der Bewertung berücksichtigen, oder Bewertungen für Phasen vornehmen, an denen sie nicht am Unterrichtsgeschehen betei-

ligt waren. Vor allem in diesem Bereich scheinen nachhaltige Fortbildungsmaßnahmen dringend indiziert.
Weitere zentrale Befunde, getrennt nach Schüler-, Lehrer- und Schulebene sowie ‚Bewertung der Schülerleistungen' sind:

Schülerebene
Die Projektprüfung ist bei den Schülern mehrheitlich beliebt. Sie scheint den Bedürfnissen der Schüler eher zu entsprechen als die bisherigen mündlichen und fachpraktischen Prüfungen.
Die Projektprüfung birgt jedoch aufgrund der freien Gruppenwahl die Gefahr der ‚Restgruppenbildung'. Auffallend ist der hoch signifikant höhere Anteil an männlichen Hauptschuljugendlichen unter denjenigen Schülern, die angeben, mit der Projektprüfung und/oder der Note unzufrieden zu sein. Möglicherweise handelt es sich bei diesen Hauptschuljugendlichen um diejenige Gruppe, die generell ihre schulischen Bedürfnisse unzureichend verwirklichen kann (vgl. Mägdefrau i. Vorber.).
Eine ungünstige Gruppenzusammensetzung führt zu höchst ungleichen Vorbedingungen vor allem im Hinblick auf das Zeigen von Verhaltensweisen, die angeblich Rückschlüsse auf ‚soziale Kompetenzen' liefern sollen (vgl. Abschnitt 7.2).
Verfügt der einzelne Schüler oder die einzelne Schülerin nicht über ein ausreichendes Maß an bereichsspezifischem Vorwissen in dem Projektthema, sind Versuch-und-Irrtum-Verhaltensweisen die Folge (vgl. Abschnitt 2.3), die von den beobachtenden Lehrern als ‚Planlosigkeit' und ‚Unstrukturiertheit' interpretiert werden (vgl. Abschnitt 7.2). Der hohe Zusammenhang zwischen schlussfolgerndem Denken und Problemlösefähigkeit (vgl. Abschnitt 2.3) legt den Schluss nahe, dass vor allem leistungsschwächere Schüler in der Vorbereitungsphase die Beratung und das Feedback der Lehrer benötigen. Die Schüler ‚möglichst selbständig' arbeiten zu lassen bedeutet demnach nicht, die Beratungsfunktion v.a. während der Vorbereitungsphase zu negieren.
Die Erkenntnis, dass Problemlöseprozesse bereichsspezifisches Fakten- und Regelwissen erfordern, schränkt eine komplett ‚freie' Themenwahl der Schüler ein und stellt hohe Anforderungen an die Lehrkräfte. Es ist demnach eine Hauptaufgabe der Lehrkraft, während der Vorbereitungsphase gemeinsam mit den Schülern solche Themen zu finden, in denen themenspezifische Vorkenntnisse vorhanden sind. Selbst Schüler, die aufgrund von Vorerfahrungen mit Projekten und damit mit Methoden wie dem

(auch schriftlichen) Planen, Ausführen und Bewerten von Arbeitsschritten vertraut sind, sind dann auf Versuch und Irrtum angewiesen, fehlt ausreichendes themenspezifisches Vorwissen.

Lehrerebene
Die überwiegende Mehrheit der Lehrkräfte erachtet rückblickend die Einführung der Projektprüfung als positiv. Bei einer beträchtlichen Anzahl von Lehrkräften scheint die Projektprüfung „Selbstwirksamkeitssehnsüchte" auszulösen. Diesen Schluss legt der Befund nahe, dass der überwiegende Anteil von Lehrkräften die Projektprüfung der alten Prüfungsordnung vorzieht, obwohl der persönliche Aufwand als sehr viel höher erachtet wird. Selbstwirksamkeitssehnsüchte werden vor allem dann beim Einführen von Innovationen an Schulen angesprochen, wenn ein höherer Einsatz durch vergleichsweise positiver eingeschätzte Schülerleistungen ‚überkompensiert' wird (vgl. Abschnitt 6.9).

Zwischen projekterfahrenen und projektunerfahrenen Lehrkräften ergeben sich deutliche qualitative Unterschiede hinsichtlich des Wissens über Projektarbeit. Die zentrale Bedeutung der Vorbereitungsphase wird v.a. von projekterfahrenen Lehrkräften als entscheidend für das Gelingen eines Projekts erachtet und bei der Unterrichtsgestaltung berücksichtigt:

- Intensive Beratungsgespräche zwischen Lehrern und Schülern in der Vorbereitungsphase zur gemeinsamen Strukturierung eines Themas finden überwiegend in Schulen mit Projekterfahrung statt.
- Die Bedeutung einer sorgfältigen Projektbeschreibung, die quasi als Projekt-‚Fahrplan' fungiert, wird ebenfalls überwiegend von projekterfahrenen Lehrkräften hervorgehoben.
- Das Präsentieren des Zwischenstands der Projekte in der Vorbereitungsphase, als Fixpunkt innerhalb eines Projekts, findet ebenfalls (mit einer Ausnahme) lediglich an Schulen mit Projekterfahrung statt.
- Das Ansetzen von separaten Besprechungsterminen in der Vorbereitungsphase, auch außerhalb des regulären Unterrichts, wird ebenfalls überwiegend von projekterfahrenen Lehrern praktiziert.

Die Bedeutung von Fixpunkten, die die Schüler zur Reflexion des eigenen Handelns auffordern, scheint projekterfahrenen Lehrkräften eher bewusst zu sein als projektunerfahrenen. Dies verdeutlicht nicht nur die unterschiedliche Auffassung bezüglich der Relevanz der Projektbeschreibung, s.o., sondern auch der hoch signifikant höhere Anteil an projekterfahrenen Schülern, der angibt, nach der Präsentation über das Ergebnis und den Prozess reflektiert zu haben (vgl. Abschnitt 7.3). Die zentrale Relevanz der Phase „Projektbeschreibung erstellen" wird durch die schriftlichen Schüler- und Lehrerbefragungen untermauert (vgl. Abschnitt 7.3). Damit selbständige Arbeitsprozesse der Schüler zustande kommen, bedarf es vor allem bei projektunerfahrenen Schülern einer gemeinsamen Strukturierung des Themas. Diese Strukturierung korrespondiert mit dem klar formulierten Arbeitsauftrag, der im Gruppenunterricht entscheidend dafür ist, dass in der Gruppe keine Desorientierung entsteht (vgl. Abschnitt 3.6).

Der vergleichsweise höhere Beratungsbedarf während der Vorbereitungsphase macht eine höhere Lehrerversorgung für die Anfangsphase der Projekte erforderlich und steht der organisatorischen Praxis der Schulen (vgl. Abschnitt 7.4) diametral entgegen.

Die Tatsache, dass bei ‚gelungenen' Projekten häufig positiv erwähnt wird, dass überhaupt eine Materialbeschaffung vorgenommen wurde (vgl. Abschnitt 7.1), deutet ebenfalls darauf hin, dass die Bedeutung der Vorbereitungsphase nicht ausreichend wahrgenommen wird.

Schulebene

Neben den Unterschieden zwischen den projekterfahrenen und projektunerfahrenen Lehrkräften hinsichtlich des projektspezifischen Vorwissens (s.o.), gibt es eklatante Differenzen in Bezug auf die verwandten organisatorischen Modelle v.a. während der Präsentationsphase. Projekterfahrene Schulen nutzen die Projektprüfung sehr viel eher dazu, ihren Schülern ein Forum für eine öffentliche Präsentation zu bieten. Auch die Bereitschaft der Schulleitung, nicht direkt an der Projektprüfung beteiligte Lehrkräfte und Schüler an den Präsentationen teilnehmen zu lassen, und damit ‚offizielle Zeit' zur Verfügung zur stellen, ist bei projekterfahrenen Schulen sehr viel höher.

Die durch die Projektprüfung ‚induzierte Kollegialität' bezieht sich mehrheitlich auf die Vorbereitung auf die Projektprüfung und wird überraschend positiv kommentiert. Von der Möglichkeit des Team-Teachings *während* der Projektprüfung wird nur selten Gebrauch gemacht. An denjenigen Schulen, an denen Team-Teaching praktiziert wird, empfinden die Lehrkräfte diese Form als gewinnbringend. Lehrerteams erachten das gemeinsam Arbeiten v.a. deshalb als sinnvoll, weil sie der Auffassung sind, dadurch eher objektive Bewertungen vornehmen zu können.

Die hohe Zahl der Schulen, die sich nicht an die Vorgaben der Bewertung (Berücksichtigung aller Phasen des Projekts) halten, verdeutlicht die Transformationsprozesse, die Neuerungen im Mehrebenensystem Schule durchlaufen.

Zur Bewertung der Schülerleistungen
Die Praxis der Notengebung an den Schulen ähnelt der, die bei den herkömmlichen mündlichen Prüfungen praktiziert und von Vertretern der pädagogischen Diagnostik kritisiert wird (vgl. Ingenkamp 1997: 102; Abschnitt 3.7). Die Beobachtungen werden überwiegend auf Bögen festgehalten, die auf ein Kategorien- oder Zeichensystem verzichten. Was im Vergleich zu ‚herkömmlichen' mündlichen Prüfungen bei der Projektprüfung erschwerend hinzu kommt, ist die Tatsache, dass neben dem fachlichen Wissen sogenannte ‚überfachliche' Kompetenzen (‚Schlüsselqualifikationen') überprüft werden sollen, die von den einzelnen Schulen vorab zu definieren und zu operationalisieren sind. Die Definitionen, sofern sie überhaupt erfolgen, werden überwiegend von kursierenden Bögen übernommen, ohne vorheriges Testen der Praktikabilität. Die Bewertungen der Schülerleistungen basieren bei der Projektprüfung im Vergleich zu mündlichen Noten noch mehr auf hochinferenten Urteilen (vgl. Abschnitt 3.7). Eingeschätzt werden sogenannte ‚überfachliche' Kompetenzen, deren Definition und Operationalisierung ein wissenschaftlich höchst komplexes Unterfangen darstellt, das „seiner Entschlüsselung harrt" (Spinath 2002: 26; vgl. Abschnitt 2.3). Die Forderung des MKJS, diese Aufgabe auf die Ebene der einzelnen Schule zu delegieren (vgl. Abschnitt 3.4), ist äußerst problematisch. Ansatzweise validere Urteile ließen sich dann erreichen, wenn anstelle des übersteigerten Anspruchs, überfachliche Kompetenzen direkt bewerten zu wollen, Indikatoren der Performanz, d.h. von beobachtbarem Schülerverhalten, vorab festgehalten würden. Die Schüler sollten über dieses ‚erwünschte' Schülerverhalten informiert und das Verhalten sollte prinzipiell trainierbar sein. Der Prozess der Erstellung von kategoriengeleiteten Bögen, deren Erprobung, Modifizierung sowie das Überführen der festgehaltenen Beobachtungen in Bewertungen wird in den Fallstudien in Grunder/Bohl (2001) exemplifiziert.

9. Literaturverzeichnis

Albert, H. (1989): Kritischer Rationalismus. In: Seiffert, H./ Radnitzky, G. (Hg.): Handlexikon zur Wissenschaftstheorie. München: Ehrenwirth, S. 177-182.

Arnold, K.-H./ Jürgens, E. (2001): Schülerbeurteilungen ohne Zensuren. Neuwied: Luchterhand.

Artelt, C./ Demmrich, A. & Baumert, J. (2001): Selbstreguliertes Lernen. In: Deutsches PISA-Konsortium (Hg.): Baumert, J./ Klieme, E./ Neubrand, M./ Prenzel, M./ Schiefele, U./ Schneider, W./ Stanat, P./ Tillmann, K.-U./ Weiß, M. (2001): PISA 2000: Basiskompetenzen von Schülerinnen und Schülern im internationalen Vergleich. Opladen: Leske + Budrich, S. 271-298.

Bastian, J./ Combe, A. (1998): Pädagogische Schulentwicklung: Gemeinsam an der Entwicklung der Lernkultur arbeiten. Pädagogik 11/98, S. 6-9.

Bastian, J./ Gudjons, H./ Schnack, J./ Speth, M. (1997): Einführung in eine Theorie des Projektunterrichts. In: Bastian, J./ Gudjons, H./ Schnack, J./ Speth, M. (Hg.). Theorie des Projektunterrichts. Hamburg: Bergmann und Helbig, 7-15.

Bauer, K.-O. / Kopka, A. / Brindt, S. (1999; 2. Aufl.): Pädagogische Professionalität und Lehrerarbeit – Eine qualitativ empirische Studie über professionelles Handeln und Bewußtsein. Weinheim, München: Juventa.

Baumert, J./ Bos, W./ Watermann, R. (1999; 2. überarb. Aufl.): TIMSS-III: Schülerleistungen in Mathematik und den Naturwissenschaften am Ende der Sekundarstufe II im internationalen Vergleich; Zusammenfassung deskriptiver Ergebnisse. Berlin: Max-Planck-Institut für Bildungsforschung.

Baumert, J./ Klieme, E./ Neubrand, M./ Prenzel, M./ Schiefele, U./ Schneider, W./ Stanat, P./ Tillmann, K.-U./ Weiß, M. (Deutsches PISA-Konsortium) (Hg.) (2001): PISA 2000: Basiskompetenzen von Schülerinnen und Schülern im internationalen Vergleich. Opladen: Leske + Budrich.

Baumert, J./ Klieme, E./ Neubrand, M./ Prenzel, M./ Schiefele, U./ Schneider, W./ Tillmann, K.-U./ Weiß, M. (2002): Erfassung fächerübergreifender Problemlösekompetenzen in PISA. PISA Konsortium [http://www.mpib-berlin.mpg.de/pisa/natgrundkonzeption.html], Zugriff: 28.10.02.

Belz, H./ Siegritz, M. (2000): IV. Kursunterlagen. In: Belz, H./ Siegritz, M. (2000; 2. erw. Aufl.): Kursbuch Schlüsselqualifikationen: Ein Trainingsprogramm. Freiburg: Lambertus, S. 7-276.

Belz, H./ Siegritz, M. (2000; 2. erw. Aufl.): Kursbuch Schlüsselqualifikationen: Ein Trainingsprogramm. Freiburg: Lambertus.

Bohl, T. (2001a): Theoretische Strukturierung – Begründung neuer Beurteilungsformen. In: Grunder, H.-J./ Bohl, T. (Hg.). Neue Formen der Leistungsbeurteilung in der Sekundarstufe I und II. Hohengehren: Schneider, S. 10-49.

Bohl, T. (2001b): Prüfen und Bewerten im Offenen Unterricht. Neuwied: Luchterhand.

Bohl, T. (2000): Unterrichtsmethoden in der Realschule: eine empirische Untersuchung zum Gebrauch ausgewählter Unterrichtsmethoden an staatlichen Realschulen in Baden-Württemberg; ein Beitrag zur deskriptiven Unterrichtsmethodenforschung. Bad Heilbrunn/Obb.: Klinkhardt.

Böhm, W. (2000, 15. überarb. Aufl.): Wörterbuch der Pädagogik. Stuttgart: Kröner.

Bortz, J./ Döring, N. (2002; 3. überarb. Aufl.): Forschungsmethoden und Evaluation. Berlin, Heidelberg: Springer.

Boutemard, B. v. (1993): Erblast einer „verspäteten Nation". Pädagogik, 7-8, S. 71.

Brüsemeister, T. (2000): Qualitative Forschung. Wiesbaden: Westdeutscher Verlag.

Bühl, A./ Zöfel, P. (2000; 7. überarb. und erw. Auflage): SPSS Version 10: Einführung in die moderne Datenanalyse unter Windows. München u.a.: Addison-Wesley.

Carle, U. (2000): Was bewegt die Schule? Internationale Bilanz – praktische Erfahrungen – neue systemische Möglichkeiten für Schulreform, Lehrerbildung, Schulentwicklung und Qualitätssteigerung. Hohengehren: Schneider.

Clegg, F. (1994; 11. Aufl.): Simple Statistics. Social Sciences – Statistical Methods. Cambridge: University Press.

Cohen, L./ Manion, L./ Morrison, K. (2000, 5. Aufl.): Research Methods in Education. London, New York: RoutledgeFalmer.

Cremer, J./ Kruse, J./ Wenzler-Cremer, H. (2003): Interviews auf Computer überspielen und transkribieren: Ein Manual für die Aufnahme und Transkription von Interviews mit einer EDV-basierten, einfachen und effektiven Lösung. http://www.ph-freiburg.de/psycho/wenzcrem/Interviewtranskriptions-Manual.htm, Zugriff: 15.04.03.

Dalin, P. (1999): Theorie und Praxis der Schulentwicklung. Neuwied: Luchterhand.

Dann, H.-D. (1999): Gruppenunterricht als Prozeß interaktiven Handelns. Dann, H.-D./ Diegritz, T./ Rosenbusch, H. (Hg.): Gruppenunterricht im Schulalltag: Realität und Chancen. Bamberg: Universitätsbund Erlangen-Nürnberg e.V., S. 105-150.

Dann, H.-D./ Diegritz, T./ Rosenbusch, H. (Hg.) (1999): Gruppenunterricht im Schulalltag: Realität und Chancen. Bamberg: Universitätsbund Erlangen-Nürnberg e.V.

Denzin, N. K./ Lincoln, Y. S. (Hg.) (2000; 2. Aufl.): The handbook of qualitative research. Thousand Oaks; London; New Delhi: Sage.

Der Neue Brockhaus (Hg.) (1984, 7. neu bearb. Aufl.): Lexikon u. Wörterbuch in 5 Bd. U. e. Atlas., 7.: Wiesbaden.

Dewey, J. (1993): Demokratie und Erziehung: eine Einleitung in die philosophische Pädagogik. Weinheim und Basel: Beltz.

Die Zeit (Hg.) (2002): Schock für die Schule: Die Pisa-Studie und ihre Folgen. Zeit dokument, 3/2002, Hamburg: Zeitverlag.

Ditton, H. (2000): Qualitätskontrolle und Qualitätssicherung in Schule und Unterricht. Ein Überblick zum Stand der empirischen Forschung. In: Zeitschrift für Pädagogik, 41. Beiheft, S. 73-92.

Ditton, H./ Merz, D. (2000): Qualität von Schule und Unterricht: Kurzbericht über erste Ergebnisse eine Untersuchung an bayerischen Schulen. Verfügbar über: http://www.quassu.net/seite4.htm. Zugriff: 07.01.02.

Döbeli, B. (2003): Beats Biblionetz: Begriffe. http://beat.doebe.li/bibliothek/w00085.html. Zugriff: 19.03.03.

Duncker, L. (1993): Handeln im Dienste von Aufklärung und Demokratie. Pädagogik, 7-8, S. 67.

Emer, W./ Lenzen, K.-J. (1997): Methoden des Projektunterrichts. In: Bastian, J./ Gudjons, H./ Schnack, J. /Speth, M. (Hg.). Theorie des Projektunterrichts. Hamburg: Bergmann und Helbig, 213-230.

Engelhardt, H. (1999): Die Hauptschule – Standortbestimmung und Perspektiven: zur Einschätzung der Situation durch Lehrer; eine soziologische Analyse; ein Beitrag zu den Auswirkungen des gesellschaftlichen Wandels auf die aktuelle pädagogische Situation der Hauptschulen in Bayern. Hamburg: Dr. Kovac.

Engemann, C./ Geesmann, M./ Riefler, W. (2000): Das Reformkonzept IMPULSE Hauptschule. In: Ministerim für Kultus, Jugend und Sport (Hg.). Reformkonzept IMPULSE Hauptschule: Grundlagen. Stuttgart: Klett, S. 26-34.

Fatzer, G. (1999). Zur Einleitung: Schulentwicklung als Organisationsentwicklung. Auf dem Weg zur guten Schule. In: Beucke-Galm, M. / Fatzer, G. / Rutrecht, R. (Hg.): Schulentwicklung als Organisationsentwicklung. Köln: Edition Humanistische Psychologie, S. 11-43.

Fend, H. (1998): Qualität im Bildungswesen: Schulforschung zu Systembedingungen, Schulprofilen und Lehrerleistungen. Weinheim und München: Juventa.

Fend, H. (2000): Qualität und Qualitätssicherung in Schule und Unterricht. Ein Überblick zum Stand der empirischen Forschung. Zeitschrift für Pädagogik, 41. Beiheft, S. 55-72.

Fetterman, D. M. (Hg.) (1988): Qualitative approaches to evaluation in education: the silent scientific revolution. New York; Westport; Conneticut; London: Praeger.

Flick, U./ v. Kardorff, E./ Steinke, I. (2000): Was ist qualitative Forschung? Einleitung und Überblick. In: Flick, E./ Von Kardorff, E./ Steinke, I. (Hg.). Qualitative Forschung: Ein Handbuch. Reinbek bei Hamburg: Rowohlt, S. 13-29.

Frensch, P. A./ Funke, J. (1995): Definitions, Traditions, and a General Framework for Understanding Complex Problem Solving. In: Frensch, P. A./ Funke, J. (Hg.): Complex Problem Solving – The European Perspective. Hillsdale: Erlbaum, S. 3-25.

Frey, K. (1993): Geschichte der Projektmethode und die Folgen. Pädagogik, 7-8, S. 69.

Frey, K. (1998; 8. überarb. Aufl.): Die Projektmethode. Weinheim und Basel: Beltz.

Friebertshäuser, B. (1997): Interviewtechniken – ein Überblick. In: Friebertshäuser, B./ Prengel, A. (Hg.): Handbuch Qualitative Forschungsmethoden in der Erziehungswissenschaft. Weinheim und München: Juventa, S. 371-395.

Fürst, C. (1999): Die Rolle der Lehrkraft im Gruppenunterricht. In: Dann, H.-D./ Diegritz, T./ Rosenbusch, H. (Hg.): Gruppenunterricht im Schulalltag: Realität und Chancen. Bamberg: Universitätsbund Erlangen-Nürnberg e.V., S. 105-150.

Glaser, B./ Strauss, A. (1967): The Discovery of Grounded Theory: Strategies for Qualitative Research. Chicago: Aldine.

Greve, W./ Wentura, D. (1997): Wissenschaftliche Beobachtung: Eine Einführung. Weinheim: Beltz Psychologische Verlags Union.

Grunder, H.-G./ Bohl, T. (Hg.) (2001): Neue Formen der Leistungsbeurteilung in den Sekundarstufen I und II. Baltmannsweiler: Schneider-Verl. Hohengehren.

Guba, E. G. (1990): The Alternative Paradigm Dialog. In: Guba, E. G. (Hg.): The Paradigm Dialog. Newsbury Park, London, New Delhi: Sage, S. 17-27.

Guba, E. G./ Lincoln, Y. S. (1988): Do Inquiry Paradigms Imply Inquiry Methodologies? In: Fetterman, D. M. (Hg.) (1988): Qualitative approaches to evaluation in education: the silent scientific revolution. New York: Praeger.

Hacker, W. (2000): Handlung. In: Asanger, R./ Wenninger, G. (Hg.) Handwörterbuch Psychologie. Verfügbar über: http://www.redi-fr.belwue.de, Zugriff: 21.03.03, S. 1267-1270.

Haenisch, H. (1995): Curriculare Innovationen in der Schule – Bedingungen für eine erfolgreiche Umsetzung. In: Holtappels, H. G. (Hg.) Entwicklung von Schulkultur: Ansätze und Wege schulischer Erneuerung. Neuwied; Kriftel/Ts; Berlin: Luchterhand, S. 187-199.

Hage, K./ Bischoff, H./ Dichanz, H./ Eubel, K.D./ Oehlschläger, H.J./ Schwittmann, D. (1985): Das Methoden-Repertoire von Lehrern. Eine Untersuchung zum Schulalltag der Sekundarstufe I. Opladen: Leske und Budrich.

Hahne, K./ Schäfer. U. (1997): Geschichte des Projektunterrichts in Deutschland nach 1945. In: Bastian, J. /Gudjons, H. /Schnack, J./ Speth, M. (Hg.). Theorie des Projektunterrichts. Hamburg: Bergmann und Helbig, 89-108.

Hänsel, D. (1993): Die Wahrheit über die Projektmethode? In Pädagogik, 7-8, S. 65.

Hänsel, D. (1997): Projektmethode und Projektunterricht. In: Hänsel, D. (Hg.): Handbuch Projektunterricht. Weinheim und Basel: Beltz, S. 54-92.

Harvey, L./ Green, D. (2000): Qualität definieren. In: Helmke, A./ Hornstein, W./ Terhart, E. (Hg.): Qualität und Qualitätssicherung im Bildungsbereich: Schule, Sozialpädagogik, Hochschule, 41. Zeitschrift für Pädagogik 41. Beiheft, Weinheim und Basel: Beltz, S. 17-39.

Heckhausen, H. (1989; 2. überarb. und erw. Aufl.): Motivation und Handeln. Berlin, Heidelberg: Springer.

Helmke, A./ Hornstein, W./ Terhart, E. (2000): Qualität und Qualitätssicherung im Bildungsbereich: Zur Einleitung in das Beiheft: In: Helmke, A./ Hornstein, W./ Terhart, E. (Hg.): Qualität und Qualitätssicherung im Bildungsbereich: Schule, Sozialpädagogik, Hochschule, Zeitschrift für Pädagogik, 41. Beiheft, Weinheim und Basel: Beltz, S. 7-14.

Hintz, D./ Pöppel, K.G./ Rekus, J. (Hg.) (2001, 3. überarb. Aufl): Neues schulpädagogisches Wörterbuch. Weinheim und München: Juventa.

Hopf, C. (1996): Hypothesenprüfung und qualitative Sozialforschung. In: Strobl, R./ Böttger, A. (Hg.): Wahre Geschichten? Zu Theorie und Praxis qualitativer Interviews. Baden-Baden: Nomos, S. 9-22.

Hopf, C./ Rieker, P./ Sanden-Marcus, M./ Schmidt, C. (1995): Familie und Rechtsextremismus: familiale Sozialisation und rechtsextreme Orientierung von jungen Männern. Weinheim, München: Juventa.

Hopf, C./ Schmidt, C. (Hg.) (1993): Zum Verhältnis von innerfamilialen sozialen Erfahrungen, Persönlichkeitsentwicklung und politischen Orientierungen. Dokumentation und Erörterung des methodischen Vorgehens in einer Studie zu diesem Thema. Institut für Sozialwissenschaften der Universität Hildesheim.

Ingenkamp, K.-H. (1997; 4. neu ausgest. Aufl.): Lehrbuch der Pädagogischen Diagnostik. Weinheim, Basel: Beltz.

Kardorff, E. v. (2000): Qualitative Evaluationsforschung. In: Flick, E./ Von Kardorff, E./ Steinke, I. (Hg.): Qualitative Forschung: Ein Handbuch. Reinbek bei Hamburg: Rowohlt.

Karg, H. H. (1998): Praktisches Lernen: Unterrichtsfelder und Unterrichtsformen in der demokratischen Schule. Hamburg: Kovac.

Kelle, U. (1996): Die Bedeutung theoretischen Vorwissens in der Methodologie der Grounded Theory. In: Strobl, R./ Böttger, A. (Hg.): Wahre Geschichten? Zu Theorie und Praxis qualitativer Interviews. Baden-Baden: Nomos, S. 23-48.

Kelle, U./ Erzberger, C. (2000): Qualitative und quantitative Methoden: Kein Gegensatz. In: Flick, E./ Von Kardorff, E./ Steinke, I. (Hg.): Qualitative Forschung: Ein Handbuch. Reinbek bei Hamburg: Rowohlt, S. 299-309.

Kelle, U. (2001): Sociological Explanations between Micro and Macro and the integration of Qualitative and Quantitative Methods. Forum Qualitative Sozialforschung, Vol. 2, No. 1 – Feburary 2001, www.qualitative-research.net/fqs/fqs.htm, Zugriff: 07.02.02.

Klieme E./ Funke, J./ Leutner, D./ Reimann, P. (2001): Problemlösen als fächerübergreifende Kompetenz: Konzeption und erste Resultate aus einer Schulleistungsstudie. In: Zeitschrift für Pädagogik, 47. Jg. 2001, Nr. 2, S. 179-200.

Klippert, H. (1998): Teamentwicklung im Klassenraum: Übungsbausteine für den Unterricht. Weinheim und Basel: Beltz.

Klippert, H. (2000; 11. überarb. und erw. Aufl.): Methoden-Training: Übungsbausteine für den Unterricht. Weinheim und Basel: Beltz.

Knoll, M. (1993): 300 Jahre Lernen am Projekt. Pädagogik 7-8, S. 58-63.

Knoll, M. (1991): Europa – nicht Amerika: Zum Ursprung der Projektmethode in der Pädagogik, (1702-1875). Pädagogische Rundschau No. 44, S. 41-58.

Kromrey, H. (2000; 9. korr. Aufl.): Empirische Sozialforschung. Opladen: Leske.

Kron, F. W. (1993; 3. Aufl.): Grundwissen Pädagogik. München, Basel: E. Reinhardt.

Krüger, H.-H. (2000): Stichwort: Qualitative Forschung in der Erziehungswissenschaft. Zeitschrift für Erziehungswissenschaft, 3/2000, S. 323-342.

Kuckartz, U. (1999): Computergestützte Analyse Qualitativer Daten. Opladen: Westdt. Verl.

Kuhn, T. S. (1976, 2. Aufl.): Die Struktur wissenschaftlicher Revolutionen. Frankfurt am Main: Suhrkamp.

Künzli, R. (1998): Lehrplanforschung als Wirksamkeitsforschung. In: Künzli, R., Hopmann, S. (Hg.). Lehrpläne: Wie sie entwickelt werden und was von ihnen erwartet wird: Forschungsstand, Zugänge und Ergebnisse aus der Schweiz und der Bundesrepublik Deutschland. Chur; Zürich: Rüegger, S. 7-14.

Lehmann-Grube, S. (1999): Die innere Logik des Lehrerhandelns im Gruppenunterricht und ihre sozialen Ursprünge. In: Dann, H.-D./ Diegritz, T./ Rosenbusch, H. (Hg.) (1999): Gruppenunterricht im Schulalltag: Realität und Chancen. Bamberg: Universitätsbund Erlangen-Nürnberg e.V.

Lehmann-Grube, S. (2000): Wenn alle Gruppen arbeiten, dann ziehe ich mich zurück. Elemente Sozialer Repräsentationen in Subjektiven Theorien von Lehrkräften über ihren eigenen Gruppenunterricht. Lengerich, Berlin, Rom, Riga, Wien, Zagreb: Papst Science Publishers.

Lehmann-Grube, S./ Dann, H.-D. (1999): Methodische Rekonstruktion der Innensicht. In: Dann, H.-D./ Diegritz, T./ Rosenbusch, H. (Hg.) (1999): Gruppenunterricht im Schulalltag: Realität und Chancen. Bamberg: Universitätsbund Erlangen-Nürnberg e.V., S. 151-175.

Lincoln, Y. S./ Guba, E. G. (2000): Paradigmatic Controversies, Contradictions, And Emerging Conflicts, In: Denzin, N. K./ Lincoln, Y. S. (Hg.) (2000; 2. Aufl.): The handbook of qualitative research. Thousand Oaks, London, New Delhi: Sage; S. 163-188.

Luckesch, H. (1998; 2. vollst. neu bearb. Aufl.): Einführung in die pädagogisch-psychologische Diagnostik. Regensburg: S. Roderer.

Mägdefrau, J. (i. Vorb.): Bedürfnisverwirklichung von Hauptschuljugendlichen. Habilitationsschrift. Pädagogische Hochschule Freiburg.

Maas, J./ Prechtl, P. (1999): Erkenntnistheorie. In: Prechtl, P./ Burkhard, F.-P. (Hg.) (1999; 2. überarb. und akt. Aufl.): Metzler-Philosophie-Lexikon. Stuttgart, Weimar: Metzler, S. 147-148.

Mayer, R. E./ Wittrock, M. C. (1996): Problem-Solving Transfer. In: Berliner, D. C./ Calfee, R. C. (Hg.): Handbook of Educational Psychology. London: MacMillan, S. 47-62.

Mayring, P. (1999; 4. Aufl.): Einführung in die qualitative Sozialforschung: eine Anleitung zu qualitativem Denken. Weinheim: Psychologie Verlags Union.

Mayring, P. (2000; 7. Aufl.): Qualitative Inhaltsanalyse: Grundlagen und Techniken. Weinheim: Beltz- Deutscher Studien Verlag.

Meinefeld, W. (2000): Hypothesen und Vorwissen in der qualitativen Sozialforschung. In: Flick, E./ Von Kardorff, E./ Steinke, I. (Hg.). Qualitative Forschung: Ein Handbuch. Reinbek bei Hamburg: Rowohlt, S. 265-275.

Merkens, H. (1997): Stichproben bei qualitativen Studien. In: Friebertshäuser, B./ Prengel, A. (Hg.): Handbuch Qualitative Forschungsmethoden in der Erziehungswissenschaft. Weinheim; München: Juventa, S. 97-106.

Meyer, H. (1987): Unterrichtsmethoden. I: Theorieband. Frankfurt am Main: Scriptor.

Meyer, H. (1991; 4. Aufl.): Unterrichtsmethoden: II: Praxisband. Frankfurt am Main: Scriptor.

Meyer, H. (1997): Schulpädagogik. Bd. 2. Für Fortgeschrittene. Berlin: Cornelsen Scriptor.

Miles, M. M./ Huberman, M. B. (1994; 2. Aufl.): Qualitative Data Analysis: an expanded sourcebook. Thousand Oaks, London, Greater Kailash: Sage.

Ministeriums für Kultus, Jugend und Sport Baden-Württemberg/ Bundesvereinigung der Deutschen Arbeitgeberverbände (BDA): MKJS & BDA (2000): Gemeinsame Erklärung zur Hauptschulbildung. In: MKJS (Hg.) (2000b): Reformkonzept IMPULSE Hauptschule: Grundlagen. Stuttgart: Klett, S. 92-94.

MKJS (1998a): Ministerium für Kultus, Jugend und Sport Baden-Württemberg (Hg.): Runder Tisch Hauptschule: Dokumentation. Landesinstitut für Erziehung und Unterricht. Stuttgart.

MKJS (1998b): Ministerium für Kultus, Jugend und Sport Baden-Württemberg (Hg.): Projektprüfung Hauptschule: Handreichung Informationen. Stuttgart.

MKJS (1999): Ministerium für Kultus, Jugend und Sport Baden-Württemberg (Hg.). Hauptschulabschlussprüfung 1999.
http://www.kultusministerium.baden-wuerttemberg.de/schulen/hs_pruef.htm Zugriff: 15.01.01.

MKJS (2000a): Ministerium für Kultus, Jugend und Sport Baden-Württemberg (Hg.): Projektprüfung Hauptschule: Info-Update 2000. Stuttgart.

MKJS (2000b): Ministerium für Kultus, Jugend und Sport Baden-Württemberg (Hg.): Reformkonzept IMPULSE Hauptschule: Grundlagen. Stuttgart, Düsseldorf und Leipzig: Klett.

MKJS (2001a): Ministerium für Kultus, Jugend und Sport Baden-Württemberg (Hg.). Projektprüfung: Leistungsmessung in der Hauptschule. Stuttgart.

MKJS (2001b): Ministerium für Kultus, Jugend und Sport Baden-Württemberg (Hg.). Gesamtliste der Schulen mit Projektprüfungen im Schuljahr 2000/2001. Stand: Februar 2001. Stuttgart.

MKJS (2001c): Ministerium für Kultus, Jugend und Sport Baden-Württemberg: Datenschutz bei der Genehmigung von wissenschaftlichen Erhebungen in Schulen.
http://www.kultusministerium.baden-wuerttemberg.de/isl/ ;
Zugriff: 13.01.01.

MKJS (2003): Ministerium für Kultus, Jugend und Sport Baden-Württemberg: Bildungsplan 2004 Realschule. Oktober 2003. http://www.bildungsstandards-bw.de, Zugriff: 09.01.04.

MPIB (2003): Max-Planck-Institut für Bildungsforschung Berlin: Erfassung fachübergreifender Qualifikationen (Cross-Curricular Competencies; CCC). http://www.mpib-berlin.mpg.de/pisa/natgrundkonzeption.html

Nerdinger, F. W. (1995): Motivation und Handeln in Organisationen: eine Einführung. Stuttgart, Berlin, Köln: Kohlhammer.

OECD (Hg.) (1989): Schools and quality: An international report. Paris: Eigendruck.

OECD (Hg.) (1997): Prepared for life? How to measure cross-curricular competencies: indicators of education systems. Paris: Eigendruck.

Oelkers, J. (1999): Geschichten und Nutzen der Projektmethode. In: Hänsel, D. (Hg.) (1999; 2. Aufl.): Handbuch Projektunterricht. Weinheim und Basel: Beltz, S. 13-33.

Peterßen, W. H. (1999): Kleines Methoden-Lexikon. München: Oldenbourg.

Phillips, D. C./ Burbules, N. C. (2000): Postpositivism and educational research. Lanham, Boulder, New York, Oxford: Rowman & Littlefield.

Prechtl, P. (1999): Positivismus. In: Prechtl, P./ Burkhard, F.-P. (Hg.): Metzler-Philosophie-Lexikon. Stuttgart, Weimar: Metzler, S. 456-457.

Prechtl, P./ Burkhard, F.-P. (Hg.) (1999; 2. überarb. und akt. Aufl.): Metzler-Philosophie-Lexikon. Stuttgart, Weimar: Metzler

Rauin, U./ Tillmann, K-J./ Vollstädt, W. (1996): Lehrpläne, Schulalltag und Schulentwicklung. Jahrbuch der Schulentwicklung: Daten, Beispiele und Perspektiven. Weinheim, München: Juventa, S. 377-414.

Reichwald, R./ Möslein, K. (1999): Organisation: Strukturen und Gestaltung. In: Hoyos, C.G./ Frey, D. (Hg.) Arbeits- und Organisationspsychologie: Ein Lehrbuch. Weinheim: Psychologie Verlags Union, S. 29-49.

Riemann, R./ Allgöwer, A. (1993): Eine deutschsprachige Fassung des „Interpersonal Competence Questionnaire" (ICQ). Zeitschrift für Differentielle und Diagnostische Psychologie, 14, S. 153-163.

Rolff, H.-G./ Buhren, C. G./ Lindau-Bank, D./ Müller, S. (1998): Manual Schulentwicklung: Handlungskompetenz zur pädagogischen Schulentwicklungsberatung (SchuB). Weinheim, Basel: Beltz.

Rosenstiel, L. v. (2000a): Organisationsanalyse. In: Flick, E. / Kardorff, E. v. / Steinke, I. (Hg.). Qualitative Forschung: Ein Handbuch. Reinbek bei Hamburg: Rowohlt, S. 224-238.

Rosenstiel, L. v. (2000b): Organisationspsychologie. In: Digitale Bibliothek Band 23: Handwörterbuch Psychologie, S. 2291-2306.

Rosenstiel, L. v. (2000c; 4. Aufl.): Grundlagen der Organisationspsychologie. Stuttgart: Schäffer-Poeschel. S. 177-211.

Saldern, M. v. (1999): Schulleistung in der Diskussion. Hohengehren: Schneider.

Schavan, A./ Köberle, R. (2000): Vorwort. In: MKJS (2000a): Info-Update 2000, S. 4.

Schavan, A./ Rau, H. (2001): Vorwort. In: Ministerium für Kultus, Jugend und Sport Baden-Württemberg (Hg.). Projektprüfung: Leistungsmessung in der Hauptschule. Stuttgart, S. 4-5.

Scherer, C./ Strotkamp, U. (2000): Gemeinsam statt einsam: Erfolgreiche Projektprüfungen in der Hauptschule. In: Magazin Schule: Bildung in Baden-Württemberg, Heft 3, S. 28-29.

Schlemmer, H. (2001): Hauptschule Abschlussprüfung: Themenorientierte Projektprüfung Klasse 9. Karlsruhe: Redo-Lehrmittel.

Schmid, M. (1989): Positivismus oder Postpositivismus. In: Kölner Zeitung für Soziologie und Sozialpsychologie, Jg. 41, 1989, S. 366-377.

Schmidt, C. (1997): „Am Material": Auswertungstechniken für Leitfadeninterviews. In: Friebertshäuser, B./ Prengel, A. (Hg.): Handbuch Qualitative Forschungsmethoden in der Erziehungswissenschaft. Weinheim; München: Juventa, S. 544-568.

Schnädelbach, H. (1989): Positivismus. In: Seiffert, H./ Radnitzky, G. (Hg.): Handlexikon zur Wissenschaftstheorie. München: Ehrenwirth, S. 267-269.

Schneider, K./ Schmalt, H.-D. (2000; 3. Aufl.): Motivation. Stuttgart; Berlin; Köln: Kohlhammer.

Schreyögg, G. (1999; 3. Aufl.): Organisation: Grundlage moderner Organisationsgestaltung; mit Fallstudien. Wiesbaden: Gabler.

Schulz, W. (1965): Unterricht – Analyse und Planung. In: Heimann, P./ Otto, G./ Schulz, W. Unterricht: Analyse und Planung, S. 13-47.

Schulz, W. (1980). Unterrichtsplanung. München, Wien, Baltimore: Urban und Schwarzenberg.

Schümer, G. (1996): Projektunterricht in der Regelschule: Anmerkungen zur pädagogischen Freiheit des Lehrers. In: Zeitschrift für Pädagogik, 34. Beiheft, S. 141-158.

Seel, N. M. (2000): Psychologie des Lernens: Lehrbuch für Pädagogen und Psychologen. München; Basel: E. Reinhardt.

Speth, M. (1997): John Dewey und der Projektgedanke. In: Bastian, J./ Gudjons, H./ Schnack, J./ Speth, M. (Hg.): Theorie des Projektunterrichts. Hamburg: Bergmann und Helbig. S. 19-37.

Spieß, E./ Winterstein, H. (1999): Verhalten in Organisationen: eine Einführung. Stuttgart, Berlin, Köln: Kohlhammer.

Spinath, B. (2002): Soziale Kompetenzen: Entschlüsselung einer Schlüsselkompetenz aus psychologischer Sicht. In: Pätzold, G./ Walzik, S. (Hg): Methoden- und Sozialkompetenz – ein Schlüssel zur Wissensgesellschaft? Bielefeld: Bertelsmann.

Stanat, P./ Kunter, M. (2001): Kooperation und Kommunikation. In: Deutsches PISA-Konsortium (Hg.): Baumert, J./ Klieme, E./ Neubrand, M./ Prenzel, M./ Schiefele, U./ Schneider, W./ Stanat, P./ Tillmann, K.-U./ Weiß, M. (2001): PISA 2000: Basiskompetenzen von Schülerinnen und Schülern im internationalen Vergleich. Opladen: Leske + Budrich, S. 299-322.

Statistisches Landesamt Baden-Württemberg (2001a): Regionaldaten – Statistisches Landesamt Baden-Württemberg: Land Baden-Württemberg: Schulen sowie Schüler an öffentlichen und privaten allgemeinbildenden Schulen im Schuljahr 2000/01 nach Schularten.
Verfügbar über:
www.statistik.baden-wuerttemberg.de/SRDB/Tabelle.asp?13015063LA,
Zugriff: 04.10.2001.

Statistisches Landesamt Baden-Württemberg (Hg.) (2001b): Statistik von Baden-Württemberg: Das Bildungswesen 2001. Stuttgart.

Statistisches Landesamt Baden-Württemberg (Hg.) (2002): Schulverzeichnis Baden-Württemberg. 11/13, Vorklassen, Schulkindergärten, Sonderschulkindergärten, Stuttgart.

Statistisches Landesamt Baden-Württemberg (Hg.) (2003a): Allgemein bildende Schulen in Baden-Württemberg im Schuljahr 2001/02 nach Schularten: Gesamtüberblick – Stand 10. Oktober 2001, verfügbar über:
www.statistik.baden-wuerttemberg.de/BildungKultur/Landesdaten/abschulen.asp,
Zugriff: 16.04.03.

Statistisches Landesamt Baden-Württemberg (Hg.) (2003b): Ausländische Schüler an öffentlichen allgemeinbildenden Schulen in den Schuljahren 1999/2000 und 2000/01 nach ausgewählten Nationalitäten, verfügbar über:
www.statistik.baden-wuerttemberg.de/SRDB/home.asp?H=03&U=01&T=&R=LA
Zugriff: 16.04.03.

Statistisches Landesamt Baden-Württemberg (Hg.) (2003c): Abgänger aus öffentlichen und privaten allgemein bildenden und beruflichen Schulen in Baden-Württemberg 1975 bis 2001 nach Abschlussart und Schulart, verfügbar über:
www.statistik.baden-wuerttemberg.de/BildungKultur/Landesdaten/abgaenger.asp
Zugriff: 30.04.03.

Strauss, A./ Corbin, J. (1996): Grundlagen Qualitativer Sozialforschung. Weinheim: Beltz Psychologie Verlags Union.

Strittmatter, A. (1999): Bedingungen für die Aufnahme von Neuerungen an Schulen. In: Beucke-Galm, M./ Fatzer, G./ Rutrecht, R. (Hg.): Schulentwicklung als Organisationsentwicklung. Köln: Edition Humanistische Psychologie, S. 319-328.

Tillmann, K.-J. (1994): Schule und Wirtschaft in einem neuen Reformdialog? Kritische Auseinandersetzung mit „neuen" Tönen in einer alten Debatte. Arbeiten und Lernen: Technik, 16, S. 46-46.

Tillmann, K.-J. (1997): Gibt es eine ökonomische Begründung für Projektunterricht? In: Bastian, J. /Gudjons, H./ Schnack, J./ Speth, M. (Hg.). Theorie des Projektunterrichts. Hamburg: Bergmann und Helbig, S. 151-163.

Ulich, K. (1996): Beruf Lehrer/in: Arbeitsbelastungen, Beziehungskonflikte, Zufriedenheit. Weinheim; Basel: Beltz.

Vollstädt, W. (1999): Problemstellung und Forschungsstand. In Vollstädt, W./ Tillmann, K.-J./ Rauin, U./ Höhmann, K./ Tebrügge, A.: Lehrpläne im Schulalltag: Eine empirische Studie zur Akzeptanz und Wirkung von Lehrplänen in der Sekundarstufe I. Opladen: Leske und Budrich, S. 11-38.

Vollstädt, W./ Tillmann, K.-J./ Rauin, U./ Höhmann, K./ Tebrügge, A. (1999): Lehrpläne im Schulalltag: Eine empirische Studie zur Akzeptanz und Wirkung von Lehrplänen in der Sekundarstufe I. Leske + Budrich: Opladen.

Weinert, F. E. (1998): Vermittlung von Schlüsselqualifikationen. In: Matalik, S./ Schade, D. (Hg.): Entwicklung in Aus- und Weiterbildung: Anforderungen, Ziele, Konzepte. Baden-Baden: Nomos Verlagsgesellschaft, S. 23-44.

Wiedemann, U. (2002): Thomas Samuel Kuhn. Verfügbar über: http://www.philosophenlexikon.de/kuhn.htm, Zugriff: 25.02.2002.

Wissenschaftlicher Rat der Dudenredaktion (Hg.) (1996): Duden Deutsches Universalwörterbuch. Mannheim, Leipzig, Wien, Zürich: Dudenverlag.

Walzik, S. (2002): Sozialkompetenzen vs. Fachkompetenzen – Parallelen und Probleme ihrer Förderung und Prüfung. In: Pätzold, G./ Walzik, S. (Hg.) (2002): Methoden- und Sozialkompetenzen – ein Schlüssel zur Wissensgesellschaft? Theorien, Konzepte, Erfahrungen. Bielefeld: Bertelsmann Verlag, S. 17-28.

Witzel, A. (1996): Auswertung problemzentrierter Interviews: Grundlagen und Erfahrungen. In: Strobl, R./ Böttger, A. (Hg.): Wahre Geschichten? Zu Theorie und Praxis qualitativer Interviews. Baden-Baden: Nomos, S. 49-76.

Witzel, A. (2000): Das problemzentrierte Interview. Forum Qualitative Sozialforschung / Forum: Qualitative Social Research [Online Journal], 1(1). Verfügbar über: http://qualitative-research.net/fqs; Zugriff: 22.03.01.

Wöll, G. (1998): Handeln: Lernen durch Erfahrung. Handlungsorientierung und Projektunterricht. Baltmannsweiler: Schneider-Verl. Hohengehren.

10. Anhang

10.1 Interviewleitfaden für die Lehrer-Interviews

I – Subjektive Sichtweise von Projektarbeit innerhalb der Projektprüfung

Besonders interessant sind für mich immer konkrete Beschreibungen von gelungenen Projekten, aber auch von eher misslungenen Projekten der diesjährigen Projektprüfung.
1. Können Sie mir ein besonders gelungenes Projekt schildern?
2. Anschließend: Können Sie mir ein besonders misslungenes Projekt schildern?

II – Die Umsetzung der Vorgaben und Empfehlungen des MKJS

1) Beobachten

> Für jede Schülerin und jeden Schüler ist für alle Phasen des Projekts ein Beobachtungsbogen zu erstellen, der Grundlage für die Bewertung ist.

1a) Beobachten – Vorbereitung: Erstellen eines Bogens
- a) Haben Sie ihre Beobachtungen während der Projektprüfung in irgend einer Form festgehalten?
- b) (Wenn ja): In welcher Form haben Sie Ihre Beobachtungen festgehalten?
- c) Hatten Sie einen vorab erstellten Beobachtungsbogen?
- d) (Wenn ja): Würde es Ihnen etwas ausmachen, mir diesen Bogen zu zeigen (zu überlassen)?
- e) Können Sie mir sagen, auf welche Art und Weise dieser Bogen entstanden ist?
- f) Waren an der Erstellung des Bogens außer Ihnen noch andere Personen beteiligt?

1b) Beobachten – Durchführung

a) In welchem zeitlichen Abstand haben Sie Ihre Beobachtungen festgehalten?
b) Haben Sie für jeden Schüler bzw. für jede Schülerin einen separaten Beobachtungsbogen geführt?
c) Für welche Phasen des Projekts haben Sie Beobachtungen festgehalten?

1c) Beobachten – Durchführung als kooperative Aufgabe?

a) Wie viele Kollegen waren an den Beobachtungen beteiligt?
b) Haben Sie auch gleichzeitig zu Mehreren beobachtet?
c) Wenn ja, wie oft kam dies vor?

1d) Beobachten – Verbesserungsvorschläge

a) Würden Sie das nächste Mal in punkto Beobachtung genauso verfahren?

2) Bewerten

> Die am Projekt beteiligten Lehrer und Lehrerinnen müssen sich vor der Prüfung über fachliche und überfachliche Kompetenzen sowie über deren Gewichtung Gedanken machen, diese den Schülern und Schülerinnen transparent machen und einen Bewertungsbogen erstellen. Jeder Schüler erhält eine individuelle Ziffernnote und eine Verbalbeurteilung.

2a) Bewerten – Vorbereitung: Erstellen eines Bogens, Transparenz der Notengebung

a) Ein zentraler Punkt bei jeder Prüfung ist ja die Bewertung. Ich frage jetzt einmal ganz direkt: Wie sind bei Ihnen die Noten zustande gekommen?
b) Aus welchen Bestandteilen hat sich bei Ihnen die Note zusammen gesetzt?
c) Hatten Sie vor Durchführung der Prüfung bereits Kriterien der Notengebung festgehalten?
d) Wie kamen Sie auf diese Kriterien?
e) Waren an der Erstellung der Kriterien (je nach Antwort (s.o.) auch ‚des Bogens') noch andere Personen beteiligt? (evtl. nachfragen, ob Kriterien/Bögen übernommen wurden).
f) Jetzt ist die PP ja auch für die Schüler mehr oder weniger Neuland. Das gilt natürlich auch für die Bewertung. Glauben Sie, dass die Schüler wussten, aus was sich die Note zusammen gesetzt hat?
g) Falls ja: Auf welche Art und Weise haben Sie die Schüler vorab in Kenntnis gesetzt?

2b) Bewerten – Durchführung
a) Haben Sie in irgend einer Art und Weise Gruppennoten erteilt?
b) Welche Lehrkräfte waren in der Prüfungskommission?

2c) Bewerten – Verbesserungsvorschläge
a) Wenn Sie die Prüfung noch einmal durchführen würden, welche Aspekte bei der Bewertung würden Sie ändern? (Falls keine Antwort kommt): Waren Sie also insgesamt mit dem Bereich ‚Bewertung' zufrieden?

3. Trennung Beobachtung und Bewertung

> Die Bereiche ‚Beobachtung' und ‚Bewertung' sind zu trennen. Die Bewertung erfolgt erst nach Abschluss der Präsentationsphase.

a) Haben Sie für einzelne Phasen des Projekts Zwischenbewertungen, z.B. in Form von Punkten, vorgenommen oder ist die Bewertung erst am Ende des Projekts erfolgt?

4. Gespräche zwischen Schüler(innen) und Lehrer(innen) während allen Phasen des Projekts

> Gespräche zwischen Schüler(innen) und Lehrer(innen) sollen während den Phasen des Projekts durchgeführt und als Grundlage für die Benotung verwandt werden.

a) Jetzt nehme ich an, dass manche Schüler und Schülerinnen während des Projekts Beratung eingefordert haben. Bei welchen Gelegenheiten haben Sie besonders beraten?
b) Sind Sie also während der Projektprüfung von Gruppe zu Gruppe gegangen, oder haben Sie eher gewartet, bis die Schüler(innen) auf Sie zugekommen sind?

5. Schülerselbstbeobachtungen als Teil der Note

> Schülerselbstbeobachtungen können in die Bewertung mit einfließen

a) Haben die Schüler und Schülerinnen während der Projektprüfung ihre Arbeitsschritte schriftlich festgehalten?
b) (Falls ja): Haben die Schüler und Schülerinnen auch die Arbeitsverteilung innerhalb der Gruppe festgehalten?
c) Haben Sie dieses Tagebuch / Protokoll (etc.) bewertet?
d) Wie sind Sie dabei vorgegangen?
e) Sind Schülerselbstbeobachtungen in die Note mit eingeflossen?

6. Lehrerrolle

> Projektartiges Arbeiten soll soziales Lernen und nach Möglichkeit die Veränderung der Lehrer-Schüler-Rollen dahingehend bewirken, dass Schüler(innen) zu Experten werden.

Den Lehrern wird ein Zitat (separates A4-Blatt) vorgelegt, das sie kommentieren sollen:

> „Lehrerinnen und Lehrer sind nicht mehr ausschließlich Experten; diese Rolle kann auch Lernenden zufallen" (MKJS 2000a: 7).

7. Teamprüfung Lehrer(innen)

> Die Projektprüfung erfordert während der Vorbereitung und Durchführung teamartiges Arbeiten für die an der Prüfung beteiligten Lehrkräfte.

a) Gab es weitere Lehrkräfte, die außer Ihnen an der Projektprüfung an Ihrer Schule beteiligt waren?

b) Haben Sie die Vorbereitungsphase/Durchführungsphase alleine durchgeführt?

8. Präsentation vor Öffentlichkeit

> Die Präsentation erfolgt nach Möglichkeit vor einer nicht näher spezifizierten Öffentlichkeit.

a) Welcher Personenkreis war bei der Präsentation anwesend?

III - Vorbereitung auf die Projektprüfung

1) Welche Maßnahmen haben Sie an Ihrer Schule getroffen, um auf die Projektprüfung vorbereitet zu sein? Evtl. nachfragen nach:
a) Probeprojekt;
b) SCHILF (schulinterne Lehrerfortbildung);
c) externen Fortbildungen;
d) Pädagogischer Tag;
e) Konferenzen.

IV - Die Schulleitung und die Projektprüfung

a) Welche Maßnahmen der Vorbereitung auf die Projektprüfung wurden von der Schulleitung getroffen?
b) Sind Sie mit der Unterstützung der Schulleitung zufrieden?

V – Die Organisation der Projektprüfung

a) Welche organisatorischen Veränderungen hat die Projektprüfung an Ihrer Schule erforderlich gemacht?
b) Können Sie mir sagen, wann Sie mit der Vorbereitungsphase begonnen haben?
c) Haben Sie die Durchführungsphase im Block durchgeführt, oder hatten Sie einzelne Projekttage, verteilt auf mehrere Wochen?
d) Wie viele Stunden Projektprüfung waren an Ihrer Schule pro Tag vorgesehen?
e) Wie sind Sie in Punkto Fachräume verfahren?
(evtl. nachfragen, ob es Engpässe bzgl. Fachräume/Arbeitsräume gab).
f) Hatten Sie einen separaten Vertretungsplan für den Zeitraum der Durchführungsphase?

VI - Akzeptanz innerhalb des Kollegiums vor und nach der Projektprüfung

a) Haben Sie sich über die PP im Kollegium ausgetauscht?
b) Wie hat das Kollegium darauf reagiert, als es hieß, die PP wird verbindlich eingeführt?
c) Wie wurde nach der Durchführung die PP im Kollegium angenommen?
d) Glauben Sie, dass die Akzeptanz der PP gegenüber im Kollegium in Zukunft eher steigen oder sinken wird?

VII - Vergleich zwischen Projektprüfung und alter Prüfungsordnung

a) Wenn Sie die Projektprüfung mit der alten Prüfungsordnung (PO) vergleichen, was fällt Ihnen dann ein?

b) Wenn Sie die Wahl hätten zwischen neuer und alten PO, für welche würden Sie sich entscheiden? / Warum?

c) Erachten Sie also insgesamt die Einführung der Projektprüfung als sinnvolle (nicht sinnvolle) Maßnahme?

d) Würden Sie sagen, dass die gezeigten Schülerleistungen in der Projektprüfung im Vergleich zur alten Projektprüfung eher höher oder niedriger sind?

e) Ist die Projektprüfung im Vergleich zur alten PO eher aufwändiger oder weniger aufwändig?

f) War der Aufwand für Sie im Vergleich zur alten PO höher oder niedriger?

VIII – Fragebogen - Selbständigkeit der Schüler u.a.

> Die Schüler(innen) sollen ihr Projekt möglichst selbständig planen und durchführen und ein vorweisbares Ergebnis präsentieren.

a) Diese Hefte (MKJS 2000a und 2001a) haben Sie wahrscheinlich schon einmal gesehen, oder? Wenn ja, dann kennen Sie ja auch dieses Schaubild.

b) Ich habe hier den Phasenverlauf der PP aus dem Heft „Leistungsmessung in der Hauptschule"; das gleiche Schema befindet sich auch in diesem Heft. Dort heißt es, dass die Schüler ihr Projekt „möglichst selbständig" planen und durchführen sollen. Ich möchte Sie jetzt bitten, anhand der Skizze die einzelnen Phasen des Projekts durchzugehen und einzukreisen, wie selbständig die Schüler in den einzelnen Phasen des Projekts tätig waren.

10.2 Schülerfragebogen

Angaben zur Person (bitte ankreuzen) (bitte eintragen) (bitte eintragen)

Mädchen ☐ Junge ☐ Alter in Jahren _____ Nationalität: _____

Größe der Projektgruppe: In der Projektgruppe waren wir _____ Mädchen und _____ Jungen

Das **Thema** meines Projekts: _____

Ich bin in **Klasse** 9a ☐ 9b ☐ 9c ☐

(bitte ankreuzen)

	stimmt	stimmt zum Teil	stimmt eher nicht	stimmt gar nicht
Das Thema des Projekts in der Projektprüfung haben wir ohne Hilfe des Lehrers gefunden	☐	☐	☐	☐
Der Lehrer (die Lehrerin) hat meine Gruppe eingeteilt	☐	☐	☐	☐
Das Material haben wir alleine beschafft	☐	☐	☐	☐
Die Projektbeschreibung haben wir selbst erstellt (nur ankreuzen, wenn in deiner Gruppe eine Projektbeschreibung erstellt wurde)	☐	☐	☐	☐
Das Material haben wir selbst ausgewertet	☐	☐	☐	☐
Wir haben das, was wir als Ergebnis präsentiert haben, selbst hergestellt	☐	☐	☐	☐
Die Präsentation haben wir alleine vorbereitet	☐	☐	☐	☐
Jeder aus der Gruppe hat einen Teil des Projekts alleine präsentiert	☐	☐	☐	☐
In der Gruppe haben wir alle gleich viel gearbeitet	☐	☐	☐	☐

(bitte ankreuzen)

	stimmt	stimmt nicht
Wir haben direkt, nachdem wir unser Ergebnis präsentiert haben, mit den Lehrern darüber geredet, was gut und was schlecht gelungen ist	☐	☐
Wir haben direkt, nachdem wir unser Ergebnis präsentiert haben, mit den Lehrern darüber geredet, was wir das nächste Mal anders machen	☐	☐

(bitte ankreuzen)

	trifft voll zu				trifft gar nicht zu
Insgesamt bin ich mit der Projektprüfung zufrieden	☐	☐	☐	☐	☐
Mit meiner Note bin ich zufrieden (nur ankreuzen, wenn du deine Note schon erfahren hast)	☐	☐	☐	☐	☐

	sehr oft	oft	manchmal	selten	fast nie	nie
Wie oft hast du vor der Projektprüfung in der Schule in Gruppen gearbeitet?	☐	☐	☐	☐	☐	☐

Wahrscheinlich hast du vor der Projektprüfung in der Schule Themen und Aufgaben bearbeitet, Arbeitsformen kennen gelernt (zum Beispiel Referate halten, in Gruppen arbeiten, Probeprojekt durchführen ...), die dir für die Projektprüfung etwas gebracht haben. Bitte schreibe das, was dir für die Projektprüfung etwas gebracht hat, in den Kasten oder auf die Rückseite.

Vielen Dank für deine Mitarbeit !

© Michael Schleske (2002)

10.3 Lehrerfragebogen

Angaben zur Person

☐ weiblich   ☐ männlich   Alter in Jahren _____   Klassenlehrer/in ☐

Schwerpunkt: GS ☐   HS ☐   Fachlehrer/in ☐

Jahre im Schuldienst (inklusive Vorbereitungsdienst) _____

Anzahl der Stunden in Klasse 9 insgesamt _____ davon in 9a _____ 9b _____ 9c _____

Studierte Fächer: _____

Die Fächer, die ich in Klasse 9 unterrichte: 9a): _____
9b): _____ 9 c): _____

	sehr oft		(bitte ankreuzen)		nie
Ich habe mit der Klasse vor der Projektprüfung projektartig gearbeitet	☐	☐	☐	☐	☐
Ich habe mit der Klasse vor der Projektprüfung in Gruppen gearbeitet	☐	☐	☐	☐	☐

	trifft voll zu				trifft gar nicht zu
Die Schüler(innen) leisten bei der Projektprüfung mehr als sie sonst geleistet hätten	☐	☐	☐	☐	☐
Meine Gesamteinschätzung der Projektprüfung	☐ 😊	☐	☐ 😐	☐	☐ 🙁

Selbständigkeit der Schüler(innen) während der Projektphasen

	sehr hoch				sehr niedrig
Themenfindung	☐	☐	☐	☐	☐
Gruppenbildung	☐	☐	☐	☐	☐
Material beschaffen/erkunden	☐	☐	☐	☐	☐
Die Projektbeschreibung erstellen	☐	☐	☐	☐	☐
Material auswerten/bearbeiten	☐	☐	☐	☐	☐
Realisierung	☐	☐	☐	☐	☐
Präsentation vorbereiten	☐	☐	☐	☐	☐
Ergebnis präsentieren	☐	☐	☐	☐	☐

	stimmt	stimmt nicht
Im Anschluss an die Präsentation haben die Schüler(innen) das Ergebnis reflektiert	☐	☐
Im Anschluss an die Präsentation haben die Schüler(innen) den Prozess reflektiert	☐	☐

Vielen Dank für Ihre Mitarbeit!

© Michael Schleske (2002)

Reihe Schul- und Unterrichtsforschung

hrsg. von Thorsten Bohl und Hans-Ulrich Grunder

Die neue Reihe zur Schul- und Unterrichtsforschung berücksichtigt vorrangig empirische Forschungsarbeiten im schulpädagogischen Kontext. Sie greift damit jüngere Forschungsbemühungen im deutschsprachigen Raum auf, die seit der Veröffentlichung nationaler und internationaler Schulleistungsvergleichsstudien wie TIMSS oder PISA nochmals verstärkt worden sind. Berücksichtigt werden i.w.S. quantitative und qualitative Arbeiten, dazu zählen etwa auch hermeneutisch oder ethnomethodologisch angelegte Studien sowie der Handlungsforschung verpflichtete Ansätze. Die Reihe beansprucht, an der Nahtstelle von wissenschaftlicher Forschung und schulischer Praxis zu stehen. Die Bände präzisieren infolgedessen durchgängig aus den Forschungsbefunden abgeleitete unterrichtliche und schulische Konsequenzen.

Konzeptuell berücksichtigen die Herausgeber die spezifischen Veröffentlichungsbedingungen von Forschungsarbeiten, insbesondere auch hinsichtlich der Manuskriptgestaltung.

Wir freuen uns über die Zusendung von Manuskripten, die wir sorgfältig und zeitnah prüfen.

Bitte senden Sie Angebote an:

Prof. Dr. Thorsten Bohl
Pädagogische Hochschule Weingarten
Fakultät 1/Erziehungswissenschaft
Kirchplatz 2
D - 88250 Weingarten
Tel.: 0751/501-8073

Prof. Dr. Hans-Ulrich Grunder
Studiengangleiter Abteilung Primarstufe
Fachhochschule Aargau, Nordwestschweiz
Pädagogische Hochschule
CH-4800 Zofingen
Tel.: 0041 62 745 56 90
Fax: 0041 62 745 56 94
mail: hans-ulrich.grunder@fh-aargau.ch

Gerne stehen wir auch für Vorklärungen zur Verfügung.
Thorsten Bohl und Hans-Ulrich Grunder

Lernende in der Hauptschule
– ein Blick auf die Hauptschule nach PISA

Hrsg. von **Thorsten Bohl, Hans-Ulrich Grunder, Katja Kansteiner-Schänzlin, Marc Kleinknecht, Claudia Pangh, Albrecht Wacker, Martin Weingardt**

2003. VIII, 288 Seiten. Kt. ISBN 3896767380. € 19,—

Bislang fehlt eine sorgfältige Analyse der nach TIMSS, PISA und PISA-E aufgeworfenen hauptschulrelevanten Aspekte. In den wenigen Einlassungen über die Hauptschule in Deutschland dominieren oberflächliche Schuldzuweisungen, vorverurteilendes Mutmassen und generalisierendes Verunglimpfen.

Die Autor/innen dieses Bandes greifen die hauptschulbezogenen Ergebnisse der Studien differenzierend auf. Sie erachten es als geboten, die Hauptschule als Schulform unter institutioneller, pädagogischer, didaktischer und unterrichtsmethodischer Perspektive sowie hinsichtlich ihrer bildungssystemischen Verfasstheit und bezüglich ihrer bildungspolitischen Relevanz zu überprüfen. Das Herausgeberteam, bestehend aus Mitgliedern mehrerer baden-württembergischer Hochschulen und Schulen mit jeweils unterschiedlichen Fachgebieten und Arbeitsschwerpunkten, stellt die 'Lernenden', also die schulischen Akteure, in den Mittelpunkt des wissenschaftlichen Blicks.

Im ersten Kapitel werden die hauptschulspezifischen Daten von PISA und ihre Relevanz für Unterricht, Einzelschule, Bildungssystem und Gesellschaft präsentiert. Ausgehend von diesen Befunden ergeben sich im zweiten Abschnitt sechs wichtige Problemfelder mit spezifischen Perspektiven für die Hauptschule (Leseförderung, Lesediagnostik, Differenzierung des Unterrichts, soziales Lernen, Schulleitung, Entwicklung der Einzelschule). Nach einer 'Perspektivenerweiterung' im dritten Teil, verstehen sich - im vierten Kapitel - die 'Suchbewegungen' zum einen als exemplarische Hinweise auf neue Modelle und Entwürfe: Modularisierung des Lernens (Hauptschule in Neuenstein), Hauptschule als Teil der Gesamtschule (Staudinger-Gesamtschule in Freiburg), Entwurf einer 'Neuen Sekundarschule' in Tübingen. Zum anderen werden alternative Schul- und Bildungssysteme dargestellt – das Konzept des Baden-Württembergischen Handwerkstages und das schwedische bzw. finnische Bildungs- und Schulwesen. Im Schlusskapitel finden sich die vom Herausgeberteam gebündelten Thesen und akzentuierten Impulse der vorangegangen Kapitel, die in 'Essentials für die Hauptschulentwicklung nach PISA' münden.

Die in diesem Band abgedruckten Beiträge vermitteln einen breiten Überblick über die derzeitige Situation, insbesondere der baden-württembergischen Hauptschulen, und zeigen die Richtung künftiger Reformen im Hauptschulbereich.

Schneider Verlag Hohengehren
Wilhelmstr. 13; D-73666 Baltmannsweiler